Julia Gerlach
Zwischen Pop und Dschihad
Muslimische Jugendliche in Deutschland

Julia Gerlach

Zwischen Pop und Dschihad

Muslimische Jugendliche in Deutschland

Ch. Links Verlag, Berlin

Für K. und R.

Die Deutsche Bibliothek verzeichnet diese Publikation
in der Deutschen Nationalbibliographie;
detaillierte bibliographische Daten sind im Internet über
http://dnb.ddb.de abrufbar.

1. Auflage, September 2006
© Christoph Links Verlag – LinksDruck GmbH
Schönhauser Allee 36, 10435 Berlin, Tel.: (030) 44 02 32-0
www.linksverlag.de, mail@linksverlag.de
Umschlaggestaltung unter Verwendung eines Fotos von Bärbel Möllmann
Satz: Petra Florath, Berlin
Lithos: typegerecht berlin GbR
Druck und Bindung: Friedrich Pustet, Regensburg

ISBN-10:   3-86153-404-5
ISBN-13: 978-3-86153-404-4

Inhalt

Einleitung

London am 7. Juli 2005, morgens um kurz vor sieben. Die Überwachungskamera des Bahnhofes Luton zeigt vier junge Männer. Unauffällig. Sie tragen Jeans, Turnschuhe, Rucksäcke. Sie sprechen kurz miteinander und besteigen dann den Vorortzug nach Kings Cross. Dort trennen sich ihre Wege. Heiter, aber ohne große Geste verabschieden sie sich. Wenig später, um 8.50 Uhr, zünden fast zeitgleich der Sport-Student Shehzad Tanweer, 22, der Lehrer Mohammed Sidique Khan, 30, und der zum Islam konvertierte Jamaikaner Germaine Lindsay, 19, ihre Sprengsätze in voll besetzten U-Bahn-Zügen. Der Jüngste von ihnen, der 18-jährige Hasib Hussein, nimmt einen Doppelstockbus, geht auf das Oberdeck und lässt die Bombe in seinem Rucksack um 9.47 Uhr detonieren. Die vier Attentäter reißen 52 Menschen mit sich in den Tod. Über 700 werden zum Teil schwer verletzt. Erst Madrid, dann London. Der Terror hat Europa erreicht, und Deutschland: Wie können wir uns schützen?

Die Explosionen trafen London nicht unerwartet. Seit den Anschlägen auf New York und Washington 2001 rechneten viele damit, dass auch europäische Großstädte Ziel des Terrors werden könnten. Was Europäer an dem Anschlag von London besonders schockierte, war die Herkunft der Attentäter. Es waren nicht die aus Afghanistan eingeschleusten Al-Qaida-Killer. Die vier Attentäter kamen von nebenan. Es waren junge Männer, im nordenglischen Leeds aufgewachsen, scheinbar gut integriert. Mohammed Sidique Khan engagierte sich für die Jugendlichen seines Stadtteils, versuchte, sie von Drogen und Kriminalität fernzuhalten. Shehzad Tanweer spielte voller Begeisterung Kricket. Er half im Geschäft seines Vaters aus und verkaufte dort Fish and Chips. Mohammed Sidique Khan und Germaine Lindsay waren verheiratet. Ihre Frauen waren schwanger, als die Männer den Zünder ihrer Sprengsätze auslösten. Was brachte sie dazu? Zwei Jahre vor ihrer Tat begannen sich die vier Männer dem Islam zuzuwenden. Dem radikalen Islam. Sie reisten mehrmals nach Pakistan. Immer stärker kehrten sie sich von ihren Familien und der Gesellschaft ab. Vor der Tat verfasste Mohammed Sidique Khan eine Kriegserklärung an seine englischen Mitbürger: »Eure demokratisch gewählten Regierungen begehen fortwährend Grausamkeiten uns gegenüber, und eure Unterstützung dieser Regierungen macht euch direkt verantwortlich! Wir sind im Krieg, und ich bin Soldat!« Das Video, zusammengeschnitten mit einer Ansprache von Bin Ladens rechter Hand, Eiman al Sawahiri, wird Monate nach der Tat vom arabischen Satellitensender Al Dschasira ausgestrahlt. Die vier jungen Männer handelten im Sinne Usama Bin Ladens. Doch sie agierten auf eigene Faust. Das ist der Typ Attentäter, so die Terrorexperten, der Europas Sicherheit am meisten bedroht.

Die Attentäter von London haben eine tiefe Wunde mitten in die Gesellschaft geschlagen. »Eigentlich fahre ich nur noch sehr ungern U-Bahn«, erzählt Mohammed Hamza, ein Student, kurz nach den Attentaten. »Erstens ist mir selbst ein wenig mulmig, wenn ich an die Bomben denke. Zudem starren mich die Menschen an, und ich kann die Angst in ihren Augen sehen.« Auch in Deutschland werden die Blicke auf die Muslime misstrauischer. Könnte so etwas auch bei uns passieren? Die Sicherheitsexperten sagen ja. Deutschland ist trotz seiner Zurückhaltung im Irak-Konflikt mögliches Ziel des Terrors. Nach einer Umfrage des Allensbach-Instituts vom Mai 2006 rechnet knapp die Hälfte der Befragten mit einem größeren Anschlag in der Bundesrepublik. 42 Prozent vermuten unter den in Deutschland lebenden Muslimen Terroristen. Das ist erschreckend. In doppelter Hinsicht. Erstens weil die Angst reale Ursachen hat. Es ist nicht auszuschließen, dass auch Deutschland Ziel eines Anschlags wird und dass wir dabei Opfer von hausgemachtem Terror werden, dass die Attentäter aus Deutschland kommen. Zum anderen steigert die Angst das Misstrauen – und damit die Ausgrenzung junger Muslime, was wiederum die Terrorgefahr erhöht.

Jung. Männlich. Muslim. Nicht erst seit den Anschlägen von London haben junge Muslime im Westen keinen guten Ruf. Sie gelten als Problemfälle in Schule und Gesellschaft. Viele sehen in ihnen ein Sicherheitsrisiko. Der Mord an dem niederländischen

Filmemacher Theo van Gogh Ende 2004, der Ehrenmord an der alleinerziehenden Mutter Hatun Sürücü in Berlin im Februar 2005, die randalierende Vorstadt-Jugend in Paris und Umgebung im November des gleichen Jahres, der Karikaturenstreit zu Beginn des Jahres 2006 und die Berichte über die Zustände an der Berliner Rütli-Schule, wo türkisch- und arabischstämmige Jugendliche ihre Lehrer terrorisierten, sind nur einzelne Beispiele. Sie bestätigen das Bild, das viele vom Islam haben. Vom Islam? In Deutschland leben rund 3,5 Millionen Muslime. Einer von ihnen hat Hatun Sürücü im Namen der kurdischen Familienehre erschossen. Ebenso reichen aber für einen verheerenden Anschlag in einer deutschen Großstadt auch einige wenige Einzeltäter. Sie sind es, die das Bild in den Köpfen ihrer Mitbürger prägen. Darüber ärgert sich die große Mehrheit der jungen Muslime, die mit Terror, Gewalt und Ehrenmord nichts zu tun haben wollen, die weder Autos anzünden noch ihre Lehrer terrorisieren.

Um diese Jugendlichen und jungen Erwachsenen soll es im vorliegenden Buch gehen. Wie leben sie? Was wollen sie und wie sehen sie unsere Gesellschaft? Mehr als 50 Interviews, lange Gespräche, Besuche in Moscheen, Jugendzentren und bei Großveranstaltungen sind die Grundlage für diesen Blick in die Welt der jungen Muslime in Deutschland. Worin sehen sie die Ursache für die Gewalt, die von ihren Alters- und Glaubensgenossen im Namen des Islam verübt wird, und was können wir – gemeinsam – gegen die Bedrohung tun? Wie kann verhindert werden, dass in Deutschland aufgewachsene Muslime unsere Gesellschaft so hassen, dass sie bereit sind, ihre Mitbürger in den Tod zu schicken? Wie sehen andere junge Muslime die Attentäter? Sind es Helden, Märtyrer oder Verbrecher? Die Anschläge von London wurden von der überwiegenden Mehrheit der islamischen Organisationen und Würdenträger verurteilt. Im Internet fanden sich jedoch auch Lobeshymnen, und in manchem Jung-Muslim-Treff in Deutschland wurden die Attentäter ebenfalls bejubelt. Dieses Band der Solidarität zwischen den fanatisierten Kämpfern und einer größeren Masse von mehr oder weniger frommen jungen Muslimen – wie kann es zertrennt werden? Wie kann also verhindert werden, dass Hass und Terror in Deutschland Anhänger und Unterstützer finden?

Die Jugendlichen und jungen Erwachsenen, die in diesem Buch zum Teil ausführlich zu Wort kommen, haben mehrere Gemeinsamkeiten. Sie sind alle in Deutschland aufgewachsen, sind religiös. Sie sind zugleich religiöser und erfolgreicher als die Mehrheit der jungen Muslime in unserem Land, und: Sie wollen etwas verändern. Im Namen des Islam engagieren sie sich in Jugendprojekten, in der Moscheegemeinde oder in selbstgegründeten Frauenzentren. Sie schmieren Butterbrote und verteilen sie an Obdachlose im Frankfurter Bahnhofsviertel, sie unterrichten Deutsch für türkische Importbräute oder tingeln durch Moscheen und predigen einen moderaten, weltoffenen Islam. Viele von ihnen besuchen das Gymnasium, studieren oder haben zumindest Realschulabschluss und Ausbildungsvertrag in der Tasche. Sie zählen auch insofern zu einer Minderheit. Man könnte sie als Vorhut oder Trendsetter bezeichnen, denn sie alle stehen für eine neue Strömung im Islam: die pop-islamische Bewegung.

Diese neue Variante des Islam ist ursprünglich in der arabischen Welt entstanden. Ende der neunziger Jahre begannen Prediger wie der Ägypter Amr Khaled eine freundlich-erfolgsorientierte Botschaft unter der Kairoer Mittelschicht zu verbreiten. Inzwischen hat er Millionen Anhänger, die seinen TV-Sendungen lauschen und in seinem Sinne aktiv werden. Sie nehmen ihr Leben in die eigene Hand. Statt darauf zu warten, dass der Staat ihnen Jobs gibt, gründen sie selbst Kleinbetriebe. Sie sind jung, tief religiös und trendbewusst – und sie wollen die *Umma*, die Gemeinschaft der Gläubigen, aus dem Sumpf ihrer Probleme ziehen. Sie lesen den Koran nicht als Anleitung zum Bombenbau, sondern suchen darin Belehrung für ein besseres, erfolgreicheres Leben. Sie wollen dem Terror etwas entgegensetzen, weil sie Gewalt für den falschen Weg halten und weil sie sich darüber ärgern, dass seit den Anschlägen des 11. September 2001 Islam und Terror für viele im Westen als Synonyme gelten. Viele von ihnen rieben sich die Augen, als sie die Bilder der Flugzeuge im World Trade Center sahen. Ist das wirklich meine Religion, die so etwas befiehlt? fragten sie sich und schauten im Koran nach. Mit dem Lesen in der Heiligen Schrift kam für viele der Glaube und schnell auch das Engagement. So auch unter jungen Muslimen in Deutschland. Hin- und her gerissen zwischen den traditionellen Vorstellungen ihrer Eltern, die aus dörflichen Verhältnissen der Türkei oder der arabischen Welt eingewandert sind, und den Anforderungen des Daseins als Jugendliche in der westlichen Gesellschaft, sehen viele in der Hinwendung zum Islam einen guten Mittelweg. Sie sind selbstbewusste Muslime. Die Mädchen tragen voller Überzeugung das Kopftuch. Schick muss es sein, denn Mode spielt für die jungen Gläubigen eine wichtige Rolle. Die Jungen gehen am Samstagabend lieber zum Koranstudium in die Moschee als in die Disco. Ihr Islamverständnis ist anders als das ihrer Eltern. Ihr Lebensgefühl unterscheidet sich von ihren Mitschülern. Sie gehen eigene Wege.

Die Bewegung ist ebenso global, ebenso fromm und ebenso aktionsorientiert wie Al Qaida, doch sie hat sehr viel mehr Anhänger. Die Pop-Muslime sind eine Art Avantgarde. Viele ihrer Ideen werden von der breiten Masse der gläubigen Muslime geteilt. Die Pop-Muslime sind aber auch deswegen besonders spannende Gesprächspartner, weil sie alles durcheinander bringen. Ihre Mischung aus Islamismus und westlichem Lifestyle, die Herausbildung einer eigenen islamischen Etikette, die beispielsweise den Umgang der Geschlechter in islamisch korrekter Weise regelt, und zugleich der unbedingte Wille, in der deutschen Gesellschaft erfolgreich zu sein, sprengen die herkömmlichen Raster. Einerseits gehören viele von ihnen zu islamistischen Organisationen, die vom Verfassungsschutz als extremistisch eingestuft werden. Andererseits scheinen sie geeignete Ansprechpartner zu sein, wenn es darum geht, Konzepte und Strategien zu entwickeln, wie Muslime in Deutschland besser integriert werden können. Was sind das für junge Menschen? Was wollen sie und wie soll die deutsche Gesellschaft auf sie reagieren?

Der Begriff Pop-Islam steht für den Remix der Lebensstile. Die Jugendlichen greifen westliche Mode, Musik und TV-Kultur auf und versehen sie mit islamischem Vorzeichen. Pop steht hier einerseits für das moderne, westliche Element der neuen Jugendbewegung; Pop-Musik gilt seit dem Erfolg des frommen Sängers Sami Yusuf als islamkompatibel, und die Verehrung mancher der Prediger erinnert an die Vergötterung westlicher Pop-Stars. Zugleich steht Pop auch für das Gewöhnliche. Pop-Kultur im Sinne der von der Frankfurter Schule beschriebenen Kulturindustrie bezeichnet eine marktkonforme, nicht sehr subtile, nicht sehr intellektuelle und vor allem wenig emanzipatorische Mainstream-Kultur. Zu eingängiger Pop-Musik wippt fast jedem automatisch der Fuß. Wenn Amr Khaled seine Gebete spricht, dann treten auch gestandenen Männern die Tränen in die Augen. So wie Klassik-

Liebhaber einerseits und die Freunde der Independent-Musik andererseits ihre Nase über Madonna-Fans rümpfen, grenzen sich sowohl Islamgelehrte als auch Anhänger radikalpolitischer islamischer Bewegungen vom Pop-Islam ab. Ihnen ist die Botschaft der hippen Prediger zu flach, zu allgemeinverträglich und zu konformistisch. Man könnte die Anhänger der Jugendbewegung als Islamisten bezeichnen. Sie vertreten alle ein ganzheitliches Islamverständnis, sehen Politik und Religion selbstverständlich als eine Einheit. Sie nehmen die Religion als Leitlinie für das politische Handeln. Allerdings wird in manchen Teilen der öffentlichen Diskussion der Begriff des Islamismus weitergehend definiert. Schaut man in den Verfassungsschutzbericht, so zeichnen den Islamisten darüber hinaus seine Intoleranz und eine generelle Demokratie-Unverträglichkeit aus. Dies kann so pauschal den Anhängern des Pop-Islam nicht nachgesagt werden. Zudem haben viele der Jugendlichen ein puzzleartig zusammengesetztes Weltbild und ein ebensolches Islamverständnis. Eine genaue Beschreibung erscheint daher angemessener als das eher pauschale Islamisten-Label.

Ludwig Ammann beschreibt in seinem Buch »Cola und Koran« diese Bewegung und nennt sie »islamisches Erwachen«. Mecca-Cola, die islamisch korrekte Konkurrenz amerikanischer Brause, ist für ihn das perfekte Symbol des neuen Selbstverständnisses junger Muslime. Patrik Haenni nennt den neuen Trend »Konsum-Islam«. Andere, wie Jocelyne Cesari, Ralph Grillo und Benjamin Soares behandeln die Identitätssuche junger Muslime im Westen unter dem größeren Stichwort »transnationaler Islam« und rücken die globalen Verbindungen und die Wechselwirkung zwischen islamischen Gemeinschaften in verschiedenen Teilen der Welt ins Zentrum der Betrachtung.

Ausgangspunkt für das vorliegende Buch war ein Donnerstagabend in einer halbfertigen Riesenmoschee am Rande Kairos. Mehrere tausend Jugendliche versammelten sich, um der Stimme ihres Stars zu lauschen: Amr Khaled. Das war 2002. Interviews mit den anderen Helden der neuen Bewegung wie Sami Yusuf und dem TV-Gelehrten Scheich Qaradawi, Begegnungen mit zahlreichen Aktivisten der verschiedenen islamischen Strömungen von moderat bis militant in arabischen Ländern sowie unzählige Begegnungen mit ganz normalen Jugendlichen und viele Stunden arabische Talkshows, Vorabendserien und Nachrichtensendungen im Fernsehen bilden die Grundlage der vorliegenden Beschreibung. Die Beobachtungen aus der arabischen Welt waren der Anknüpfungspunkt für die Gespräche mit jungen Muslimen in Deutschland. Obwohl der Pop-Islam – ähnlich wie sein Gegenpart, der *Dschihad*-Islam – seinen Ursprung in der arabischen Welt hat, teilen auch viele türkische Jugendliche in Deutschland die Ideen. Manche greifen die Anschauungen des Predigers Amr Khaled auf und entwickeln sie weiter, ohne dass sie seine Sendung im Fernsehen verfolgen. Selbst die raffinierte Art Kairoer Studentinnen, das Kopftuch zu binden, findet man bei jungen Frauen an der Universität Frankfurt wieder.

Im ersten Teil des Buches werden die Entstehung der pop-islamischen Bewegung, ihre Wurzeln und ihre Anhänger in der arabischen Welt beschrieben. Im Hauptteil kommen die Pop-Muslime in Deutschland zu Wort. Im dritten Teil – als Schlussfolgerung des Vorherigen – soll es um Fragen des gesellschaftlichen Umgangs mit dieser neuen Bewegung gehen. Angesichts der zunehmenden Bedrohung der deutschen Gesellschaft durch Terror und Gewalt im Namen des Islam scheint es dringend an der Zeit, eine gesellschaftliche Anti-Terror-Strategie zu entwickeln – und nicht nur eine militärische. Am Anfang steht die Einsicht, dass uns nichts anderes übrig bleibt, als zusammenzuleben. Der Karikaturenkonflikt sollte uns eine Lehre sein. Statt uns weiter ins Getümmel zu stürzen, ist es höchste Zeit, die Notbremse zu ziehen. Wir sind alle aufgefordert, Verantwortung zu übernehmen. Was wir brauchen, ist eine Deeskalation im Kampf der Kulturen.

Die internationale Bewegung der Pop-Muslime

I love Islam! – Entstehung einer neuen Bewegung

Der Islam hat ein neues Gesicht. Ein ziemlich cooles. Halblange Haare, eine randlose Brille und einen Zweieinhalbtagebart: Sami Yusuf fläzt sich auf einem abgewetzten Ledersofa. Aus den Studioboxen erklingt seine Stimme. Immer wieder die gleichen Akkorde seines neuen Songs. Der Toningenieur schiebt am Regler. Ein bisschen mehr Bass oder den Gesang noch etwas verstärken? Sami Yusuf traktiert ihn mit Albernheiten. Tonstudioatmosphäre. Es fehlen nur der überquellende Aschenbecher und die Flasche Whisky. Doch so was gibt es nicht, wenn Sami Yusuf in seinem Lieblingsstudio in Kairo ein Lied aufnimmt. Er ist frommer Muslim, und das ist ihm wichtig. Er ist das Idol der Pop-Muslime. Sie versehen Musik, Talkshows und Mode mit islamischem Vorzeichen und eignen sie sich dadurch an. Fünf Mal am Tag beten und fasten im Monat Ramadan, das ist nicht mehr nur was für alte Leute und Langbärte. Seit es diese schicken neuen Kopftücher und die Sweatshirts mit *Dawa*-Aufdruck gibt, kann es sogar richtig cool sein, an Gott zu glauben. Wer *Dawa* mit Mission übersetzt, bekommt von überzeugten Muslimen gleich einen Rüffel. *Dawa* bedeutet wörtlich Einladung, und es ist eine Pflicht für jeden Muslim, andere Menschen zum Glauben einzuladen. Und das tun die Pop-Muslime: Sie wollen den Islam verbreiten – ihre Lesart der Religion. Die neue Jugendbewegung nennt sich *Sahwa* (Erweckung) und stellt sich damit in die Tradition früherer islamischer Jugendbewegungen. Allerdings ist die neue *Sahwa* ziemlich unpolitisch, spaßorientiert und versteht sich als Gegenbewegung zum engstirnigen *Dschihad*-Islam von Usama Bin Laden und anderen. Mit den Typen, die im Irak Ausländer entführen und köpfen, die in europäischen Städten Massaker in U-Bahnen anrichten oder in Ägypten Touristen-Cafés in die Luft sprengen und dies im Namen des Islam tun, wollen sie nichts zu tun haben. Sie ärgern sich darüber, dass die Terroristen das Bild des Islam bestimmen, obwohl die Anhänger des *Dschihad*-Islam nur eine winzige Minderheit ausmachen. In den vergangenen Jahren hat es in der islamischen Welt eine massive Hinwendung zur Religion gegeben, gerade unter jungen Menschen. Die große Mehrheit von diesen neuen jungen Gläubigen hält den Islam für eine friedfertige Religion. Wer will schon Usama Bin Laden zuhören, wenn Sami Yusuf gerade eine neue CD herausgebracht hat?

»Jeden Tag sehe ich dieselben Headlines,
Verbrechen im Namen des Herrn.
Menschen begehen Grausamkeiten in seinem Namen.
Sie morden und entführen, ohne sich zu schämen.
Aber hat er uns Hass, Gewalt und Blutvergießen gelehrt?
Nein ... oh nein!

Er hat uns Brüderlichkeit gelehrt.
Gegen Vorurteile hat er sich gewehrt.
Er hat Kinder geliebt. Ihre Hände hat er gehalten.
Er hat seine Anhänger gelehrt, die Alten zu schützen.
Würde er es also erlauben, ein unschuldiges Kind zu ermorden? Nein ... oh nein ...«

So heißt es in Sami Yusufs Song »Muhammad«. Den Refrain »Muhammad ya rasulallah« (Mohammed, du Prophet Gottes) gibt es auf seiner Homepage zum Herunterladen: als Klingelton fürs Handy. Dass nicht wenige Religionsgelehrte Musik als Teufelszeug verdammen, hält Sami Yusuf für eine neuzeitliche Fehlinterpretation. »Es hat in der islamischen Welt schon immer Musik gegeben. Das Wissen darüber wurde nur verschüttet«, sagt er. Im islamischen Andalusien habe es berühmte Musiker gegeben, die mit einem ganzen Tross von Anhängern durchs Land gezogen seien. Die Musik diente der Religion, brachte die Menschen näher zu Gott. Diese alte Tradition will er wieder beleben – und zwar in großem Stil. Sami Yusuf, Sohn aserbaidschanischer Eltern, ist in Großbritannien aufgewachsen. Er hat an der Royal Academy in London klassische Musik studiert. Sein Vater, selbst Komponist und Poet, hat ihn in die orientalische Musik eingeführt. »Mit sechzehn entdeckte ich meine Religion. Ich habe viel gelesen und gute Lehrer gefunden, *Al Hamdulillah*« (Gott sei Dank), erzählt er: »Ich habe dann beschlossen, mit meiner Musik dem Islam zu dienen.« Seine CD »Al Muallim« (der Lehrer) hat sich über eine Million Mal verkauft. Der Titelsong war drei Monate lang auf Platz eins der türkischen Charts. Im September 2005 kam »My Ummah« heraus und verkaufte sich noch besser.

»Lass die *Umma* sich wieder erheben,
lass uns wieder das Licht erblicken, noch einmal.
Lass uns wieder eins werden, wieder stolz,
ich schwöre, wenn wir den starken Glauben in unseren
Herzen haben,
dann können wir den Ruhm der Vergangenheit
wiedererlangen.«

Umma bezeichnet die Gemeinschaft der Muslime. Die pop-islamische Bewegung zielt darauf ab, der muslimischen Jugend aus ihrer Identitätskrise zu helfen. Sie gibt Antworten auf die Frage, was eigentlich richtig ist und was falsch in dieser verwirrenden Welt. Die Bewegung will aber auch bei Nicht-Muslimen Werbung machen für den Islam. Sie will vermitteln, dass der Islam barmherzig ist und nicht brutal, will Vorurteile abbauen und erreichen, dass vielleicht der eine oder andere den Islam als Lösung begreift und konvertiert. Ob man es nun Mission, Überzeugungsarbeit oder Islam-PR nennt, klar ist, dass ihr Sendungsbewusstsein eine wichtige Rolle für die Bewegung spielt.

Sami Yusuf kombiniert die traditionellen *Inshad*-Gesänge, mit denen seit Jahrhunderten der Prophet gepriesen wird, mit Pop-Elementen. Instrumente werden nur sehr sparsam eingesetzt. Wenn er singt, klingt es nahöstlich, doch seine Worte sind Englisch. Ab und zu lässt er eine arabische Strophe einfließen. Für Westler klingt dies exotisch. Für Araber auch, denn Sami Yusuf spricht Arabisch mit britischem Akzent. Er mischt Rhythmen und Lebensgefühl aus beiden Welten. Er lebt zwischen Manchester und Kairo, und er hat Fans in der ganzen Welt. In Indonesien sind seine Konzerte ausverkauft, und auch aus Deutschland bekommt er Fanpost: »Wer Deine Musik hört, dem schmilzt das Herz. Bitte mach, dass alle Menschen sie hören und so zum Islam finden«, schreibt etwa »Turkishgirl« aus Köln im Chat auf Sami Yusufs Homepage. Im Frühjahr 2006 startet er zu einer Welttournee. 14 000 kamen in die Köln-Arena. Weiter geht's nach Dschidda in Saudi-Arabien, auch Doha am Persischen Golf steht auf dem Tour-Plan.

»Ich bin kein Missionar und auch kein religiöser Prediger!«
betont Sami Yusuf. Für ihn stehe die Musik im Vordergrund. Sein
Producer reicht ihm eine Tasse türkischen Mokka. Er nippt daran, stellt das filigrane Tässchen vorsichtig auf die Untertasse und
balanciert beides auf die Lehne des Sofas. »Ich singe auch nicht
nur direkt über den Islam. Ich singe über das Gute im Menschen,
das, was uns alle verbindet. Aus meiner Sicht sind gute Muslime
in erster Linie gute Menschen«, sagt er, »ich freue mich, dass ich
mit meiner Musik bei diesem Projekt – das Positive zu fördern –
mitmachen kann.« Ein Teil seines Erfolgs ist, dass Sami Yusuf
religiös ist und dies zeigt. Um die anstößigen Seiten der westlichen Popindustrie, um wilden Sex und Drogen, macht er einen
weiten Bogen. Seine Musik ist sauber. Das kommt an.

Inshad-Gesänge gab es auch bei den Versammlungen der islamischen Studentenbewegung der 70er und 80er Jahre. Damals waren es Protestsongs. Sie riefen die Jugend zum Kampf auf, zum
Dschihad mit Waffen. Sie wollten die ungläubigen Regierungen
stürzen und einen islamischen Staat errichten. Auch die neue Bewegung setzt auf *Dschihad*, allerdings verstehen sie diesen im
wörtlichen Sinn: *Dschihad*, abgeleitet von der Wurzel Dscha-ha-
da, »sich bemühen«. So steht es im Lexikon. *Dschihad* ist für sie
die Anstrengung jedes Einzelnen, Gott noch besser zu dienen: nicht
durch Gewalt, sondern durch ein erfolgreiches Leben. Die neue
islamische Jugendbewegung will keine Regierungen mehr stürzen.
Der islamische Staat hat für sie als Utopie in weite Ferne gerutscht.
Sie wollen die Gesellschaft verändern, indem sie bessere Menschen werden. Nicht Askese, sondern Erfolg und Wohlstand sind
das Ideal. »Ich bin besonders froh, dass auch viele Nicht-Muslime meine Musik mögen«, sagt Sami Yusuf. Sein Ziel sei, den westlichen Musikmarkt zu erobern und mit europäischen Musikern
zusammen Songs aufzunehmen. Die islamischen Ideen sollen im
Westen Gehör finden. Aber es geht nicht nur um *Dawa* – Werbung
für den Islam. Es geht auch um Anerkennung. »Ich glaube, meine
Fans in der islamischen Welt fänden das toll. Wenn einer von uns
Erfolg hat, dann macht das die anderen stolz«, sagt er. Es geht um
wirtschaftlichen Aufstieg und die Anerkennung, die daraus folgt.
Die islamische *Umma* will einen Platz auf der Weltbühne haben.
    Die Bewegung erfasst nicht so sehr die Desperados in den Vor-
städten. Die Mittelschicht-Jugend hat die Religion für sich ent-

Pop-Islam-Star Sami Yusuf auf einem Plakat in Kairo. Zum Glauben gehören jetzt auch Accessoires für die Fans.

deckt. Satellitenfernsehen und Internetzugang gehören zu ihrer Grundausstattung. Die neuen Frommen kommen genau aus der Schicht, aus der Elite in der islamischen Welt, von der man bisher annahm, dass es nur eine Frage der Zeit sei, bis sie zu einer identischen Kopie der Jugend im Westen werde. Viele haben westliche Schulen besucht, doch gerade unter den Studenten der Amerikanischen Universitäten in Kairo, Beirut und Sharjah ist das religiöse Erwachen extrem hip. Aber auch die weniger privilegierte Jugend macht mit. Schließlich sind die Studenten der privaten Unis für viele ein Vorbild.

Der Pop-Islam ist global: Egal, ob die jungen Muslime in Kairo, Singapur oder Berlin zu Hause sind, sie fühlen sich zugehörig zu einer großen Gemeinschaft. Sie schauen die gleichen TV-Programme, hören die gleiche Musik und tragen ungefähr die gleiche Mode. Sie verbindet, dass sie im Koran nach dem Sinn des Lebens suchen, die moralische Dekadenz des Westens ablehnen und sich über die Nahostpolitik der USA ärgern. Noch ärgerlicher finden sie jedoch, dass die Menschen im Westen alle frommen Muslime für potentielle Terroristen halten. »Ich glaube, dass Sami

Yusuf auch deshalb so erfolgreich ist, weil er schon äußerlich das absolute Gegenteil von Usama Bin Laden darstellt«, erklärt der 21-jährige Computeringenieur Yaqeen, der gerade sein Studium an der Kairo-Universität abgeschlossen hat.

Generation 11. September

Direkt nach den Anschlägen vom 11. September 2001 dachten viele Jugendliche noch, dass die Angriffsstrategie von Usama Bin Laden vielleicht etwas bewirken könnte. »Seine Methoden sind falsch, aber er ist einer von uns und er hat der Welt mitgeteilt, dass die islamische Jugend etwas zu sagen hat. Statt wie Kaninchen vor der Schlange zu sitzen und darüber zu jammern, dass unsere Länder besetzt sind und in Palästina Krieg herrscht, tut er wenigstens etwas«, erklärt Sainab Abul Magd, Journalistin aus Kairo, kurz nach den Anschlägen. Die Frau Anfang dreißig mag modische Handtaschen und spannende Romane. Mit der Idee eines islamischen Staates und den puritanischen Lebensvorstellungen der Al Qaida kann sie hingegen wenig anfangen. Wenn sie an die Stellung der Frauen im Afghanistan der Taliban denkt, muss sie sich schütteln. Als sie jedoch am 11. September 2001 die Bilder der Flugzeuge sah, die in die Zwillingstürme rasten, da habe sie erst einmal gejubelt, gibt sie zu. Kleinlaut, denn nachträglich ist es ihr peinlich – angesichts der Toten und vor allem angesichts des Krieges, den die Angriffe auf New York und Washington ausgelöst haben. Was sie fasziniert, ist das Symbol, das Usama Bin Laden gesetzt hat. »Als ich das Video gesehen habe, da ist mir ganz schwindelig geworden«, beschreibt sie das Fernseherlebnis des 6. Oktober 2001: Usama Bin Ladens erste Videobotschaft wird im Satellitenkanal Al Dschasira ausgestrahlt. »Dieser Blick, diese Stimme. Ich hatte das Gefühl, er spricht direkt zu mir.« Auch die Botschaft kommt an. Zumindest der politische Teil: Endlich zeige jemand den USA, dass sie sich nicht alles erlauben können, zum Beispiel in Palästina.

Sainab Abul Magd ist wie die Mehrheit der Jugend in der arabischen Welt geprägt von dem, was sie täglich in den Nachrichten sieht: Elend, Gewalt und Ungerechtigkeit. 2001 liefern sich israelische Soldaten und palästinensische Jugendliche erbitterte Kämpfe. Über den Demonstranten kreisen Armee-Hubschrauber, und die Kommentatoren arabischer Satellitensender versäumen nicht, darauf hinzuweisen, dass diese aus amerikanischer Produktion stammen. Der Kampf in Palästina nimmt großen Platz in der Berichterstattung ein, und täglich, stündlich, ständig wird den Zuschauern ihre eigene Hilflosigkeit vorgeführt. Sie sitzen mit geballter Faust vor dem Bildschirm und können nichts tun. Selbstmordattentate sind für sie dann nachvollziehbar. Scheinbar haben die Jugendlichen in Palästina nichts zu verlieren und keinen anderen Ausweg. Von der Fernsehgemeinde werden sie als Märtyrer verehrt. Angesichts der vielen blutigen Bilder stumpfen die Zuschauer ab: Das Leben einzelner Menschen scheint wenig zu zählen, zumindest solange man in die TV-Röhre schaut. Als 2003 der Krieg im Irak beginnt, tut sich ein Aktionsfeld für junge Männer aus der arabischen Welt auf. Einige machen sich auf und ziehen in den Kampf gegen die US-Truppen, andere greifen die Idee Usama Bin Ladens auf, planen Anschläge in der arabischen Welt, in Europa und Asien. Endlich können sie etwas tun. Doch die Kämpfer sind wenige, extrem wenige. Die überwältigende Mehrheit der jungen Araber sitzt Abend für Abend auf dem Sofa oder im Kaffeehaus und sieht die Bilder der Kämpfe im Fernsehen. Sie sehen Gewalt und Ungerechtigkeit, und viele sind davon überzeugt, dass der Westen Krieg führt gegen den Islam. Voll Hass und Angst vor der Zukunft schauen sie in Richtung USA und Europa.

Mit Religion und Kultur hat dies erst einmal wenig zu tun. Hier geht es um Politik, Macht und Krieg. Die Kultur wird von den Kriegsführern nur benötigt, um den Menschen zu verdeutlichen, dass sie anders sind als der Feind. Die Religion setzen Bin Laden und andere ein, um die Menschen zum Äußersten zu motivieren. Mit dem Koran haben die Selbstmordattentate so wenig zu tun, wie Bushs Kreuzzug gegen den Terror mit der Bibel. Aber es sind noch weitere Interessen im Spiel. Die arabischen Medien nehmen die Konflikte in Palästina und dem Irak in den Fokus. Natürlich, es ist Krieg, aber das, was dort im TV zu sehen ist, geht über Berichterstattung weit hinaus. Man könnte die Idee dahinter als Frustumlenkung bezeichnen. Sie dient den Interessen der Machthaber in der Region. Solange die Menschen voller Zorn auf die Israelis blicken, kommen sie nicht auf die Idee, gegen ihre eigene Regierung zu protestieren und bessere Zukunftschancen zu fordern. Dabei hätten sie allen Grund dazu[1]: Gut die Hälfte der Menschen in der arabischen Welt ist unter 18 Jahre,

Al-Dschasira-Trailer für eine Dokumentation über die Jagd auf
Usama Bin Laden.

70 Prozent sind jünger als 35. Sie brauchen Ausbildung und Jobs.
Die Arbeitslosenquote kann nur geschätzt werden. Sie soll für die
ganze arabische Welt bei mindestens 15 bis 20 Prozent liegen.

Sainab Abul Magd hat nach ihrem Studium zunächst als Lehrerin gearbeitet. Umgerechnet 45 Euro im Monat verdiente sie.
Das ist zu wenig, um davon zu leben, und zu wenig, um einen
guten Unterricht zu machen. Sie wurde Journalistin und arbeitet
– wie viele Ägypter – in mehreren Jobs. Vormittags bei einer Illustrierten, nachmittags bei einem privaten TV-Sender, und nebenbei schreibt sie Artikel für eine Tageszeitung. So kann sie über die
Runden kommen, aber nur knapp. Für eine Familiengründung
reicht es nicht. Das gilt auch für viele ihrer männlichen Kollegen.
Für Sainab ist kein passender Kandidat in Sicht, keiner, der es sich
leisten könnte. So ist das Hochzeitsalter im vergangenen Jahrzehnt drastisch gestiegen. Früher war eine 30-jährige Single-Frau
etwas Anormales, heute ist es das absehbare Schicksal vieler. In
einer Gesellschaft, wo Sex vor der Ehe ein echtes Tabu ist, bringt
das lange Warten auf den großen Tag enorme Probleme. Zur
wirtschaftlichen Misere kommt der Mangel an Freiheit, Bildung
und Frauenrechten. Das hat der viel zitierte arabische »Bericht
zur Menschlichen Entwicklung« von 2003 festgestellt. Das Team

arabischer Autoren zeichnet ein schauriges Bild und reiht die Region ganz hinten in die Erfolgsliste der Weltgemeinschaft ein. Als Looser. Natürlich, über diesen Bericht wurde im arabischen Fernsehen viel debattiert und gestritten. Er wurde gelobt und zerpflückt, wie fast alles. Talkshows sind, seit Al Dschasira 1996 auf Sendung ging und den Satellitenhimmel für die Meinung und die Gegenmeinung öffnete, sehr beliebt. Je kontroverser und radikaler, desto besser – echte Polit-Unterhaltung. Allerdings sind journalistisch recherchierte Nachrichten-Stücke über die wirtschaftliche und gesellschaftliche Alltagsmisere beispielsweise der ägyptischen Jugend vergleichsweise selten. Stattdessen: Breaking News aus Palästina. Viele bekommen den Eindruck, dass ihre konkreten Alltagsprobleme sich nur lösen lassen, wenn der Konflikt in Palästina beendet wird. Dass sie erst dann zu ihren Rechten kommen, wenn das palästinensische Volk zu seinem Recht kommt. Wenn dann ein Usama Bin Laden im Namen des Islam und der islamischen *Umma* dem Westen, dem Feind, der vermeintlich für das Übel ursächlich verantwortlich ist, eins auswischt, dann kann man schon einmal kurz daran glauben und in seiner Verwirrung jubeln. Die Welt aus arabischer Sicht sieht eben anders aus, als wenn man sie vom nördlichen Ufer des Mittelmeers aus betrachtet. Dies gilt ganz besonders, da die meisten die Realität vornehmlich aus dem Fernsehen kennen. So haben viele Jugendliche in der arabischen Welt in ihrem Herzen eine kleine Nische eingerichtet und eine Heldenstatue hineingestellt: Sie trägt Fusselbart und Turban und sieht genau so aus wie Usama Bin Laden.

Allerdings verändert sich die Stimmung schnell, besonders im Bezug auf den Kampf im Irak. Die Kämpfer gegen die US-Armee können sich der Sympathie der jungen TV-Zuschauer sicher sein, es sei denn, sie wenden zu brutale Methoden an. Bomben gegen Zivilisten, Entführung und Hinrichtung von Geiseln, das geht den meisten Menschen zu weit. Sie wenden sich ab. Aber nur kurz, denn es geht weiter. Die Veröffentlichung der Folterbilder aus dem Gefängnis Abu Ghraib bei Bagdad im Sommer 2004 führt dazu, dass viele in der Region ihren Glauben an den Westen verlieren. Wie kann man in ein Land einmarschieren, angeblich, um es von der Diktatur zu befreien, und dann solche Verbrechen begehen? Die Bilder von misshandelten und erniedrigten Gefangenen haben sich tief in das Hirn eingefressen. Vielleicht ist der bewaffnete Kampf doch der richtige Weg? Gegenüber Menschen,

You will not rest peacefully in the lands of Islam.

Abu Murab al Sarkawi meldete sich im April 2006 mit einer Videobotschaft zu Wort.

die andere Menschen so quälen, braucht man keine Skrupel haben. Die kennen 2004 die Kampftruppen des Al-Qaida-getreuen Kommandanten Abu Musab al Sarkawi[2] im Irak auch nicht. Die Enthauptung der britischen Entwicklungshelferin Magaret Hassan geht den Sympathisanten an den Fernsehgeräten dann aber doch zu weit. Die Terrortruppe sinkt in ihrer Gunst. Auch wenn man den Westen verabscheut und durch zuviel Krieg im TV abgestumpft ist für menschliches Leid, gibt es eine Grenze. Ahmed Husny, Moderator einer sehr beliebten Anrufsendung auf dem Satellitensender Al Arabiya, datiert einen massiven Stimmungsumschwung unter der arabischen Jugend auf den Herbst 2004. In seiner wöchentlichen Sendung greift er jeweils ein aktuelles, kontroverses Thema auf und lässt seine Zuschauer live ihre Meinung sagen. Zunächst habe er unter seinen irakischen Zuschauern festgestellt, dass diese die Methoden der militanten Kämpfer im Zweistromland zunehmend distanziert betrachten. Nach und nach zweifelten dann jedoch auch die Anrufer aus anderen Ländern daran, dass die Gruppe von Abu Musab als Sakarwi tatsächlich im Interesse der islamischen *Umma* handele.

»Wenn ich glauben würde, dass man solche Grausamkeiten mit
dem Islam begründen darf, dann wäre ich kein Muslim mehr«,
fasst Moez Massoud dieses Gefühl in Worte. Der Ägypter ist Talk-
Master einer islamischen Show und erfolgreicher Computer-Un-
ternehmer. Er zählt sich zum Mainstream des neuen islamischen
Bewusstseins. »Man betrachtet Usama Bin Laden als jemand, der
es geschafft hat, dem Westen zu zeigen, dass wir es können. Und
das ist der Punkt, über den sich arabische Menschen freuen«,
beschreibt Mohammed Ali die Einstellung zu den Anschlägen des
11. September 2001. Der blitzschnell redende und noch schneller
denkende Ägypter Mitte 20 arbeitet als Marketingexperte in Dubai: »Dabei sind unschuldige Zivilisten umgekommen. Das stimmt.
Aber dieser Vorwurf verfängt in diesem Teil der Welt nicht, denn
hier werden ständig unschuldige Zivilisten getötet. Es gibt kaum
eine Familie, die keinen Toten zu beklagen hat, der von einem
westlichen Soldaten umgebracht wurde.« Allerdings würde er
Usama Bin Laden nicht als Held der arabischen Jugend bezeichnen. Denn er macht ihnen das Leben schwer. Extrem schwer: »Es
macht im Moment keinen Spaß, als Araber durch die Straßen
von London oder New York zu laufen«, sagt er. Egal wo er hin-
komme, er habe das Gefühl, der Schatten von Usama Bin Laden
verfolge ihn. Er ist nach Dubai gegangen, weil dort auch etwas
entsteht, was Symbolcharakter hat. Die Boom-Metropole am
Persischen Golf mit Wachstumszahlen von 17 Prozent und mehr
beweist, dass Erfolg trotz allem auch in der arabischen Welt möglich ist.[3] Davon lässt sich die Welt dann vielleicht auch beeindru-
cken. Vielleicht sogar mehr als durch Gewalt und Zerstörung. So
hofft er.

Die Medien haben Usama Bin Laden zum Star der muslimischen Jugend gemacht. Wer würde den graubärtigen Mann in
den Bergen des Hindukusch kennen, wenn er sich nicht von Zeit
zu Zeit per Videobotschaft melden könnte? Wer würde ihn unterstützen, wenn nicht die TV-Zuschauer das Gefühl hätten, dass
Israel und die USA die eigentlichen Verursacher ihrer Misere sind
und deswegen bekämpft werden müssen? Usama Bin Laden ist
ein Produkt der Medien. Doch ohne die Medien gäbe es auch
keine Gegenbewegung.

Das Erwachen –
Neue Identität und gutes Geschäft

Die pop-islamische Bewegung hat keine Zentrale und kein Manifest. Dafür gibt es Stars, Internetseiten, TV-Sender und Modeproduzenten, die sich der Idee verschrieben haben. Sie glauben, dass eine bessere Welt möglich ist, wenn sich alle an den Islam halten. Den richtigen Islam natürlich. Die Bewegung ist älter als der Krieg gegen den Terror. Doch der 11. September 2001 hat dem Pop-Islam enormen Zulauf gebracht. »Der 11. September war eine Katastrophe«, sagt Mohammed Hamdan. Der 30-Jährige ist stellvertretender Manager des Satellitensenders Iqra-TV und leitet das Studio in Kairo. »Aber man kann sagen, dass dieses Verbrechen auch eine gute Seite hatte: Die Menschen haben angefangen, sich für den Islam zu interessieren«, sagt er und wippt kurz mit seinem Lederchefsessel nach hinten. Mit seinem Streifen-Hemd und dem Jungengesicht erinnert er an einen Jung-Unternehmer des europäischen New-Economy-Traums. Sehr lässig. »Unsere Länder werden von fremden Einflüssen überspült, und wir wissen gar nicht mehr, wer wir eigentlich sind. Die Jugend braucht in dieser Krise Leitfiguren. Iqra versucht, ihnen einen Weg zu weisen, der mit Extremismus und Gewalt nichts zu tun hat«, sagt Mohammed Hamdan. *Iqra!* bedeutet »Lies!« oder »Rezitiere!«. Dies war das erste Wort, das dem Propheten Mohammed offenbart wurde. Iqra-TV sendet 24 Stunden am Tag, denn Muslime gibt es auf der ganzen Welt, und irgendwo ist immer jemand wach, dem die Botschaft des richtigen Islam verkündet werden soll.

Iqra-TV war der erste von inzwischen einem knappen Dutzend Islam-only-Satellitensendern. Der Sender wurde 1998 gegründet und gehört zur saudisch finanzierten ART-Gruppe. ART steht für Arab Radio and Television. Die Gruppe gibt es seit Anfang der 90er Jahre. Besitzer ist der saudische Medien-Mogul Scheich Salah Kamel[4]. Die Unterhaltungsprogramme sollen der arabischen Familie eine Alternative zu den unanständigen westlichen Satellitenprogrammen bieten. Vorabendserien über Saladin statt polnischer Soft-Pornos. Mohammed Hamdan sieht seinen Sender als Sprachrohr der neuen Jugendbewegung. Es sei schön, dass die Jugend sich wieder verstärkt der Religion zuwende. Wenn er sich umschaue, greifen überall junge Mädchen zum Kopftuch. Unter den *Shibab* (den Jugendlichen) gilt es als schick, wieder zum Gebet in die Moschee zu gehen. »*Al Hamdulillah!*« (Gott sei Dank), sagt Mohammed Hamdan. Dennoch könne er sich noch nicht zurücklehnen: »Wir müssen weiter an uns arbeiten. Wir müssen ehrlicher werden und noch mehr Menschen erreichen. Die *Sahwa* (das Erwachen) ist noch unreif, weil wir noch unreif sind. Noch gibt es Menschen, die glauben, dass Tod und Gewalt mit dem Islam in Einklang stehen. Solange dies so ist, haben wir unser Ziel noch nicht erreicht«, sagt er. »Wir wollen Frieden, Produktivität und Freundschaft für die Muslime und für die ganze Welt.« Der Islam, den Jugendliche bei Iqra zu sehen bekommen, sieht modern aus, seine Ausrichtung ist jedoch zumeist eher konservativ: Islamische Etikette, Geschlechtertrennung, Enthaltsamkeit vor der Ehe und die Mädchen möglichst mit Kopftuch. An diesen Eckpunkten führt kaum ein Weg vorbei. Die Prediger ziehen Parallelen zwischen dem Vorbild des Propheten Mohammed und dem Leben normaler Jugendlicher heute, sie passen die Botschaft an den heutigen Alltag an, aber nur vorsichtig. Interpretiert wird nicht. Schließlich sind die Prediger keine Gelehrten, und nur die dürfen den Koran neu auslegen. Der Typ des Predigers ist nicht neu, auch in früheren Zeiten traten Menschen auf, die sich als *Da'iyas*, als *Dawa*-Machende, als Einladende bezeichneten. Neu ist, dass es so viele sind, die sich in diesem Bereich engagieren. Es ist ein neues Berufsfeld für talentierte Jugendliche entstanden, die nach ihrem religiösen Erwachen ein Betätigungsfeld außerhalb des normalen Show-Business suchen. Damit beim Transport der religiösen Botschaft keine Pannen passieren, sendet Iqra-TV niemals live, und jeder Satz wird vor der Ausstrahlung von einem Religionsgelehrten kontrolliert. Geprüft wird, ob die Koranzitate stimmen, die Lebenstipps islamkonform sind und die Botschaft zur Linie passt.

Iqra-TV ging auf Sendung, weil die Nachfrage nach Religion gerade bei den Jugendlichen stieg. Das Programm wird zum großen Teil in Dubai und Kairo produziert und kann weltweit empfangen werden. Auch in Deutschland hat der Sender viele Zuschauer. Iqra bietet seinen konservativen Islam in verschiedenen Darreichungsformen an: Religionsgelehrte vom Golf in traditionellem Gewand warnen vor den Höllenqualen, die schlechte Muslime im Jenseits erwarten. Die Talkmasterin Abeer Sabri hingegen plaudert mit Jugendlichen über das Leben. Bis vor kurzem war sie in eher schlüpfrigen Rollen im Kino zu sehen. Jetzt ist sie einer der Stars von Iqra. Ihre Art, das Kopftuch besonders bauschig um den Kopf zu stecken und das Kinn mit einer extra Stoffschicht zu betonen, wird von Teenies tausendfach kopiert.

Auch Mohammed Hamid war schon bekannt, bevor er seine Koran-lern-Show bekam. Vor fünf Jahren gründete der gelernte Buchhalter Anfang dreißig sein »Haus des Korans«. Es liegt im vierten Stock eines Bürohauses im Kairoer Gute-Leute-Viertel Mohandessin: Marmorboden, eine freundliche Angestellte hinter der Empfangstheke. Mohammed Hamids Zentrum erinnert eher an ein Fitnesscenter als an eine Religionsschule. »Wir haben neue didaktische Methoden entwickelt, mit denen die jungen Leute hier den Koran lernen«, erklärt Mohammed Hamid. Auf dem flauschigen Teppichboden des Gebetsraumes sitzen Frauen in Zweiergruppen. Die eine hört die andere ab. Wenn der Vers sitzt, macht sie ein Häkchen auf dem Trainingsplan. »Das Auswendiglernen des Korans verändert den Menschen. Die Religion erklärt den Sinn unserer Existenz. Vielleicht kann man es vergleichen mit Sozialisten. Sie haben ein Gefühl, aber erst wenn sie das ›Kapital‹ von Marx studiert haben, bekommt dieses Gefühl ein solides Fundament«, erklärt er. Koranschulen gelten als archaische Bildungseinrichtungen – Auswendiglernen statt Nachdenken. Mohammed Hamid hat ihnen mit seinem »Haus des Korans« eine neue Form und damit neues Ansehen gegeben. Er hat moderne Methoden eingeführt, und die freundlich gestalteten Räume haben mit den kargen Moscheeschulen, in denen in armen Gegenden der arabischen Welt Kindern bis heute von autoritären Gelehrten Sure für Sure eingepaukt wird, nichts gemein. Der Inhalt ist der gleiche, doch die Form wurde – passend zur trendbewussten Klientel – modernisiert. Koransuren herunterschnurren ist plötzlich wieder angesagt. 7000 Studenten sind bei ihm eingeschrieben. Sein Zentrum hat inzwischen schon fünf Filialen, und seit Frühjahr 2005 leitet Mohammed Hamid via Iqra Jugendliche sogar weltweit an.

Mit Moez Massoud erreicht die *Dawa* – das Werben für den Islam – eine neue Stufe. Er war einer der ersten Moderatoren bei Iqra, die ihre Show ganz auf Englisch geben. »Treppe ins Paradies« heißt die neueste Produktion, und die Kombination aus Moez' warmem Blick, seiner entspannten Körperhaltung und den Geschichten aus dem Leben eines frommen Muslim ist bei den

Iqra-TV sendet islamkonforme Unterhaltung für die ganze Familie. Selbst in der Werbung für Windeln wird Kopftuch getragen.

Zuschauern – jungen Muslimen in Europa und Amerika – ein Hit. Aber auch die frommen Teenies in der arabischen Welt schwärmen für ihn. Es ist beliebt, in der Clique zwischen Englisch und Arabisch hin- und her zu switchen. Viele Mittelstandskinder besuchen ausländische Privatschulen. Moez Massoud erzählt gerne, dass er früher ein typisch amerikanisiertes »Party-Kid« gewesen sei. Drogen, Mädchen, Alkohol. Dann entdeckte man einen Tumor in seinem Kopf und er den Islam. Äußerlich sieht man ihm seinen Wandel nicht an: grau gestrickter Kapuzenpulli, weite Jeans, Sneakers. Er gründete nach seinem Abschluss an der Amerikanischen Universität in Kairo ein IT-Unternehmen, mit großem Erfolg. Zeitgleich wurde er von ART entdeckt und bekam seine erste Islam-Talk-Show. »Du kannst beides haben«, sagt Moez Massoud, »es ist genau diese Dualität, welche die islamische Welt braucht, damit sie vorankommt und vor allem auch ihr schlechtes Image los wird. Religiös zu sein bedeutet nicht, dass man sich von der Welt abschottet. Ich finde es großartig, wenn Menschen abends in einer Koranrezitation in der Moschee sitzen und am nächsten Morgen eine Vorstandssitzung leiten und dort eine Powerpoint-Präsentation geben.«[5] Moez Massoud zitiert den Koran ebenso flüssig wie die Texte neuer Hollywoodproduktionen. Er greift Botschaften aus dem Koran auf, lädt Jungen und Mädchen ins Studio ein und diskutiert mit ihnen darüber.

Der größte Star des Pop-Islam ist jedoch der Ägypter Amr Khaled. Während des Ramadan 2005 war er täglich zu Gast in zig Millionen Wohnzimmern in der ganzen islamischen Welt. »Auf dem Weg zum Geliebten« gilt als eine der erfolgreichsten Produktionen des arabischen Fernsehens. Amr Khaled saß in einem topmodernen Studio und zugleich auf heiligem Boden: 300 Meter entfernt von der Moschee des Propheten Mohammed in Medina.

Er erzählte aus der *Sira*, der Biographie des Propheten – von dessen Geburt bis zum Tod. Amr Khaled predigt einen Mitmach-Islam: Er will, dass die Menschen bessere Muslime werden, frommer und bewusster. Zugleich sollen sie ihr Leben in die Hand nehmen. Amr Khaled will die Renaissance, die Wiederbelebung der *Umma*. Die islamische Welt soll sich selbst aus dem Sumpf der Probleme ziehen. Vorkämpfer der Veränderung sind die Jugendlichen, Mädchen und Jungen der Mittelschicht, die Schul- und Uniabschlüsse in der Tasche haben, aber häufig perspektiv- und willenlos vor sich hin leben und darüber klagen, dass man in ihren Gesellschaften nichts werden kann. Erfolg ist gottgefällig. Ist ein frommer Mensch erfolgreich, dann ist dies die beste Werbung für den Islam, so die Logik. Im Bücherregal vieler Amr-Khaled-Anhänger stehen daher Ratgeber zum Thema Zeitmanagement oder Businessstrategien gleich neben dem Koran.

Seit Amr Khaled 2002 nach Europa umgezogen ist, wendet er sich auch an die Muslime im Westen. Obwohl seine Botschaft der positiven Integration den Ideen des Vordenkers des Euro-Islam Tariq Ramadan sehr nahe kommt und ihm der charmante Herr Ramadan auch in Sachen Charisma und Jugendfreundlichkeit durchaus das Wasser reichen kann, tritt Ramadan bei Iqra nicht auf. Der Grund dafür, dass der sonst so trendbewusste Sender sich diesen Helden der Jugend, der nebenbei Islamwissenschaftler ist und seine Dissertation über Nietzsche geschrieben hat, entgehen lässt, liegt vermutlich in dessen Interpretationsfreudigkeit. Vielleicht ist auch Ramadans scharfe Kritik an der archaischen saudischen Lesart des Islam, dem *Wahabismus* mit seinem Hang zur Militanz Schuld daran. Tariq Ramadan darf ins Königreich

Kopftuch 2005 – Alle Trends auf einen Blick.

am Golf nicht einreisen, wieso sollte er dann bei Iqra-TV auftreten. Schließlich wird der Sender von Saleh Kamel finanziert, der zwar in erster Linie Geschäftsmann, aber eben auch aus Saudi-Arabien ist.

Iqra-TV ist nicht der einzige Sender der pop-islamischen Bewegung. Nicht alle Prediger, die bei Iqra gezeigt werden, finden bei den hippen Gläubigen Gehör, und nicht alle Stars der neuen Jugendbewegung sind dort vertreten. Doch gibt der Blick ins Programm einen guten Eindruck von ihrer Gedankenwelt, allerdings nur von der des arabischen Teils der Bewegung. So wie die radikalen Ideen und die Aktionen von Al Qaida und anderen militanten Gruppen dort ihren Ursprung haben und von dort aus auch den Rest der islamischen *Umma* in ihren Bann schlagen konnten, stammt auch die pop-islamische Gegenbewegung aus dieser Region. Ähnliche Ideen, vergleichbare Strömungen entstehen jedoch auch in anderen Teilen der islamischen Welt: Abdullah Gymnastiar in Indonesien etwa verbreitet eine Botschaft, die sich sehr ähnlich anhört, wie das, was Moez Massoud sagt. Der Mitte 40-jährige Star-Prediger aus Asien kombiniert Islam mit Management-Skills. Er predigt einen Islam, der ohne viel »Ihr-müsst-ihr-müsst-ihr-müsst« auskommt, und er setzt sich für die Versöhnung zwischen Muslimen und Christen in seinem Land ein. Nebenbei ist er Chef mehrerer Firmen und bietet seinen Anhängern Seminare zu Business-Strategien an. So wie Amr Khaled gern erzählt, dass er in seiner Freizeit Fußball spielt, ist Abdullah Gymnastiar begeisterter Hobby-Pilot. In den USA ist der Amerikaner Hamza Yusuf Hanson zum Islam konvertiert und hat sich zum Gelehrten ausbilden lassen. Sein Zeytuna-Institut in der Gegend von San Francisco ist inzwischen Traumziel vieler junger Pop-Muslime.

Die Ideen des türkischen Reformers Fethulla Gülen sind dagegen auf den ersten Blick weit entfernt von den Gedanken der Prediger bei Iqra TV. Der 1938 geborene Islamgelehrte Gülen steht für eine Vereinbarkeit von islamischen Werten und türkischem Laizismus. Seine islamische Bildungsbewegung, die Vorstellung, dass Islam und modernes Leben nicht im Widerspruch stehen, führt jedoch dazu, dass viele seiner Anhänger ähnlich denken, leben und träumen wie die gleichaltrigen Pop-Muslime in der arabischen Welt. In TV-Serien wie »Sirlar Kapisi« (Geheimnisvolle Tür), einer Lieblingssendung vieler türkischer Mittelstandsfamilien, bekommt die Bewegung mediale Unterfütterung.

Sichtbarstes Zeichen der globalen Ausbreitung der pop-islamischen Bewegung ist die Mode. Ein Kopftuch ist nicht mehr einfach ein Kopftuch. Ein Besuch auf dem Campus der Kairo-Universität zeigt: es ist schick, religiös zu sein, und wie alle Accessoires
ist auch die neue Frömmigkeit sehr trendabhängig, zumindest ihre
äußere Erscheinungsform. Mal muss das Tuch, wie Abeer Sabri
es vorgemacht hat, bauschig unter dem Kinn gesteckt sein, dann
setzt sich die sportlichere Variante durch, das Tuch im Nacken zu
einem großen Knoten zu stecken. Mit Tank-Hose und Militärjac-
ke ergibt sich ein Stil, der unschlagbar modern, allerdings nur
von mutigen Mädchen tragbar ist. In der Türkei ist die Kopftuchmode anders: Hier wird noch immer eher der Hinterkopf betont,
und Studentinnen tragen, da dies ja in der Türkei verboten ist,
sowieso keine Kopftücher. Dennoch ist Mode aus Istanbul und
Ankara bei jungen Mädchen in Kairo, Khartum und Tunis besonders beliebt. Sie ist islamisch korrekt und zugleich erschwinglich.
In den Staaten am Persischen Golf tragen die Frauen traditionell
von Kopf bis Fuß schwarz. Doch auch da gibt es Nuancen. In
Dubai sind bei Studentinnen die *Abayas* (Mäntel) oft mit Stein-
chen oder Federn besetzt. Manche Gewänder haben einen Schnitt,
der die Kurven der Frau nicht verhüllt, sondern diese erst richtig
zur Geltung bringt. Andere sind mit Latex und Schnallen besetzt.
Die neuen Frommen, die Pop-Muslime, erkennt man in Dubai,
Manama und Doha allerdings daran, dass sie genau diese Modelle nicht tragen. Sie passen nicht zur Demonstration der Hingabe
an Gott, sondern sind Erkennungszeichen der Party-Szene.

Wichtig ist nicht nur, was man trägt, wichtig ist auch, was man
kauft. Der französische Islamwissenschaftler Patrik Haenni nennt
die neue Bewegung deshalb auch »Islam de Marché«, Konsum-
Islam. Erstens seien die Jugendlichen selbst sehr shoppingorien-
tiert. Produkte wie Mecca-Cola oder Streetwear mit islamischem
Aufdruck verkaufen sich gut an die junge aufstrebende Jugend.
Sie sind zugleich islamisch und westlich. Geben Identität und sehen gut aus. Dass in Kairo in den Regalen der Supermarktkette
Carefour die CDs und Kassetten der Prediger dieser Pop-Bewegung und nicht etwa *Dschihadi*-Hetze zu kaufen sei, hänge nicht
nur mit der Botschaft zusammen: Die Cover der gemäßigten Prediger seien auch einfach professioneller gemacht. Der Pop-Islam
verkauft sich besser als radikale Parolen oder auch anspruchsvol-
le islamische Stellungnahmen. Zweitens verortet er den Ansatz

Fulla ist die islamische Antwort auf Barbie. Es gibt sie auch – wie unten rechts – in der schwarzen Kleidung der Golfstaaten.

der Bewegung eher im westlichen Businessdenken – er zieht Parallelen zur protestantischen Ethik – als in der orientalischen Tradition.[6]

Die pop-islamische Bewegung schillert und glitzert und präsentiert sich in vielen verschiedenen Facetten. Amr Khaled ist der bekannteste und einflussreichste Star dieser Bewegung. Er gewinnt zudem wachsenden Einfluss auf die jungen Muslime in Deutschland. So lohnt sich ein genauerer Blick auf seine Ideen, seinen Werdegang sowie die Herkunft seiner Botschaft.

Amr Khaled: Der Superstar unter den islamischen Predigern

Amr Khaleds Markenzeichen ist, dass er ganz normal lebt, so wie Millionen anderer junger Menschen. Der 1967 Geborene hat einen mittelmäßigen Uniabschluss in Buchhaltung von einer nicht so tollen Universität. Er spielt gern Fußball, liebt Witze und vergöttert seinen kleinen Sohn. Er trägt einen Schnurrbart und kleidet sich so wie alle: Blazer, Hemd und, wenn es sein muss, auch ein Schlips. Amr Khaled hat sein Handy immer griffbereit, und häufig piepst es in seiner Jacketttasche. SMS ist seine Form zu kommunizieren. Wer zum inneren Kreis der Fangemeinde gehört – und das geht bei Amr Khaled schnell – bekommt seine private Handynummer. Amr Khaled, obwohl inzwischen ein Star und ein reicher Mann, gibt sich bescheiden. Er fährt ein normales Auto und wohnt in einer ebensolchen Wohnung. Er begegnet seinen Anhängern wie ein größerer Bruder, der Hochachtung verdient, mit dem man aber auch Spaß haben kann. Wenn Amr Khaled sich nach seinen Auftritten mit seinen Fans fotografieren lässt, dann zeigt er keine Eile und keine Starallüren. Er weiß, dass vielen solch ein Foto eine Herzensangelegenheit ist. Soviel Zeit muss sein. Diese Normalität und die Bescheidenheit sind Teil seines Erfolgsrezeptes: »Wenn er spricht, hat man schon das Gefühl, er meint es ehrlich. Man spürt bei ihm eben den *Ichlas* (die Aufrichtigkeit). Man hat das Gefühl, er interessiert sich wirklich für die Menschen und ihre Probleme, er spricht eben nicht nur mit erhobenem Zeigefinger und schwingt nicht nur die Moralkeule«, beschreibt ihn Khaled Farag aus dem Rhein-Main-Gebiet, der die Reden von Amr Khaled ins Deutsche übersetzt. Amr Khaleds Botschaft hat sich im Laufe der Jahre weiterentwickelt: Zunächst ging es um die Festigung des Glaubens, später beginnt er die Jugendlichen zum Handeln zu motivieren, sie sollen ihre Probleme selbst lösen. Schließlich organisiert er für die so entstandenen Jugendinitiativen Unterstützung von internationalen Organisationen.

* * *

Kairo im Juni 2002: »Brüder und Schwestern, ihr müsst mir versprechen, dass ihr in diesem Sommer gut auf euch aufpasst«, die Stimme aus dem Lautsprecher klingt warm und weich. Vorfreude auf den Sommer klingt mit und ein wenig Besorgnis. Die Ferien stehen vor der Tür, und da lauert der Teufel an jeder Ecke. Es ist Donnerstagabend in der Riesenmoschee einer Satellitenstadt außerhalb Kairos. 10 000 Jugendliche sitzen dicht gedrängt auf den Plastikteppichen und lauschen der Stimme. »Amr Khaled ist einer von uns«, flüstert Nivien. Die 24-Jährige trägt ein Kopftuch aus rot changierendem Taft. Sie hat gerade ihr Studium der Wirtschaftswissenschaften abgeschlossen, jetzt muss sie Arbeit suchen. Im Moment aber will sie nur eins: Amr Khaled zuhören. »Er spricht uns aus dem Herzen, deswegen ist es immer so voll, wenn er auftritt«, sagt sie. »Naja, und außerdem sieht er auch noch unglaublich gut aus.«

Heute Abend ist Herr Amr Khaled, wie er respektvoll genannt wird, allerdings nicht zu sehen, zumindest nicht von der Frauenabteilung der Moschee aus. Er sitzt irgendwo dort hinten, jenseits des kleinen Holzzäunchens, das Frauen und Männer trennt. Doch die Luft ist gesättigt von seiner Stimme, von seiner Botschaft. »Wenn ihr in diesem Sommer in Scharm al Scheich seid oder in Alexandria am Strand, und ihr entdeckt ein Mädchen, das euch gefällt, dann vergesst nicht: Der Teufel liegt auf der Lauer!« wendet er sich direkt an seine männlichen Zuhörer. »Stellt euch vor, es gelingt euch, ihr kriegt sie herum« – er macht eine Pause, lässt die Worte zwischen den Säulen der Moschee ihre Tragweite entwickeln. Die Phantasie der Jungen hebt ab. Doch das Jammern von Amr Khaleds Stimme holt sie wieder zurück: »Was nützt euch das, wenn das Mädchen für dies bisschen Spaß in die Hölle geht!« Amr Khaled appelliert an die Jugendlichen, vorsichtig mit dem anderen Geschlecht umzugehen: »Verliebt euch meinetwegen, aber betet gemeinsam. Sucht euch ein Mädchen, das Kopftuch trägt!« sagt er. Amr Khaled spricht über alles, was die Jugendlichen interessiert: Jobprobleme, Liebe und auch ein bisschen Sex. Immer schlägt er den Bogen zum Glauben. Wenn die Jugendlichen sich gerade für Palästina interessieren, weil sie die Bilder von dort täglich im Satellitenfernsehen sehen – kurz zuvor, im April 2002 hatte es die sehr blutigen Kämpfe in der Westbank gegeben – dann spricht er auch darüber. »Es ist eine Frage der Treue zum Islam. Nur wenn wir Muslime eine gute Beziehung zu Gott haben, werden wir die Al-Aqsa-Moschee zurückbekommen.«

Radikale Thesen oder gar politische Forderungen an die eigene Regierung kommen Herrn Amr Khaled nicht über die Lippen. Er liest einige Suren aus dem Koran und erzählt Begebenheiten aus dem Leben des Propheten Mohammed. Er erzählt sie so, als wäre er selbst dabei gewesen, und er präsentiert den Jugendlichen einen Propheten, der sehr menschlich ist, geduldig mit anderen und nachsichtig. Die Jugendlichen sollen dem Beispiel Mohammeds folgen und ihn lieben, mehr lieben als alles andere auf der Welt. Der Prophet der Muslime sei als Vorbild besser geeignet als Jesus oder andere Propheten, da er alle Situationen, in die ein Mensch geraten könne, auch erlebt habe. Er sei sowohl Politiker als auch Untertan gewesen, er sei Ehemann und Heerführer gewesen. Er habe gekämpft und geredet. Amr Khaled predigt einen freundlichen Islam, der jedoch zugleich strenge Regeln kennt. Er sagt nicht, das ist verboten, und das und das, aber er appelliert an die Jugendlichen, sich aus eigenem Antrieb an die Gebote zu halten. Kopftuch und Keuschheit bis zur Ehe, wer sich nicht daran hält, der muss sich dafür – so Amr Khaled – am Jüngsten Tag verantworten.

»Das Gute an Amr Khaled ist, dass er nicht nur immer den Frauen sagt, dass sie sich so und so zu benehmen hätten«, sagt die ehemalige Studentin Nivien. Sie hat inzwischen ein Schnitzelbrötchen und eine »Capri-Sonne« in der Hand. Die Sitzungen mit Amr Khaled sind nicht nur zur religiösen Erbauung gedacht. Die Mischung aus Unterrichtsstunde, Gebet und Familienpicknick ist für die jungen Frommen die Alternative zum Kino-Besuch, oder was immer sonst die weniger religiösen Jugendlichen am Donnerstagabend machen würden.

* * *

Ahmed Abu Haiba, ein alter Freund von Amr Khaled, hatte die Idee mit der Show.[7] Sein Vorbild waren die TV-Predigten der amerikanischen Tele-Evangelisten. Bisher kannten die arabischen

Zuschauer religiöse TV-Sendungen nach dem Vorbild des ägyptischen Gelehrten Scheich Sharawi, der sich in einer Moschee filmen ließ. Auch die Al-Dschasira-Sendung »Die *Scharia* und das Leben« ist klassisch: Der Gast der Sendung, der populäre Gelehrte Scheich Yusuf al Qaradawi, sitzt in einem mit Ornamenten verzierten Studio und erklärt der Jugend den Islam. Sharawi und Qaradawi mischen Umgangssprache und Hocharabisch und kommen ihren jugendlichen Zuschauern so entgegen. Die Distanz zwischen dem Gelehrten in klassischer Umgebung und dem Jugendlichen auf der Straße bleibt jedoch groß. Amr Khaled ist da dichter dran. Er ist kein Gelehrter, er kann und darf keine *Fatwas* (Rechtsgutachten) erlassen. Amr Khaled erzählt Geschichten, plaudert und betet. Er sitzt in einem modernen Studio, er hat Gäste und spricht ägyptischen Dialekt. Dieser Tonfall ist auch den Zuschauern in anderen arabischen Ländern vertraut. Es ist die Sprache der Fernsehserien, die in Ägypten produziert und in der ganzen arabischen Welt geschaut werden. Auch deswegen fühlen sich viele bei Amr Khaleds Show so wohl. Das Markenzeichen seiner Sendung in der frühen Phase sind Frauen, die im Studio ihre Lebensgeschichte erzählen: »Deinetwegen habe ich das Kopftuch genommen!« Zunächst wird die Show »Gespräche von Herzen« auf Video in den Straßen von Kairo und rund um die Moscheen verkauft. 2001 strahlt »Dream TV«, ein privater ägyptischer Sender, ein Band aus. Kurz darauf verpflichtet ihn der saudisch finanzierte Sender Iqra.

Im Herbst 2002 verlässt Amr Khaled Ägypten. Die Kairoer Regierung hat ihm Auftrittsverbot erteilt. »Ich darf nach Ägypten reisen, meine Familie besuchen, aber ich darf nicht in ein Mikrophon sprechen«, sagt Amr Khaled bei einer Pressekonferenz 2005 in London. »Mich müsst ihr nicht fragen, warum das so ist. Fragt die Verantwortlichen.« Eine offizielle Begründung gibt es nicht, nur viele Spekulationen. Gerüchten zufolge hat sogar die Schwiegertochter des Präsidenten Hosni Mubarak wegen Amr Khaled das Kopftuch genommen und damit den Familienfrieden gestört. Klar ist, dass Amr Khaled mit seiner Popularität dem religiösen Establishment kräftig Konkurrenz macht. Auch die schnell eingeführten Modernisierungen an der ehrwürdigen Al-Azhar-Universität, die beispielsweise eine Telefon-Hotline zu Religionsfragen eingeführt hat und einen Satellitensender plant, können Amr Khaleds Popularität nicht ankratzen.

So, such plants would grow on roofs in Alex. in 2025 !

Amr Khaled predigt einen Mitmach-Islam. 2004 startete er seine Show »Sunna al hayat«, Gestaltung des Lebens.

Amr Khaled brachte zudem das Freund-Feind-Muster der Regierung durcheinander: Bisher ließen sich die Self-Made-Prediger einfach in die Fundi-Schublade stecken. Da stand der radikale, unzivilisierte Islamismus der Muslimbrüder und anderer Prediger gegen den soliden, fundierten und gemäßigten offiziellen Islam. Diese Unterteilung lässt sich mit Vertretern des Pop-Islam nicht durchhalten. Die säkular orientierte Presse in Ägypten veröffentlicht immer wieder sehr kritische Artikel über den Prediger. Sie wirft ihm Geldschneiderei vor. Andere, wie die ägyptische Politologin Hala Mustapha[8] vom Al-Ahram-Center für strategische Studien, halten ihn für einen Wolf im Schafspelz. Mit seiner weichgespülten Kuschelversion des Islam bereite er die Jugend vor und mache sie empfänglich für die Botschaft militanter Prediger. Seine Verbindung zu dem Sender Iqra macht viele besonders misstrauisch. Sie sehen im Pop-Islam die neue Missionsmethode des verhassten *Wahabismus* – der ultra-engstirnigen saudischen Lesart des Islam.

Intellektuelle und Aktivisten aus dem islamischen Lager hingegen belächeln den neuen Typus des Predigers, halten ihn für zu

helping the youths benefit and love their countries.

Amr Khaled wendet sich an die Mittelklassejugend: Gebildet und erfolgsorientiert sollen sie die islamische Welt aus der Misere führen. Zuschauer der Amr-Khaled-Show.

unpolitisch und für ein wenig naiv. Andererseits, so der ägyptische Psychologe und ehemalige islamische Studentenführer Ahmed Abdallah, verbreite er eine positive Botschaft und helfe den Jugendlichen, ihren Alltag mit der Religion zu versöhnen. Fahmi Huwaidi, der spitzzüngigste Intellektuelle unter den Anhängern des politischen Islam, sieht das ähnlich. Er schreibt Kolumnen für die ägyptische Tageszeitung »Al Ahram«. Die Regierung sei selbst schuld, dass sie jetzt Konkurrenz bekomme. Sie habe Jahrzehnte lang die islamische Bewegung unterdrückt und ausgegrenzt. Es gebe daher keine vernünftige religiöse Bildung für Jugendliche. »Solange sie Predigern wie Amr Khaled folgen, ist das gut. Es hilft ihnen. Solange sie nicht anfangen, andere Muslime zu Ungläubigen zu erklären, ist alles in Ordnung«, sagt er.

Im Herbst 2002 siedelt Amr Khaled nach Birmingham um. Mit einem Stipendium des Prinzen von Wales beginnt er, eine Dissertation zu schreiben, und arbeitet für die gemeinnützige islamische »Right Start Foundation«. Seine Sendereihe geht weiter. Produziert wird sie jetzt in Beirut. »Geliebte Gefährten« ist der Titel seiner neuen Show. Auf eindrückliche Weise erzählt er vom Propheten und seinen Zeitgenossen. Er beschreibt in diesen Lektionen die Taten und Eigenschaften von Mohammed. Immer wieder zieht er Parallelen zum Leben der jungen Muslime heute. Sie sollen sich ein Beispiel nehmen. Kurz vor Beginn des Krieges im Irak besucht er Jordanien. König Abdullah empfängt ihn, und sogar Königin Rania, Liebling der internationalen Society-Presse, nimmt sich die Zeit, eine seiner Predigten zu besuchen. Titel: »Wir sollten selbst über unseren Lebensstil entscheiden.« In der nächsten Sendereihe »Bis sie sich selbst verändern«, die während des Krieges im Irak 2003 bei Iqra ausgestrahlt wird, entwickelt er bereits seinen interaktiven Ansatz. Jeder Einzelne habe die Pflicht, dazu beizutragen, die islamische Welt aus der derzeitigen Misere herauszuführen.

* * *

»Es war nicht mein ursprüngliches Ziel, die Leute religiöser zu machen«, sagte Amr Khaled in einem Interview mit der ägyptischen Zeitung »Al Ahram Weekly«. »Mein Ziel ist die *Nahda* – die Renaissance des Islam.« Eine wichtige Rolle spielt dabei der Wissenstransfer. Die arabische Welt soll von den Ideen und wissenschaftlichen Errungenschaften der Welt profitieren. Zugleich ist es für das Zusammenleben zwischen Orient und Okzident wichtig, dass auch der Westen mitbekommt, was in der arabischen Welt los ist – einmal abgesehen von der Gewalt. So schlossen sich im Jahr 2003 Jugendliche zusammen, die sich im Internetforum der Website von Amr Khaled kennen gelernt hatten, und gründeten das »*Dar al Tardschama*« (Haus der Übersetzung). Im Frühjahr 2005 sind es 437 Jugendliche aus 21 Ländern, die aus verschiedenen Sprachen Texte, die sie für nützlich halten, ins Arabische übersetzen und zugleich dafür sorgen, dass Amr Khaleds Botschaft auch außerhalb der arabischen Welt verstanden wird.

2004 beginnt Amr Khaled sein Programm »*Sunna* al hayat« (Gestaltung des Lebens, Lebensgestalter). Nachdem seine TV-Gemeinde ihren Glauben gestärkt, ihr Bewusstsein gefestigt hat, sei jetzt der Zeitpunkt gekommen, den Glauben in die Praxis umzusetzen. »Wovon träumt ihr?« fragt Amr Khaled. 350 000 Jugendliche antworten. Sie beschreiben, wie sie sich die islamische Welt in 20 Jahren vorstellen. Sie wollen bessere Bildung, manche träumen von einer arabischen Welt ohne Grenzen nach dem Vorbild der EU. Alle wollen, dass die Menschen religiöser werden und dass endlich etwas passiert. Amr Khaled gibt den Impuls, und wie ein Blitz schlägt seine Idee ein: In vielen Städten der Welt beginnen junge Muslime, sich zu engagieren. Sie sammeln Kleider für Obdachlose, schicken Hilfspakete in den Sudan, sie begrünen die Dächer ihrer Häuser und veranstalten Computerkurse für Menschen, die bisher von der Internetrevolution ausgeschlossen waren. Sie setzen sich an Universitäten und Schulen für Rauchverbote ein, und inzwischen kleben sogar in vielen öffentlichen Bussen der arabischen Welt die Rauchfrei-Aufkleber der Lebensgestalter. Bis in die israelischen Gefängnisse reicht sein Einfluss: Auch dort geben Gefangene das Rauchen auf. Amr Khaled will, dass die Jugendlichen aufhören, passiv zu sein. »Junge Menschen sind voller Energie. Wir müssen diese Energie in die richtigen Bahnen lenken«, sagt er in einem Interview. »Macht die Augen auf und packt die Probleme an, die vor eurer Nase liegen«, das ist seine Botschaft. Die besten und aktivsten Jugendlichen dürfen ihre Arbeit in der Show vorstellen. Das motiviert. Die Bewohner eines Kairoer Stadtviertels ärgerten sich jahrelang darüber, dass die Regierung die Straßen nicht reparierte und die Schlaglöcher immer größer wurden. »Sunna al hayat« inspiriert sie, die Löcher selbst zu stopfen. Die Idee verselbstständigt sich: Mehrere Hunderttausend Jugendliche haben Amr Khaleds Botschaft gehört, und sie handeln jetzt in seinem Sinne. Er selbst spricht von 50 Millionen Anhängern.

Amr Khaled ist inzwischen schon einen Schritt weiter. Im Frühjahr 2005 macht er eine Umfrage: »Welches sind unsere größten Sorgen?« Diesmal bekommt er 1,4 Millionen Zuschriften. »Sie haben das Gefühl, auf der falschen Seite des Zaunes zu stehen und nur zugucken zu können, wie die anderen leben«, fasst Amr Khaled zusammen. Schuld daran sei der Mangel an Gerechtigkeit und Freiheit in der Region, für den er wiederum die Politik der arabischen und der westlichen Regierungen verantwortlich macht. »Ein anderes großes Problem ist, dass viele junge Muslime ihre Religion falsch verstehen und auf die schiefe Bahn geraten. Ebenso gravierend ist die Arbeitslosigkeit. Wir müssen aufhören zu reden und endlich etwas tun«, sagt Amr Khaled bei der »Better Future Conference«, zu der er im August 2005 Vertreter von »Lifemakers«-Gruppen – so heißen die lokalen Zirkel seiner Anhänger –

nach London einlädt. Die Bomben in der U-Bahn liegen erst sechs Wochen zurück. Die Jugendlichen sollen gemeinsam mit Vertretern multinationaler Firmen und internationaler Organisationen und mit Regierungsvertretern darüber diskutieren, wie die muslimischen Jugendlichen eine bessere Zukunft bekommen können. Es werden konkrete Maßnahmen beschlossen. ART-Chef Scheich Salah Kamel nimmt in seiner Funktion als Vorsitzender des Verbandes islamischer Banken teil und verspricht Kleinkredite für junge Existenzgründer. Die Nike-Foundation und einige andere Organisationen kündigen Unterstützung an. Im Herbst trifft sich Amr Khaled mit vielen anerkannten Religionsgelehrten. Sie veröffentlichen eine Erklärung. Islam hat nichts mit Terror zu tun. Es soll weitere Islam-Aufklärungs-Programme auf arabischen Sendern geben. Zudem hat er Gespräche mit multinationalen Firmen wie Coca-Cola und Nestlé begonnen. Er packt diese großen westlichen Firmen bei ihrem Verantwortungsbewusstsein. Ihr könnt etwas gegen Terror und Gewalt tun, so seine Botschaft. Gebt der Jugend Jobs. »Jetzt sind die Extremisten in der Minderheit, zum Glück. Aber ich habe denen gesagt, wenn ihr, der Westen, nicht etwas tut, dann werden die Extremisten bald in der Mehrheit sein. Also lasst uns in diesem Sinne zusammenarbeiten«, erklärt er in einem Interview. Für seinen Erfolg ist es sehr wichtig, dass er im Westen ernst genommen wird. Schließlich ist es Teil seiner Botschaft, dass es möglich ist, mit friedlichen Mitteln auf die Probleme der arabischen Welt aufmerksam zu machen.

»Ich glaube, unser schlimmstes Problem ist die Perspektivlosigkeit«, sagt Bayan Abughaida. Die Anfang 20-Jährige hat mit einigen Freundinnen zusammen im saudischen Dschidda eine Lifemakers-Gruppe gegründet. Sie sammeln alte Kleider und besuchen ärmere Familien in ihrer Nachbarschaft. »Es ist eine Schande, dass es in einem so reichen Land wie Saudi Arabien Menschen gibt, die nicht wissen, wie sie ihre Kinder satt bekommen sollen«, sagt sie, und ihre Freundin nickt. Beide sind auf Einladung von Amr Khaled zur Better-Future-Conference nach London gekommen. Sie sitzen in der Ehrenloge des großen Konferenzraums. Ein gutes Gefühl, wenn die VIP-Lounge fast ausschließlich von Menschen unter dreißig besetzt ist. Die meisten ihrer Freundinnen in Dschidda langweilten sich, erklärt Bayan. Sie wüssten nicht, was sie mit ihrem Leben anfangen sollten und stießen überall an Verbote. Während die Mädchen in den saturierten Gesellschaften am Golf gerne ihren Frust mit Shopping stillen, vertreiben sich die perspektivlosen Jungen ihre überflüssige Zeit durch gefährliche Autorennen oder träumen vom *Dschihad*. »Wir wollen, dass sie etwas Vernünftiges machen«, sagt Bayan.

»Das Wichtigste in unserem Leben ist die Hingabe an Gott. Gott liebt dich, vergiss das nie!« verkündet Amr Khaled. Er macht eine Pause und lässt den Blick über den Zuschauerraum gleiten. 4000 Jugendliche sitzen auf den Rängen der Halle. »Gemeinsam für eine bessere Zukunft« steht auf den Bannern, die von der Zuschauertribüne hängen. »Was wir der arabischen Jugend bieten, ist Hoffnung, dass es besser wird«, sagt Amr Khaled, und die Zuschauer klatschen begeistert.

»Für uns waren die Anschläge hier in London wie ein Weckruf«, beschreibt die Studentin Sarah die Stimmung. Sie steht an einem Info-Tisch in Hörweite des Podiums. Auch sie hat die »Mach was aus deinem Leben«-Botschaft des Predigers im Fernsehen aufgegriffen und in London eine eigene Gruppe gegründet. Sie plant ein Programm für Hochschulabsolventen: Berufsvorbereitung plus Koranstudium soll ihnen bei der Suche nach einem Job helfen. Organisiert werden diese lokalen Initiativen von Ehrenamtlichen. »Die Anschläge haben uns klar gemacht, dass wir uns stärker in die britische Gesellschaft integrieren und uns engagieren müssen, damit wir nicht außen vor bleiben«, beschreibt Sarah ihre Reaktion auf die Bomben in der Londoner U-Bahn. »Die Anschläge haben uns doppelt getroffen«, erklärt Mariam, Sozialarbeiterin aus Cardiff, die dabeisteht, »ich habe jetzt Angst, mit der U-Bahn zu fahren. Zudem werde ich schief angesehen. Ich wurde sogar auf der Straße als Terroristin beschimpft«, sagt sie. »Natürlich gucke ich zweimal, wenn ich in der U-Bahn junge Männer mit großen Taschen und Rucksäcken sehe«, erklärt Mariams Freundin Fausia. Die beiden jungen Frauen, Töchter somalischer Einwanderer, sind in Großbritannien aufgewachsen. Sie versuche allerdings, trotz Angst nicht auf die Hautfarbe der Verdächtigen zu achten: »Es ist doch furchtbar, den eigenen Glaubensbrüdern mit Misstrauen zu begegnen«, sagt sie, und ihre Verwirrung spiegelt den Zwiespalt, in dem sich viele der Jugendlichen befinden. »Der Islam hat mit Terror nichts zu tun!« sagt Fausia, und die Umstehenden nicken.

Und wie erklären sie sich, dass junge Männer quasi aus ihrer Nachbarschaft zu lebenden Bomben wurden? »Sicherlich spielt

Frustration eine Rolle. Wenn man die Bilder aus Palästina und dem Irak sieht, dann kann man schon wütend werden«, versucht Mustafa zu erläutern. Der Student passt mit seinem flaumigen Bart gut ins Raster des Misstrauens. Wenn er auch noch seinen Rucksack dabei hat, dann machen Menschen in diesen Tagen einen Bogen um ihn. Auch das macht ihn wütend. »Ich glaube allerdings nicht, dass man allein aus Wut auf die westliche Politik zum Attentäter wird. Dazu gehört auch noch eine Gehirnwäsche. Die Skrupel, Unschuldige umzubringen, die muss man auch noch verlieren.« Die Brüder Selbstmordattentäter seien vom rechten Glauben abgekommen, so das Fazit von Mustafa.

Doch was ist der rechte Islam? Der Abiturient Talaat, dessen Eltern aus Syrien stammen, beschreibt, wie eine ganze Reihe von Predigern, Scheichs und Religionsgelehrten – alle im Namen des rechten Islam, versteht sich – um die Gunst der arabischen Jugend buhlen. »Wieso man Amr Khaled gut findet, das liegt ja auf der Hand«, erklärt er und deutet auf die Bühne, wo der TV-Star sein Bestes gibt. Wieso sich andere Jugendliche hingegen Hasspredigern wie Omar Bakri[9], dem Chef der radikalen »Muhadschirun«, anschließen und sich für den *Dschihad* gegen den Westen rekrutieren lassen, das könne er sich nur schwer erklären: »Vielleicht haben sie Probleme in der Familie oder mit Drogen«, sagt Talaat, nachdem er lange nachgedacht hat. Zudem seien Videos im Umlauf, sagt sein Bruder, der neben ihm sitzt. »Wir haben die nicht selber gesehen, aber davon gehört« – er windet sich. In Zeiten des Terrors muss man aufpassen, was man sagt. Er will sich nicht selbst verdächtig machen, und zudem hüten sich viele junge Muslime davor, etwas Schlechtes über ihre Glaubensbrüder zu sagen. Das Image des Islam als Terrorreligion will man nicht noch bestätigen. Talaats Bruder zuckt die Schultern. Was soll es, jetzt hat er schon angefangen zu erzählen. »Also, auf den Videos sind Bilder aus dem Irak. Sie zeigen Misshandlungen im Gefängnis von Abu Ghraib. Dagegen sind die Bilder, die wir schon kennen, harmlos. Da werden Menschen gefoltert und man hört die Schreie. Frauen werden vergewaltigt. Es ist furchtbar«, sagt er. Talaat schaut ihn streng an. »Sie müssen furchtbar sein, habe ich gehört«, berichtigt er sich schnell.

»Wir haben die Stimmen von 1,4 Millionen arabischen Jugendlichen hinter uns, und wir melden uns zu Wort«, ruft Amr Khaled jetzt seinem Publikum zu. Talaat und sein Bruder horchen auf:

»Zusammen sind unsere Stimmen lauter als die Explosionen der vier Bomben in der U-Bahn von London!« Die Jugendlichen jubeln, klatschen, trampeln mit den Füßen. Anschließend spricht Amr Khaled ein Gebet. Er bittet Gott, der muslimischen Jugend zu helfen. Er spricht von den Verlockungen des Paradieses. Er spricht, und die Jugendlichen fangen an zu weinen. Vor Rührung und vor Glück. Sie sind überzeugt, dass sie auf dem richtigen Weg sind und Gott sie dafür belohnen wird. Weinen gehört bei den Veranstaltungen mit Amr Khaled dazu wie das sprichwörtliche Amen in der Kirche.

Während der Pilgerfahrt im Januar 2006 eröffnet Amr Khaled noch eine weitere Front: Seichte TV-Shows sind ihm ein Dorn im Auge, und er will diesen etwas entgegensetzen. Wie überall auf der Welt kleben arabische Jugendliche an den Bildschirmen, wenn sich Altersgenossen in Containern oder Dschungelcamps für ein wenig zweifelhaften Ruhm zum Affen machen: In Bahrain wird im Sommer 2004 ein »Big Brother«-Container eingerichtet. Jugendliche aus verschiedenen arabischen Ländern langweilen sich gemeinsam und werden dabei gefilmt. Das entsetzt die Konservativen. Untergang des Morgenlandes! Männer und Frauen auf so engem Raum beieinander! Ein Aufschrei geht durch die arabische Welt, und Anti-Big-Brother-Demonstranten ziehen durch die Straßen: Die Show verschwindet vom Schirm. Erfolgreicher ist die arabische Version von »Star Academy«: Potentielle Gesangstalente leben ebenfalls eng beieinander in einer Villa und hoffen auf die Gnade der Zuschauer. Diese dürfen jede Woche darüber abstimmen, wer bleiben darf und wer die Villa verlassen muss. »Star Academy« gilt manchen Kommentatoren als Zeichen, dass die arabische Welt doch auf dem Weg zur Demokratie ist: Wo sonst können Wähler in der arabischen Welt zwischen mehreren Kandidaten entscheiden und auch jemanden tatsächlich loswerden, wenn sie ihn abgewählt haben? Alle anderen sind entsetzt, und Amr Khaled hält diese Art von Entertainment für Zeitverschwendung, zudem werde die Moral der Jugendlichen zerstört. Seine Antwort ist Pilger-TV. Die Zuschauer können 24 Stunden am Tag den Weg und den Alltag einzelner Pilger zu den heiligen Stätten des Islam in Mekka und Medina verfolgen.

Amr Khaled surft mit seiner Botschaft erfolgreich auf der Welle der neuen Religiosität. Ausgelöst wurde sie durch die Anschläge des 11. September. Viele Jugendliche rieben sich die Augen, als sich die spontane Freude über die Anschläge gegen die als arrogant empfundene Supermacht USA gelegt hatte: Was sagt denn eigentlich der Koran zu Gewalt und Krieg? Darf man Zivilisten töten? Mit den Fragen, mit dem Lesen in den heiligen Schriften kommt bei vielen der Glaube. Er bietet Halt und Orientierung in einer Zeit, da so viele Eindrücke auf die Jugendlichen einstürzen, dass sie etwas zum Festhalten gebrauchen können. Die Botschaft, die Amr Khaled verbreitet, ist dafür besonders geeignet. So scheint es. Wo kommt sie her? Was ist das überhaupt für ein Islam, den er predigt?

Die Ursprünge der Bewegung

Jemand wie Amr Khaled taucht nicht aus dem Nichts auf, er ist geprägt von der islamischen Studentenbewegung und ganz besonders von der Muslimbruderschaft. Ob er ihr auch offiziell angehört, wie Hesham al Awadi, Autor eines Buches über die fromme Bruderschaft,[10] sagt, oder ihr nur eng verbunden ist, darüber lässt sich lediglich spekulieren. In Ägypten ist die Organisation seit 1954 verboten, und die Mitglieder werden immer wieder verhaftet. In Deutschland wird sie vom Verfassungsschutz beobachtet. So halten viele ihre Zugehörigkeit geheim. Die Verbindung zur Muslimbruderschaft ist vermutlich der Grund, weshalb Amr Khaled im Mai 2006 das Visum für Deutschland verweigert wurde. Er sollte auf einer Veranstaltung in Berlin sprechen.[11]

Die Muslimbruderschaft gilt als Mutterorganisation vieler militanter islamischer Gruppen. Deshalb wird sie von vielen mit Misstrauen betrachtet. Zu Unrecht, so die Wissenschaftlerin Ivesa Lübben, die seit Jahren über die Organisation forscht. Die Muslimbrüder seien 1928 zunächst als bürgerlich-konservative Sozialreformbewegung entstanden. In den Schriften des Gründers Hassan al Banna sei von der Errichtung eines islamischen Gottesstaates auf Erden nicht die Rede, geschweige denn vom bewaffneten Kampf. Auch von der in späteren Schriften der Bruderschaft auftauchenden Feindschaft gegenüber den Juden ist in den Texten des Gründers keine Spur: »Da ging es um soziale Gerechtigkeit und Reform – besonders des Individuums. Der einzelne Mensch soll besser werden. Die frühen Muslimbrüder vertraten einen puritanischen Arbeitsethos, wie man ihn sonst aus dem Protestantismus kennt. Es gibt viele Parallelen zu bürgerlichen Idealen: Fleiß, Pünktlichkeit und seine Arbeit gut machen. Ein gläubiger Mensch geht verantwortungsvoll mit der Welt und seinen Mitmenschen um«, beschreibt sie. Aus der Summe der bewussten, gläubigen Muslime entstehe eine islamische Gesellschaft. Unter demokratischen Bedingungen sei es dann – so Lübben über die Idee Hassan al Bannas – nur noch eine Frage der Zeit, bis ein islamischer Regent das Land im Sinne des Islam regiere.

Die Idee der islamischen Erziehung der Gesellschaft trat allerdings lange Zeit in den Hintergrund. In den 40er Jahren beteiligten sich die Muslimbrüder am Kampf gegen die Kolonialmacht Großbritannien. Bald nach dem Putsch der Freien Offiziere unter Gamal Abdel Nasser 1952 verlegten die Muslimbrüder ihre Aktivitäten in den Untergrund. Grund dafür waren die harten Repressionen der arabisch-sozialistischen Regierung Ägyptens gegen die Organisation. Die Geheimhaltung und der Kampf gegen die Regierung hatten jedoch mit dem Nasserismus zu tun. In Jordanien hingegen habe es immer Kontakte und Zusammenarbeit mit dem Königshaus gegeben, so Lübben. So seien es die Repressionen der Regierung gewesen, die später Sajid Qutb und einige andere Muslimbrüder zu den Vordenkern des bewaffneten *Dschihad* gemacht hätten.

Sajid Qutbs Buch »Wegzeichen«, das er zum Teil im Gefängnis geschrieben hat, ist die Schrift, an die bewaffnete Gruppen bis heute anknüpfen. Qutb setzt drei Konzepte miteinander in Verbindung: Er sagt, die Gesellschaften befänden sich im Zustand der *Dschahiliya* (Unwissenheit). Mit *Dschahiliya* wird in der Regel der Zustand auf der arabischen Halbinsel vor der Offenbarung des Koran beschrieben. Da die modernen Gesellschaften sich jedoch von der *Scharia* (dem islamischen Recht) abgewandt hätten, seien sie in einer ähnlich heidnischen Verfassung. Eine islamische Vorhut müsse sie daher von innen bekämpfen und der *Hakimiya* (der Herrschaft Gottes) den Weg bahnen. Der dritte Begriff ist der des *Takfir*, der den Vorgang beschreibt, einen anderen Muslim zum Ungläubigen zu erklären und ihn zu bekämpfen.

Sajid Qutbs Schriften sind auch deshalb für selbsternannte Gotteskrieger so geeignet, da er sein Konzept nicht fertig ausformulieren konnte. 1966 wurde er in Kairo hingerichtet. Er hinterließ ein Vermächtnis mit viel Raum für Interpretationen. »Sajid Qutb war für die islamische Bewegung eine Figur wie Che Guevara für die europäischen Linken in den 70er Jahren«, beschreibt Ivesa Lübben. Er sei ein feingeistiger Intellektueller gewesen, Literaturkritiker. »Und irgendwann hat er es nicht mehr ausgehalten. Unter Nasser wurde in ägyptischen Gefängnissen sehr viel schlimmer gefoltert als unter den Briten. Die Leute wurden in Wüstencamps gesperrt, gefoltert, gedemütigt und erniedrigt. Unter diesen Bedingungen gab es Strömungen, die sagten: Die sowas tun, können keine Muslime mehr sein.«

Zu dieser Zeit schwappten die Ideen von Abu Ala Maududi aus Pakistan herüber. Dieser vertritt die These, dass Muslime unter bestimmten Bedingungen nicht mehr als Muslime angesehen werden können und bekämpft werden müssen. Sajid Qutb entwickelte diese Idee weiter. Er habe damit jedoch innerhalb der Muslimbrüder recht allein dagestanden, so Ivesa Lübben: »Die Führung lehnte dieses Konzept ab. Der damalige Führer Hassan al Hudaibi soll im Gefängnis jeden einzelnen mitgefangenen Muslimbruder gefragt haben: Bist du der Meinung, dass Gamal Abdel Nasser ein Ungläubiger ist? Wenn jemand dies bejahte, dann soll er diesem gesagt haben, dass er selber kein Muslim mehr sei. Kein Muslim habe das Recht, einen Glaubensbruder zum Ungläubigen zu erklären. Er sagte: Du kannst den Herrschenden politisch kritisieren und angreifen, aber du darfst dafür nicht die Religion benutzen«, so Ivesa Lübben, die viele Veteranen der Bewegung interviewt hat. Hassan al Hudaibi habe eine Antwort auf die bewaffnete Strategie von Sajid Qutb verfasst, »Wir sind Missionare, keine Richter«, so der Titel. Dies sei das offizielle Bekenntnis der Bruderschaft gewesen. Wenn eine Organisation in die internationale Muslimbruderschaft aufgenommen werden möchte, müsse sie ein Bekenntnis zur Gesellschaftsreform ohne Gewalt ablegen. Dies sei Bedingung. Nur für Widerstandsorganisationen werde eine Ausnahme gemacht. So zählt die Hamas in Palästina zur Bruderschaft. Ivesa Lübben hält es für unpräzise, eine generelle Verbindung zwischen den Ideen der Muslimbruderschaft und dem bewaffneten Kampf zu ziehen. »Man kann natürlich alles immer miteinander in Verbindung setzen. So wie man sagen kann, dass der Urmarxismus sowohl die Grundlage der SPD als auch der Ideologie von Pol Pot ist«, sagt sie. Es diene nur nicht dem besseren Verständnis, wenn man dann Pol Pot und SPD in einen

Topf werfe. Sie plädiert dafür, genau hinzuschauen. Gerade in der Muslimbruderschaft gebe es viele unterschiedliche Stimmen und Ansätze. Und besonders in den 70er, 80er und 90er Jahren, in denen Amr Khaled Schüler und Student war, hat sich die islamische Bewegung entwickelt: Nicht in eine Richtung – sie hat viele verschiedene Wege eingeschlagen.

In den 70er Jahren entstehen in verschiedenen ägyptischen Städten *Dschihad*-Gruppen. Sie verstehen sich als Vorhut des Kampfes gegen den Unglauben. Eiman al Sawahiri, der heute an der Seite Usama Bin Ladens Al Qaida führt, wechselte als junger Mann aus der Muslimbruderschaft zu einer dieser *Dschihad*-Gruppen und wurde später Chef eines Teils dieser Organisationen. Zeitgleich entstehen an den Universitäten religiöse Clubs. Sie nennen sich »*Al Gamaat al Islamiya*« (islamische Gruppen). Die Studenten tragen ungestutzte Bärte und *Dschalabiyas*, lange weiße Gewänder. Sie sorgen dafür, dass die Studentinnen Kopftuch tragen. Diese Gruppen setzen auf Parolen und nicht auf Gewalt. Sie agieren zunächst autonom. Die Führung der Muslimbruderschaft ist weit weg: Im Gefängnis oder im Exil. Zum Beispiel in Deutschland. 1960 gründeten Exil-Brüder die Islamische Gemeinschaft in Deutschland (IGD).

»Wenn man sich die Schriften der Studenten aus dieser Zeit anschaut – da wurde in der islamischen Geschichte herumgestochert und das genommen, was ihnen passte: Hassan al Banna, Sajid Qutb und Maududi. Dass diese Ideen nicht zueinander passten oder zum Teil sogar im Widerspruch zueinander standen, störte sie nicht«, beschreibt Ivesa Lübben. Als die *Gamaat al Islamiya*-Studentengeneration die Universität abgeschlossen hat, suchen die jungen Leute Jobs. Viele gehen als Gastarbeiter nach Saudi-Arabien, wo gerade der Öl-Reichtum zu fließen beginnt. Die diplomierten Langbärte suchen auch nach neuen Betätigungsfeldern. Nicht wenige gehen zur Muslimbruderschaft, die sich inzwischen wieder gesammelt hat. Andere gehen in den bewaffneten Kampf gegen die Regierung. Präsident Anwar al Sadat schließt 1979 den Friedensvertrag mit Israel. In den Augen der Mehrheit der arabischen Bevölkerung ist dies Verrat an der arabischen Sache.

Aus den *Gamaat al Islamiya*, den islamischen Gruppen an den Universitäten Oberägyptens, bildet sich der Kern des bewaffneten Kampfes gegen die Regierung. Sie nennen sich »*Al Gama a al Islamiya*« – die islamische Gruppe. Aus Mehrzahl wird Einzahl. Aus den radikalen Studenten-Clubs eine Guerilla-Truppe. 1981 wird Präsident Sadat von einer *Dschihad*-Gruppe ermordet. Die neue Regierung von Hosni Mubarak reagiert mit einer Verhaftungswelle gegen Islamisten jeder Couleur. Allerdings kommen die Mitglieder der Muslimbruderschaft recht schnell wieder frei. Während die bewaffneten Gruppen zum Kampf gegen die Regierung rüsten, tritt die Bruderschaft den Marsch in die Institutionen an. Ihre Anhänger kandidieren sowohl bei den Wahlen der Studenten-Union als auch in den Berufsverbänden und bei den Parlamentswahlen. 1987 gelingt es, 37 Abgeordnete, die auf der Liste der liberalen Wafd Partei angetreten waren, ins Parlament zu bringen. Nachdem sie sich von dem ideologischen Ballast, den Ideen von Sajid Qutb, Maududi und Co. distanziert haben, so schreibt der kuwaitische Professor Hesham al Awadi, ändern sich Stil und Inhalt der Aktivitäten der Bruderschaft.

Mitte der 80er Jahre, als Amr Khaled sein Studium an der Kairo-Universität beginnt, trägt man nicht mehr weißes Gewand und Bart, sondern Anzug und maximal Schnurbärtchen. Statt zu versuchen, die Kommilitonen mit Parolen wie »Der Islam ist die Lösung« für die Bewegung zu gewinnen, setzt die Bruderschaft jetzt auf Dienstleistungen. Billige Bücher, Nachhilfe, Bustransport in die Heimatdörfer. Die islamischen Clubs bieten all das, was der Staat nicht hinbekommt. Das Leben vieler Studenten, die vom Land in die Stadt gingen und aus sehr ärmlichen Verhältnissen stammen, ist alles andere als einfach. Sie nehmen die Hilfe dankbar an. Amr Khaled, 1967 geboren, lauscht als Kind den spannenden Propheten-Geschichten seines Großvaters und hört Kassetten von Gelehrten: Besonders haben es ihm die gefühlsbetonten und unpolitischen Predigten des Scheichs Ibrahim Azt angetan. Dieser hatte sich von der Muslimbruderschaft losgesagt, jedoch nicht mit ihr gebrochen. »Ich hole euch die Jugend aus den Cafés in die Moscheen, und da könnt ihr (Muslimbrüder) sie dann weiterbeträufeln«, soll er einmal gesagt haben.[12] Amr Khaled kommt – wenn Hesham al Awadi Recht hat – während des Studiums zur Muslimbruderschaft. Er gehört zu einem ihrer Studierzirkel. Dort wird der Koran gelesen, die Biographie der Propheten und das islamische Recht behandelt und auch über Politik gesprochen. Das hier Gelernte predigt er seinen Kommilitonen an der Uni.

In den 90er Jahren versinkt Ägypten in den blutigen Kämpfen zwischen den bewaffneten Gruppen und der Regierung. Die Muslimbruderschaft bleibt trotz harter Repression – kurz vor den Parlamentswahlen 1995 beispielsweise werden viele potentielle Kandidaten verhaftet und zu Zwangsarbeit verurteilt – auf Distanz zu den Kämpfern. Bewaffnete Gruppen überfallen Polizeistationen, plündern Geschäfte von Christen und attackieren Touristen. Das Militär schlägt hart zurück. Gewalt und Gegengewalt. Richtig in Schwung kommt die Gewaltspirale, als die so genannten arabischen Afghanen hinzukommen. Von 1979–89 waren junge Männer aus verschiedenen arabischen Ländern in den Heiligen Krieg nach Afghanistan gezogen. Nach dem Sieg über die Rote Armee kamen sie gut ausgebildet im Guerillakampf und voller religiöser Inbrunst zurück an den Nil. 1997 kam es zu einer weiteren Differenzierung der Bewegung. Viele der inhaftierten Führer der bewaffneten Bewegung wandten sich damals mit einem Brief an die Regierung und boten einen Waffenstillstand an. »Wir sehen nicht, dass die militärischen Aktionen uns weiterbringen, und der Preis, den wir zahlen, ist viel zu hoch. Zehntausende unserer Anhänger sitzen im Gefängnis, werden gefoltert und hingerichtet. Wir haben uns entschieden, wir gehen jetzt den politischen Weg, wollen Parteien gründen und so Einfluss auf die Politik nehmen«, sagt Muntassir al Zayat zu dieser Zeit. Er ist eine Art Szene-Anwalt der Kämpfer im Namen des Islam und fungiert als Sprecher der Gama'a al Islamiya.

Im November 1997 verübt eine Splittergruppe das Massaker von Luxor: Knapp 60 Touristen werden im Tempel der Hatschepsut niedergemetzelt. Die Öffentlichkeit reagiert entsetzt, und die bewaffneten Gruppen verlieren ihren Rückhalt in der Bevölkerung. Mit dieser Art des Islam will die Mehrheit nichts mehr zu tun haben. Das Land erleidet eine Wirtschaftskrise, die durch das Ausbleiben der Touristen ausgelöst wird. Fast zeitgleich eskaliert der Kampf in Algerien. Die »Groupe Islamique Armée« (GIA) nimmt dort die Zivilbevölkerung mit ins Visier. Ein Blick in den real existierenden islamischen Staat, ins Afghanistan der Taliban, lässt die Menschen zweifeln: Ist es überhaupt möglich, die Utopie zu verwirklichen, den Staat nach islamischen Regeln zu errichten?

Der Teil der Kämpfer, der sich nicht dem Waffenstillstandsangebot von 1997 anschließt, ändert seine Strategie. Im Februar

1998 schließen sich Eiman al Sawahiri, Usama Bin Laden und noch einige andere zur »Islamischen Weltfront für den *Dschihad* gegen Juden und Kreuzzügler« zusammen. Eiman al Sawahiri ist ein ehemaliger Mandant des Anwalts Muntassir al Zayat. Ihre Differenzen, bewaffneter Kampf ja oder nein, haben die beiden öffentlich in Form von Büchern ausgetragen.[13] Beide wollen den »islamischen Staat«. Der eine hat der Gewalt abgeschworen und will das System von innen verändern. Er versucht seit Jahren, eine Partei zu gründen, und kandidiert 2005 erfolglos für das Parlament. Der andere setzt auf den globalen Kampf und die Maximierung des Schreckens: »Wir können sie mit Gewehrkugeln erschießen oder mit Messern erstechen, es ist nicht schwierig, einen Molotowcocktail zu bauen«, wendet Eiman al Sawahiri sich an die muslimische Jugend. Doch richtig wirksam seien nur Selbstmordattentate: »Sie bringen dem Feind das größtmögliche Grauen bei relativ geringen Verlusten für die islamische Bewegung.« Er empfiehlt Attentate, bei denen viele Zivilisten zu Schaden kommen: »Das verbreitet bei den Völkern des Westens den größten Schrecken. Das ist die Sprache, die sie verstehen.« Zudem gelte es, den Kampf in das Land des Feindes zu tragen. Dies sei nur mit kleinen, sehr mobilen Gruppen von Kämpfern möglich. Mit den Peacenics unter seinen ehemaligen Mit-Muslimbrüdern will er nichts zu tun haben. Im September 2005 meldet er sich per Video-Botschaft vermutlich aus den Bergen im afghanisch-pakistanischen Grenzgebiet: »Es gibt keine Reform außer durch den *Dschihad*«, sagt er. Das ist eine klare Botschaft: In Ägypten rüsten sich die Muslimbrüder gerade für die Parlamentswahl.

Ziel der Front von Bin Laden und Al Sawahiri ist der globale *Dschihad*: Den »nahen Feind«, also die »ungläubige« Regierung Saudi Arabiens oder Ägyptens oder eines anderen Landes in der Region könne man nur besiegen, wenn man zuvor den »fernen Feind«, die USA, ausschalte. Erst wenn sich die USA aus der Region zurückziehe, so die Hypothese, werde es möglich, die lokalen Diktatoren zu stürzen. Die Anschläge auf das World-Trade-Center und das Pentagon 2001 folgen der Logik dieser Erklärung. Über Al Qaida ist der bewaffnete Kampf auch nach Ägypten zurückgekehrt. Die Attentäter der Anschläge von Taba 2004, Scharm al Scheich 2005 und Dahab 2006 berufen sich auf die Idee Usama Bin Ladens. »Das ist eine neue Generation von Kämpfern«, sagt Muntassir al Zayat. Sie greifen ebenfalls Touristen an und beru-

Im Juni 2002 veröffentlichte die ägyptische Illustrierte »Al Mussawar«
eine bizarre Homestory: Chefredakteur Makram Muhammed Achmed,
der selbst knapp einem Anschlag bewaffneter Islamisten entgangen ist,
besucht die historischen Führer der *Gamaa al Islamiya* im Gefängnis.
Sie steuerten in den 90er Jahren den blutigen Kampf gegen die
Regierung. Jetzt bitten sie ihre Landsleute um Vergebung. Sie hätten
sich geirrt: Der bewaffnete Kampf sei doch nicht mit dem Islam
vereinbar.

fen sich teilweise auf ähnliche Quellen wie die alte Generation
der bewaffneten Kämpfer der Gama'a al Islamiya. Ansonsten haben sie mit den inzwischen recht graubärtigen Führern des Kampfes der 90er Jahre wenig gemein. Der neue Kampf richtet sich
gegen den Westen.

Im Sommer 2002 druckt eine ägyptische Zeitschrift eine bizarre Homestory über die inhaftierten Ex-Kämpfer der 90er Jahre. Die Fotos zeigen fröhlich winkende Männer mit langen Bärten. Zum Teil tragen sie die roten Anzüge der zum Tode verurteilten. »Tut uns leid«, werden sie zitiert. Kurz darauf erscheinen vier schmale Bändchen, in denen die Führer der Gama'a al Islamiya der Gewalt entsagen und diesen Schritt auch religiös begründen.[14] Sie bemühen sich jetzt um eine Rückkehr ins bürgerliche Leben.

Amr Khaled beginnt Mitte der 90er Jahre seine Karriere als Prediger außerhalb der Universität. Der militante politische Islam verliert gerade seine Massenbasis. Die Kämpfer haben durch ihre extrem brutalen Methoden die Sympathie der Bevölkerung verspielt. Amr Khaled bietet eine Alternative: Persönliche Frömmigkeit, Geschäftssinn und Engagement. Er ist modern, bedient sich neuer Technologien und bietet den Jugendlichen ein Stück Sicherheit in Zeiten der globalen Verunsicherung. Zugleich knüpft er an Bekanntes an: Sein Lifemakers-Modell kann auch als Weiterentwicklung des Dienstleistungsansatzes der Muslimbrüder der 80er Jahre gesehen werden. Die Jugendlichen sind jetzt nicht mehr nur Empfänger der Angebote, sie stellen sie auch selbst bereit. So schaffen sich zumindest manche von ihnen ihre eigenen Jobs. In Zeiten, da der Staat vor der Massenarbeitslosigkeit kapituliert, hilft Amr Khaled den Jugendlichen, sich selbst Perspektiven zu schaffen. Damit fordert er den Staat heraus.

* * *

Amr Khaled beruft sich auf die *Nahda* – die Renaissance. Ursprünglich stammt der Begriff aus dem 19. Jahrhundert. *Nahda* ist die Antwort auf eine Krise der islamischen Welt. Ausgelöst wird diese durch einen gewaltigen Knall. 1798 steht Napoleon Bonaparte mit seiner Armee vor Alexandria und reißt die arabische Welt unsanft aus ihrem Schlummer. Man hängt dort noch den Träumen verflogenen Glanzes nach. Längst vergangen sind die Zeiten, als Bagdad und Damaskus die Zentren des Wissens und der Künste waren und von dort aus Reisende in alle Welt geschickt wurden. So reiste etwa der muslimische Gelehrte Ibn Yacoub 960 im Auftrag des Emirs von Córdoba durch Nordeuropa. Er war von den barbarischen Sitten in Europa schockiert. Über Schleswig notierte er: »Die Stadt ist arm an Gütern und an Segen. Die Hauptnahrung ihrer Bewohner besteht aus Fischen, denn sie sind sehr zahlreich. Werden ihnen Kinder geboren, wirft man sie ins Meer, um Kosten zu sparen.« Die Reiseberichte beflügelten Wissenschaften und Künste.

Mit dem Fall Bagdads 1258 endet das goldene Zeitalter. Die arabische Welt verwickelt sich in Kriege und beschäftigt sich weitgehend mit sich selbst, bis plötzlich die französische Flotte bei Alexandria vor Anker geht. Wie hatten es die rückständigen Europäer geschafft, so schnell so erfolgreich zu werden? Eben waren sie doch noch auf der Entwicklungsstufe der Barbaren gewesen. Diese Frage bekommt eine neue Generation von arabischen Forschern mit auf den Weg. Ab den 1830er Jahren brechen sie zu Erkundungen nach Europa auf: Sie kehren zurück mit viel technischem Know-how und reichlich Reformideen. Zugleich entdeckt Europa die arabische Welt: Als Kolonie, Mandatsgebiet oder als Siedlungsraum für arme Bauern. Um 1900 sind quasi alle arabischen Länder unter europäischer Kontrolle. Wie viel Westen verträgt die islamische Welt? Das fragten sich die Intellektuellen dieser Zeit. Ein Teil der Reformer plädierte für eine Rückkehr zu den Wurzeln des Islam. Sie wollten die *Nahda* – die Renaissance oder Wiederbelebung des Geistes von Mekka und Medina. Der Koran und das Beispiel des Propheten sowie seiner Gefährten und der Nachfolger sollte der Maßstab sein. Die arabische Welt müsse sich von ihren Traditionen befreien, die sie am Fortschritt hindere, und müsse den Islam dann im Licht der neuen Zeit an die Bedürfnisse des Alltags anpassen. Die islamische Welt solle ihre Identität wiederfinden und könne dann selbstbewusst wissenschaftliche und technische Neuerungen aus dem Westen übernehmen.

Jamal al Din Afghani[15] (1839–97) mischte die neu erweckte islamische Identität mit antikolonialem Gedankengut. Er beschwor die panislamische Solidarität gegen die europäischen Besatzer. Zudem sprach er sich gegen die Herrschaft der Könige in der Region und für repräsentative Regierungen aus. Sein Schüler Mohammed Abdou (1849–1905) setzte die Anklagen gegen das korrupte Regierungssystem fort, das der *Umma* ein fortschrittsfeindliches dogmatisches Islambild aufzwingen würde. Nur die Rückkehr zu den Texten und zum Vorbild des Propheten könne die Gesellschaften der islamischen Welt vom Joch der Fremdherrschaft und Stagnation befreien. Eine Gesellschaft nach Vorbild der frühen Gemeinde des Propheten in Medina werde zwangsläufig gerecht, frei und erfolgreich sein. Rashid Rida (1865–1935) begründete darauf aufbauend die Vorstellungen einer gerechten islamischen Regierung.

Die erste *Nahda*-Bewegung entstand somit als Antwort auf die Sinnkrise in der Region, die durch den europäischen Kolonialismus ausgelöst wurde. 1967, nach der verheerenden Niederlage der arabischen Staaten im Krieg gegen Israel, wurde wieder der Ruf nach einer Wiederbelebung des Glaubens und einer Rückkehr zu den Ursprungsidealen des Islam laut. Die Abkehr vom Islam in der Zeit des arabischen Sozialismus unter Gamal Abdel Nasser wurde als Fehler und als Grund für die Schwäche der Region gesehen. Amr Khaleds *Nahda* baut auf diesem Gedanken auf. Seine Bewegung setzt sich aus den Studenten zusammen, die in einem System aufgewachsen sind, das bereits seit den 70er Jahren von den Ideen der Muslimbruderschaft und anderer islamischer Gruppen geprägt ist. Hinzu kommen besonders nach dem 11. September 2001 Jugendliche, die zuvor mit Religion wenig zu tun hatten. »Wir im Nahen Osten haben ein Problem, nämlich dass wir, dass der Islam die schwierigste Zeit durchlebt (...), seitdem Mohammed zu Allahs Gesandten berufen wurde«, sagt Amr Khaled in einem Vortrag.[16] Die Antwort auf die aktuelle Krise sieht er wiederum in der Hinwendung zum Islam. Amr Khaleds Wiederentdeckung der *Nahda* ist also nicht originell, aber erfolgreich.

Amr Khaled erreicht mit seiner Botschaft gesellschaftliche Kreise, die einen bewusst westlichen Lebensstil pflegen. Aus den Kreisen der Muslimbrüder wird sein Ansatz daher auch verächtlich »klimatisierter Islam« genannt. Amr Khaled bietet den Kindern der besseren Gesellschaft eine islamische Frömmigkeit, die so weit vom Schmuddelimage der bärtigen Unteremittelschichts-Militanten entfernt ist, dass er auch in den feinen Sportclubs auftreten kann. Er ist ein Star und ein gern gesehener Kommentator auch in Jugend- und Frauenmagazinen. Seine Sendungen werden von vielen Satellitenstationen wiederholt. Jeder will ein Stück vom Trend abhaben. Elegante Kopftuchmode, Cafés mit Frauenabteilung gehören dazu. Selbst MacDonalds erkennt das Potential und serviert seitdem im Ramadan »Mac *Iftar*« – das Menü zum Fastenbrechen. Mit Beginn der zweiten Intifada im Herbst 2000 nützt der Fast-Food-Kette dieses trendbewusste Bekenntnis jedoch nichts mehr: Aus Solidarität mit dem Aufstand der palästinensischen Jugend gegen die israelische Besatzungsmacht auf der Westbank und im Gaza-Streifen boykottieren muslimische Jugendliche zahlreiche Firmen, denen Verbindungen zu Israel nachgesagt werden. Eine MacDonalds-Filiale in Kairo wird niedergebrannt. Die Demonstranten, zumeist Studenten der Kairo-Universität, tragen Transparente mit dem Slogan »*Dschihad*«.

Ist das ein Rückfall in die Militanz? Nein, sagt Ahmed Abdallah, hier gehe es nicht um den bewaffneten Kampf. »Es ist das gleiche Wort, aber wird jetzt als Abkürzung verwendet. Man schreibt nicht: Wir wollen ein Palästina in den Grenzen von 1967, die Siedlungen sollen abgebaut werden, und Jerusalem soll unter muslimische Verwaltung gestellt werden. *Dschihad* ist ein Wort und steht für all das«, erklärt er. Ahmed Abdallah, der ehemalige islamische Studentenführer, ist Psychologe und macht Jugendberatung bei »Islamonline«, einer der am meisten angeklickten islamischen Websites. Den Boykott von Firmen, die wirklich oder vermeintlich Israel unterstützen, nennt der Schirmherr der Website, Scheich Yusuf al Qaradawi, »ökonomischen *Dschihad*«. So verselbständigen sich die Begriffe, werden zu Labels. Ahmed Abdallah bedient sich auch des inzwischen modischen *Dschihad*-Markenzeichens. Er ruft allerdings zum *Dschihad al Madani*, zum zivilen *Dschihad* auf. Er will im Grunde nur, dass sich die Muslime stärker für die Zivilgesellschaft engagieren. Ziviler *Dschihad* sagt er, weil es sich spannender anhört. So wie »Mac *Iftar*« auch nichts anderes ist, als ein Hamburger mit Pommes, den man nach Sonnenuntergang isst.

Nach den Anschlägen des 11. September 2001 gewinnt nicht nur die Amr-Khaled-*Umma* Hunderttausende neue Anhänger. Auf der ganzen Welt macht sich unter jungen Muslimen ein ähnlicher Trend zu Frömmigkeit und einem positiven Engagement bemerkbar. Die Wissenschaftlerin Ivesa Lübben hat auch bei den Muslimbrüdern einen Wandel in den Ideen festgestellt: »Es gibt eine Art Renaissance der Ausgangsideen. Vor zehn Jahren fand man nur vereinzelt in den Buchläden der Muslimbrüder die Schriften von Hassan al Banna. Jetzt sind sie überall. Im Wahlprogramm 2005 der ägyptischen Bruderschaft geht es um die Herausbildung einer positiven islamischen Persönlichkeit, in Jordanien diskutiert man die Bedeutung der islamischen Erziehung nach dem Vorbild Hassan Al Bannas, und in Syrien erscheint eine neue Streitschrift der Muslimbrüder. Darin fragen sie: Was hat die Militärdiktatur mit der Persönlichkeit der Menschen gemacht, und was kann die islamische Erziehung bewirken, um die verinnerlichte Diktatur zu überwinden? Wie kann sie stattdessen kreative Persönlichkeiten schaffen, die den Herausforderungen der Globalisierung gewachsen sind?«

Der Pop-Islam wäre nicht Pop-Islam, wenn seine Wurzeln nur politisch und religiös wären. Die neue Frömmigkeit wurde lange vorbereitet – im Vorabendprogramm beispielsweise. In den TV-Serien, die Abend für Abend die Menschen zwischen Rabat und Um al Quwain in den Bann schlagen, geht es schon seit den 80er Jahren fromm zu. Die Zuschauer bekommen die islamische Etikette schmackhaft verpackt als Herz-Schmerz-Dramen serviert. Es wird nicht geküsst und nicht getrunken. Die Schauspieler führen religiöse Floskeln im Mund, und niemals darf ein Mann mit einer Frau alleine in einem Raum sein. Da könnte ja etwas passieren. Die meisten dieser Serien werden in Ägypten produziert, dem Hollywood am Nil. Die Regisseure und Produzenten des islamisch korrekten Trashs sind zum großen Teil alles andere als religiös. Nicht wenige haben sich einen Namen als Regisseure anspruchsvoller Autorenfilme gemacht. TV-Soaps produzieren sie, um Geld zu verdienen. Reich kann man aber nur werden, wenn es gelingt, die Serie auch an das staatliche Fernsehen von Saudi Arabien zu verkaufen. Die Station ist in den 90er Jahren der beliebteste Abnehmer und kauft nur, was die islamische Etikette fördert. Oft handeln die Filmschaffenden in vorauseilendem Gehorsam: Sie halten sich in einem Ausmaß an die islamic correctness, wie es gar nicht gefordert wird, und da viele ein sehr schlechtes Bild von den Menschen in Saudi Arabien haben, sie für unzivilisiert und verbohrt halten, sind die Botschaften der Serien besonders flach. Eine ganze Fernsehgeneration wächst so im Geiste des Accessoire-Islam aus den TV-Studios in Kairo auf. Das prägt. Zum Glück bringt das Satellitenfernsehen Konkurrenz. Wer keine Lust mehr auf billige Serien aus Ägypten hat, kann weiterzappen und Trash aus den Schmalzküchen der ganzen Welt anschauen.

Mit dem Satellitenfernsehen kommen auch die saudisch finanzierten Medien. Sie haben keinen guten Ruf, gelten vielen als Instrument, mit dem Saudi Arabien seine archaische Lesart des Islam propagieren will. Saudi Arabien hat einen ordentlichen Teil seines Ölreichtums investiert, um sich als führende Macht in der islamischen Welt zu etablieren. Journalisten, Wissenschaftler und Politiker, viele schlaue Denker haben sich in den vergangenen Jahrzehnten kaufen lassen, haben den konservativen *Wahabismus* verbreitet und das saudische Königshaus bejubelt. Billige Bücher und Broschüren werden unter Muslimen in der ganzen Welt vertrieben. Das Ziel ist die Verbreitung des dumpfen, intoleranten Weltbildes. Allerdings ist es nicht korrekt, die internationalen saudisch finanzierten Medien in diese Propaganda-Maschine unbesehen einzuordnen. So einfach ist die Welt höchstens noch im saudischen Staatsfernsehen. Schaut man sich die politischen Medien – seien es die Tageszeitung »Ascharq al Awsat« oder auch den Satellitenkanal Al Arabiya – an, so stehen diese durchaus für seriösen Journalismus. Man kann ihnen Schlagseite vorwerfen: Sie schreiben über alles kritisch, bis auf die Politik des saudischen Königshauses. Zuviel offene Loyalität können sich die Medien jedoch nicht erlauben, denn das bestrafen Zuschauer und Leser mit Abschalten und Zuklappen.

Und wie ist es mit Soaps, Soft-Talk und Islam-Geplauder? Die Satellitenkanäle der ART-Familie gehören dem Geschäftsmann Scheich Saleh Kamel, einem mächtigen Mann, der in erster Linie ein Interesse hat: Geld zu verdienen. Sicherlich will er nebenbei auch seiner Verpflichtung als guter Muslim nachkommen und PR für den Islam machen. Doch die Quote muss stimmen. Dumpfe Islam-PR-Serien sind out. Die neue Generation möchte auch mal lachen. Da grantige Langbärte mit ihren zornigen Drohungen und der engstirnigen Weltsicht die jungen Zuschauer von den Bildschirmen vertreiben, werden immer mehr junge Prediger herangeholt.

Der Islam, den Amr Khaled, Moez Massoud und Co. in lockerer Form unter die Gläubigen bringen, ist modern, jedoch nicht liberal. Er ist konservativ darin, dass er großen Wert auf Sittenstrenge, Geschlechtertrennung und Verschleierung legt. Die Verhaltensregeln der konservativen Golfgesellschaften werden aufgegriffen und in den Rest der islamischen Welt exportiert. Die Bewegung des Pop-Islam wird mit saudischem Geld gepäppelt. Ohne die Fernsehserien, ohne die frommen Stiftungen, die beispielsweise die moderne Koran-Auswendiglernschule in Kairo finanzieren, und ohne Sender wie Iqra sähe die Jugendkultur in der islamischen Welt heute anders aus. Allerdings wäre es absurd zu sagen, dass Amr Khaled und Moez Massoud den *Wahabismus* oder gar den militanten *Salafismus* fördern. Ihre Botschaft, besonders ihre Bereitschaft zum Dialog und zur Zusammenarbeit mit anderen Religionen und mit Menschen anderer Kulturen, steht im Widerspruch zu diesen fundamentalistischen Lehren.

Mohammed Hamdan, der stellvertretende Manager von Iqra, erklärt die Linie seines Senders folgendermaßen: Saudi Arabien sei selbst das größte Opfer der Anschläge des 11. September und des Terrors. »Deshalb ist es Aufgabe unseres Programms, einen friedliebenden und barmherzigen Islam zu propagieren«, erklärt er. Dies ist eine sehr idealisierte Sichtweise. Relativ gesehen hat er damit jedoch Recht. Im Vergleich zu den Hetzreden, die rund um die Moscheen in Kairo auf Kassette verkauft werden, sind die Botschaften der Mehrheit der Prediger bei Iqra-TV tatsächlich milde zu nennen. Die Linie, die von Iqra vertreten wird, lässt sich wohl am ehesten als eine Mischung aus Muslimbruder-Gedankengut und Golf-Etikette beschreiben. Kein Wunder: Die Vertreter der 70er-Jahre-Studentenbewegung in Ägypten, die einige Jahre in Saudi Arabien gearbeitet haben, sind jetzt an den Schaltstellen der islamischen Opposition angekommen. Sie geben den Ton an. Die Jugend greift ihn auf und mischt ihm etwas westlichen Lifestyle bei.

* * *

Wenn die Weltsicht der Pop-Muslime und das Koordinatensystem ihres Denkens beschrieben werden, dann darf ein Name nicht fehlen: Scheich Yusuf al Qaradawi. Der 80-jährige Rechtsgelehrte ist der wohl bekannteste und einflussreichste Gelehrte der islamischen Welt. Sein Buch »Erlaubtes und Verbotenes im Islam«[17] ist seit Jahrzehnten ein Bestseller, und seine wöchentliche Al-Dschasira-Sendung »Die *Scharia* und das Leben« hat ihn zum regelmäßigen Gast in Millionen Haushalten auf der ganzen Welt gemacht. Der Absolvent der Al-Azhar-Universität, der 1961 seine Heimat Ägypten verließ und nach Katar ins Exil ging, entdeckte Radio und Fernsehen für seine Mission. Auch im Internet ist er früh präsent. Er steht hinter Islamonline, sein Name verleiht der Seite Autorität und Seriosität in Fragen religiöser Lebenshilfe. Auch auf seiner persönlichen Website stehen Rechtsgutachten und Stellungnahmen zu aktuellen Themen. 1997 gründet Qaradawi den »Europäischen Rat für Fatwas und Forschung«. Er und mehrere andere angesehene Gelehrte nehmen sich damit einem bisher vernachlässigten Thema an: Der Rechtsauslegung für Muslime, die in nichtmuslimischer Umgebung leben.

Es ist schwierig, Qaradawi in das übliche Freund-Feind-Schema einzuordnen: Man kann ihn kaum einen Liberalen nennen, obwohl seine Stellungnahmen etwa zu den Rechten der muslimischen Frau vergleichsweise freiheitlich sind. Doch er verlässt nicht den Rahmen des klassischen islamischen Rechts. Die Frau muss sich also trotz aller Rechte dem Mann unterordnen. Die Berliner Islamwissenschaftlerin Bettina Gräf beschreibt Qaradawi als konservativen Denker, der, vergleicht man ihn mit anderen Gelehrten, einen gemäßigten Ansatz vertrete. Qaradawi bleibe unverstanden, so Gräf, wenn man ihn an liberalen westlichen Maßstäben messe. »Er agiert in der Logik des Diskurses islamischer Gelehrter und im Zusammenhang der Diskussionen in der islamischen Welt«, sagt sie. Qaradawi bewege sich mit seinen Ansichten innerhalb des tradierten Systems des islamischen Rechts. Die Umsetzung der *Scharia* sei seine politisch-religiöse Utopie. Doch was bedeutet das? Was ist eigentlich die *Scharia*? Die *Scharia*, das islamische Recht, ist nicht wie das Bürgerliche Gesetzbuch als gebundene Ausgabe erhältlich. Es ist eine Sammlung, ein Fundus von Texten. Welche genau dazugehören und wie man mit ihnen umzugehen hat, da gehen die Meinungen der Gelehrten zum Teil weit auseinander.

Folgt man Qaradawi, so setzt sich die *Scharia* aus Koran und *Sunna*, also den Überlieferungen dessen, was der Prophet Mohammed in bestimmten Situationen gesagt und getan hat, und der Meinung der Islamgelehrten zusammen. Er ist dagegen, dass un- oder halbgebildete Gläubige selbst zu Werke gehen und die heilige Schrift nach eigenem Geschmack interpretieren. Dies sei Aufgabe der Gelehrten, die sich dabei an die Methoden der klassischen Rechtskunde halten müssten. Manche der vorherrschenden Rechtsvorstellungen müssten im Lichte der modernen Zeit neu überdacht werden, aber diese Reformen sollen in den Grenzen der klassischen Methoden bleiben. Neumodischen Ansätzen, wie dem des ägyptischen Literatur- und Islamwissenschaftler Nasr Hamid Abu Zaid, der mit Methoden der Textanalyse den Koran betrachtet, steht Qaradawi ablehnend gegenüber. Eine grundlegende Reform des islamischen Rechts, wie sie von manchen liberalen oder gar säkularen Denkern innerhalb und außerhalb der

Scheich Yusuf al Qaradawi. Der wohl prominenteste Islamgelehrte lässt sich nur schwer in ein Freund-Feind-Schema einordnen.

arabischen Welt gefordert wird, lehnt er ab. »Qaradawi bleibt im System des traditionellen islamischen Rechts, in diesem Kontext allerdings öffnet er neue Türen«, beschreibt Bettina Gräf. Frauenrechte, Musik und moderner Lebensstil sind akzeptabel, solange die Grenzen des Anstands gewahrt bleiben. So ist Qaradawi dafür, dass sich muslimische Frauen in der Politik engagieren, wenn sie dabei anständig gekleidet sind und ihre Familie nicht vernachlässigen. Er gibt zu, dass er auch selbst gern Musik hört, auch gegen Kinofilme hat er nichts einzuwenden, wenn diese Vergnügungen den Gläubigen nicht zu sehr von der Hingabe zu Gott ablenken.

Von den Anhängern puristischer Lesarten des Islam wird Qaradawi für diese Haltung stark kritisiert. Anderen wiederum sind seine Aussagen zu konservativ. Qaradawi ist immer in der Mitte. »Qaradawi vertritt die Idee der *Wasatia*, der Ausbalancierung und der Mitte«, sagt Bettina Gräf. »Politisch kritisiert er die Regierungen der arabischen Welt und ganz besonders die arabisch-sozialistischen Regierungen wie die von Gamal Abdel Nasser im

Ägypten der 50er und 60er Jahre. Er wendet sich aber auch gegen die gewalttätige Reaktion der bewaffneten Gruppen auf die Willkür dieser Herrscher. Er steht für einen dritten Weg. In seinen Rechtsgutachten versucht er, alle Strömungen mit einzubeziehen und eine Lösung zu finden, die möglichst viele mittragen können. Er berücksichtigt dabei sunnitische, schiitische und auch andere Auffassungen. Dieser Versuch ist einmalig in der jüngeren Geschichte«, so Gräf. Qaradawi ist für die Jugendlichen so anziehend, weil seine Ansichten leicht zugänglich sind. Man kann ihn im Fernsehen sehen und im Internet schnell einmal nachschauen, was er zu einer bestimmten Frage zu sagen hat. Er vertritt einen Standpunkt in der Mitte des Spektrums der islamischen Denker. Er ist nicht radikal, aber auch nicht liberal. Mit Qaradawi macht man nichts falsch, zumindest fast nichts.

Scheich Qaradawi ist ein scharfer Kritiker des Terrors im Namen des Islam. Allerdings verurteilt er nicht jede Form der Gewalt. Qaradawi zeigt nicht nur Verständnis für die Jugendlichen, die sich – da sie keine anderen Waffen zur Verfügung hätten – in israelischen Einkaufsstraßen in die Luft sprengen. Er legitimiert ihr Handeln sogar religiös. Es sei zwar Muslimen nicht erlaubt, gegen Zivilisten Gewalt anzuwenden. Da jedoch alle Israelis, Frauen und Männer, zum Militär gingen, gäbe es dort keine Zivilisten. Alle Israelis seien potentielle Soldaten und dürften daher bekämpft werden. Für europäische Ohren hört sich diese Position radikal an. In der arabischen Welt ist sie – das muss man leider so sagen – sehr weit verbreitet. Qaradawi sticht aus der Menge der Selbstmordattentats-Befürworter dadurch heraus, dass er sie nur im palästinensisch-israelischen Konflikt als legitimes Mittel der »Selbstverteidigung« ansieht. Überall sonst seien sie islamisch nicht zu rechtfertigen. Außerdem wird er seiner Rolle als Fürsprecher der Rechte der Frau gerecht: Frauen, die ihr Leben für den Kampf gegen die israelische Besatzung opferten, nennt er die neuen Heldinnen der islamischen *Umma*. Auch hier bleibt er im Rahmen der *Scharia*: Werden Muslime attackiert, so ist die Verteidigung mit allen Mitteln nicht nur legitim, sondern vorgeschrieben.

Kurz vor Beginn des Krieges im Irak 2003 ruft er die jungen Männer auf der arabischen Halbinsel zum Kampf gegen die US-geführten Streitkräfte auf. Selbstmordattentate im Irak begrüßt er zunächst. Mit der Eskalation der Gewalt im Zweistromland hat er seine Meinung hierzu jedoch inzwischen geändert. Qaradawi vertritt im Bezug auf Selbstmordattentate keine radikale Haltung, solange man ihn im Vergleich zu anderen Gelehrten sieht. Lebende Bomben in Einkaufszentren zu schicken ist dennoch menschenverachtend, und es gibt inzwischen viele islamische Stimmen, die aus dem Mainstream ausscheren und sich gegen diese Gewalt aussprechen. »Hier ist Kritik absolut angebracht. Qaradawi hätte die Möglichkeit, deeskalierend zu wirken, und könnte damit den Mainstream auch verändern«, sagt Bettina Gräf.

Eine weitere Position von Qaradawi, bei der vielen Menschen sowohl aus der islamischen Welt als auch im Westen die Haare zu Berge stehen, ist seine Haltung zu Apostaten – zu Menschen, die vom Islam abfallen. Im März 2006 steht in Kabul Abdul Rahman, ein in Deutschland zum Christentum konvertierter Ex-Muslim vor Gericht. Ihm droht die Hinrichtung. Die Mehrheit der klassischen Islamgelehrten sieht die Todesstrafe für den Abfall vom Glauben vor. Nur durch massiven internationalen Druck wird ein solches Urteil im Fall Abdul Rahman verhindert. Abdul Rahman geht nach Rom ins Exil. Scheich Qaradawi lässt seine Internetgemeinde lange im Zweifel. Erst knapp zwei Wochen nachdem Abdul Rahman wieder auf freiem Fuß ist, taucht bei Islamonline eine Stellungnahme des Gelehrten auf. Qaradawi bezieht sich nicht direkt auf den aktuellen Fall, sondern äußert sich generell zu dem Thema. Wer den Islam verlasse, sei zu bestrafen, sagt er darin. Apostaten seien einen Bedrohung für den Islam. Wenn sie nach ihrem Abfall vom Glauben versuchten, andere Muslime ebenfalls zu bekehren, dann sei die Todesstrafe durchaus angemessen, so Scheich Qaradawi. »Er betont dabei, dass es eine komplizierte Angelegenheit ist, jemanden zum Apostaten zu erklären. Nicht jeder selbsternannte Religionshüter darf dies vornehmen. Es sei die Aufgabe von Gelehrten, und sie müssten bei der Verhängung der Strafen viele Umstände und Regelungen des islamischen Rechts berücksichtigen«, erläutert Bettina Gräf.

Auch in der Frage der Apostasie vertritt Qaradawi also relativ gesehen eine Position in der Mitte, die allerdings trotzdem noch weit von dem entfernt ist, was das westliche Denken in Europa akzeptieren kann und was die Menschenrechtskonvention der UNO vorsieht. Auf Ablehnung trifft sie auch bei vielen Muslimen, die in Europa leben. So vertreten nicht wenige in Deutschland lebende Muslime in der Diskussion um das Schicksal von

Abdul Rahman die Auffassung, dass es sich bei der Bestrafung von Apostaten um eine Bestimmung handelt, die nicht im Koran steht, sondern sich nur auf eine überlieferte Aussage des Propheten bezieht. Die Hinrichtung des Abtrünnigen sei daher kein religiöses Muss. Diese Auffassung vertraten beispielsweise einige Frauen bei einer Info-Veranstaltung in Darmstadt. Genau diese Art von Laien-Interpretation kann Qaradawi nicht leiden. Im zweiten Teil seiner Stellungnahme im April 2006 kritisiert er diesen Ansatz. Er sei mit islamischem Recht nicht vereinbar. Weder die Aussagen des Propheten noch die Schlussfolgerungen, welche die Gelehrten über Jahrhunderte daraus gezogen hätten, dürften so einfach über Bord geworfen werden.[18]

Scheich Qaradawi gehörte als junger Mann zur Muslimbruderschaft. In den 50er Jahren trat er offiziell aus. Im vergangenen Jahrzehnt hat ihn die Organisation wiederholt gebeten zurückzukehren und die Führung der Bruderschaft zu übernehmen. Qaradawi lehnt jedoch ab. Er hat inzwischen ein internationales Gremium der Islamgelehrten gegründet und sieht seinen Wirkungskreis viel größer als den der Bruderschaft. »Es gab eine Zeit, da war die Welt auch schon einmal globalisiert«, wendet sich Scheich Qaradawi in einer Veranstaltung in Katar an seine zumeist jungen Zuhörer. »Doch damals war eine andere Kultur die tonangebende. Damals gab es Globalisierung unter arabischem, islamischem Vorzeichen. Wir waren die Kultur- und Wissenschaftsnation, Arabisch die Sprache der Gelehrten entlang des Mittelmeers. Dahin wollen wir zurückkommen«, sagt er. Es geht ihm um die Islamisierung der Moderne. Der Islam habe eine Antwort auf alle Fragen, von Gentechnik bis zum Umweltschutz. Scheich Qaradawi ist davon überzeugt, dass es nur eine Frage der Zeit ist, bis auch dem nichtmuslimischen Teil der Weltbevölkerung die Überlegenheit des Islam über alle anderen Weltanschauungen klar wird. Auch Qaradawi hat sich der *Dawa*, der Werbung für den Islam verschrieben.

Scheich Qaradawi ist konservativ und denkt im Rahmen des traditionellen islamischen Rechts. Dennoch ist es falsch, ihn – wie viele westliche Sicherheitsexperten es tun – als radikalen Extremisten zu bezeichnen. Er vertritt den Mainstream. Statt Qaradawi und seine ungezählten Anhänger mit dem Extremisten-Label zu versehen und sie so in die Konfrontation zu drängen, sollte man zur Diskussion über bestimmte Positionen ermuntern. Viele

Muslime informieren sich über Qaradawis Ansichten, übernehmen aber nicht alles unbesehen. So ist nicht jeder Qaradawi-Anhänger ein Befürworter von Selbstmordattentaten. Wer jedoch Gewalt als richtiges Mittel zur Verbreitung des Islam sieht, der fühlt sich bei anderen Predigern und Gelehrten wohler.

Die pop-islamische Bewegung ist also eng mit den Ideen der Muslimbruderschaft verbunden, und viele orientieren sich an den Aussagen von Scheich Yusuf al Qaradawi.[19] Das Ziel der Jugendbewegung ist es, den Islam zu verbreiten: Möglichst viele Menschen sollen Muslime werden, und möglichst viele Muslime sollen möglichst fromm werden. Das Mittel ist die *Dawa*, die Werbung für den Islam. Sie wollen andere für ihre Lesart der Religion und für ihren Lebensstil gewinnen. Solange sie sich dabei an demokratische Spielregeln halten, ist gegen diesen Ansatz in einer pluralistischen Welt nichts einzuwenden. Politische Parteien, ideologische Gruppen und andere Religionen machen es genauso. Es gibt ein Nebeneinander der Ideen, und jeder Mensch hat die Möglichkeit, sich das Richtige, für ihn Passende auszuwählen. Sobald jedoch Gewalt ins Spiel kommt oder Abtrünnigen mit dem Tode gedroht wird, ist schnell die Grenze des Akzeptablen erreicht. Es ist also sinnvoll, am bunt schillernden Lack der Pop-Muslime zu kratzen und genau zu schauen, was sich darunter verbirgt. Unklug wäre es, sie wegen ihrer Nähe zu den Ideen der Muslimbruderschaft oder wegen ihrer Bewunderung für Scheich Yusuf al Qaradawi als Gesprächspartner zu disqualifizieren. Es darf aber nicht darauf verzichtet werden, genau nachzufragen, auf welche Strömungen innerhalb der Bruderschaft, auf welche Positionen von Scheich Qaradawi sie sich beziehen. Auch wenn die Muslimbrüder in den 60er Jahren Gewaltverherrlicher wie Sajid Qutb und Unterorganisationen wie die palästinensische Hamas hervorgebracht haben, verfassen sie andererseits 1995 ein Grundlagenpapier zu Demokratie und Gewaltenteilung.[20] Während Scheich Qaradawi im Juli 2006 zu einer internationalen Konferenz islamischer Gelehrter und Prominenter nach Istanbul reist und eine Resolution gegen den Terror im Namen des Islam mit verabschiedet, hält er Selbstmordattentäter in Israel aber für Vorbilder.

Zudem sollte der Rahmen, in dem diese Positionen entstehen, nicht außer Acht gelassen werden. Die Welt nach dem 11. September und dem Irak-Krieg sieht anders aus, wenn man sie aus arabischer Sicht betrachtet. Es herrscht Ungerechtigkeit und Willkür. Für viele steht der Westen nicht mehr für Freiheit und Demokratie, sondern für Doppelmoral und Brutalität. Viele Jugendliche sehen keine Perspektive. Sie sitzen voll Zorn vor dem Fernseher und verfolgen die Kämpfe an den verschiedenen Brennpunkten in ihrer Region. Die logische Kette ist, dass auf Gewalt mehr Gewalt folgt, die dann wiederum mit noch mehr Gewalt beantwortet wird. Wenn Personen wie Amr Khaled der Jugend Auswege aus dieser Höllenlogik bieten, die konstruktiv sind, sollte man sie dabei unterstützen und das Gespräch suchen. Nicht wenige der Stars der neuen Bewegung pendeln zwischen den Welten: Sie leben zur Hälfte in den USA oder Europa, zur anderen in der arabischen Welt. Auch viele ihrer Anhänger gehören zu einer neuen, mobilen Schicht junger Menschen, die reisen oder zumindest davon träumen, ihre Heimat zu verlassen und die Welt kennen zu lernen. Wenn es dem Westen nicht gelingt, mit diesen Menschen in Kontakt und Dialog zu treten, nur weil sie für europäische Maßstäbe zu religiös sind, wie soll es dann mit traditionell gesinnten Menschen in weltabgewandten Gebieten gelingen?

Amr Khaled und die Muslime in Europa

Und wie sehen – andersherum – die Menschen in der islamischen Welt Europa? Zwiespältig. Anders lässt sich das Verhältnis wohl nicht beschreiben. Europa, das ist einerseits das etwas freundlichere Gesicht des Westens. Die EU wird gerade in den Konflikten der Region, in Palästina, im Irak und im Iran, als Gegengewicht zu den USA gesehen. Allerdings ist Brüssel nicht konsequent genug, um die Politik ausbalancieren zu können. Gerade in den ersten Monaten des Jahres 2006 hat Europa sehr an Ansehen eingebüßt: Die Verwicklungen europäischer Staaten in die Folter und Entführungspraktiken der CIA, die Streichung der Finanzhilfen für die Palästinensische Autonomiebehörde nach dem Wahlsieg der radikalislamischen Hamas und natürlich der Karikaturenkonflikt haben Europas Image in der Region spürbar geschadet.

Europa gilt allerdings auch als gelobtes Land. Im Frühjahr 2005 stellt »Al Dschasira Online« eine Serie ins Netz, die für Aufsehen sorgt. Es geht um illegale Migration, um Fluchtwege nach Europa. Natürlich, das Thema ist aktuell, in Europa wird zu der Zeit viel über illegale Einwanderung diskutiert, Abkommen mit den südlichen Mittelmeerländern werden verhandelt. Sie sollen die Flüchtlinge aufhalten. Zugleich hat die Al-Dschasira-Serie hohen Servicegehalt. Risiken und Gefahren werden erläutert: Ist es besser, mit dem Boot von Libyen oder von Marokko aus überzusetzen, oder sollte man versuchen, mit dem Flugzeug nach Europa zu gelangen und im Transitbereich eines Flughafens den Reisepass vernichten, damit man nicht zurückgeschickt werden kann? Europa, das Traumland der Jugend. Viele erhoffen sich Chancen, die es in Kairo, Gaza oder Tanger nicht gibt. Sie wollen etwas aus ihrem Leben machen. Allerdings, wenn man den arabischen Medien einen Vorwurf nicht machen kann, dann ist es Schönfärberei, wenn es um das Leben von Muslimen in Europa geht. Im Gegenteil: Diskriminierung gegen Muslime in Großbritannien, Kopftuchverbot in Frankreich, brennende Moscheen in Holland und Einwanderungsfragebogen in Deutschland – dies alles sind Themen, die in den arabischen Medien ausführlich behandelt werden. Natürlich wird – schließlich sprechen wir hier von Medien, die den Gesetzen des Nachrichtengeschäfts unterliegen – nur berichtet, wenn etwas passiert. Alltagsgeschichten über erfolgreiche Muslime in Europa, gelungene Integration und funktionierende Nachbarschaften kommen in den arabischen Medien genauso wenig vor wie in westlichen Sendern. Es wird ein eher finsteres Bild gezeigt. Unterdrückung von Muslimen in Europa ist ein Lieblingsthema der skandallüsternen Presse zum Beispiel in Ägypten. So war die ägyptische Journalistin Magda al Guindi sehr erstaunt, als sie kurz nach den Anschlägen des 11. September 2001 Frankfurt besuchte und dort Frauen mit Kopftüchern auf der Straße sah. Sie hatte als Leserin ägyptischer Zeitungen den Eindruck bekommen, dass Muslime sich in Deutschland nicht mehr auf die Straße trauen könnten.

Die – sagen wir – zugespitzte Berichterstattung über das Leben der Muslime in Europa wird aber nicht nur in der arabischen Welt gesehen: Unter den Zuschauern sind auch die, über die berichtet wird. Das arabische Satellitenfernsehen hat seit seiner Entstehung Mitte der 90er Jahre die Araber der ganzen Welt zu einer TV-*Umma* zusammengeschlossen. Es hat nicht nur die Menschen politisiert. Es hat nicht nur die Grenzen der Freiheit ein gutes Stück verschoben und Oppositionellen eine Plattform

Im Juni 2004 wird der südkoreanische Übersetzer Kim Sun-Il von der Gruppe »Tawhid und Dschihad« als Geisel genommen. Er ist eine der ersten ausländischen Geiseln, die von der Gruppe gekidnappt und geköpft wird. In der von Al Dschasira ausgestrahlten Videobotschaft fleht er um sein Leben.

gegeben. Es hat nicht nur den Terror zumindest mitbefördert, indem beispielsweise die Erpresservideos, auf denen die Terroristen im Irak mit der Ermordung von Geiseln drohen, Sendezeit bekamen. Es hat auch die Araber in Europa und Amerika wieder näher an ihre Heimat oder die ihrer Vorfahren gebracht. Wenn Scheich Qaradawi am Sonntagabend auf Sendung geht, dann leuchten nicht nur in Algier, Tripolis und Aden die Fenster blau von den flimmernden Bildschirmen. Auch in Warschau, Saint Denis und Oklahoma verfolgen junge Araber seine Worte. Die Kinder von arabischen Gastarbeitern in Europa hatten anfangs vielleicht Schwierigkeiten, das Al-Dschasira-Arabisch zu verstehen. »Für mich war Al Dschasira der Grund, richtig Arabisch zu lernen«, erzählt Tewfik Hakem, algerischstämmiger Journalist in Paris. Er habe zuvor nur das Küchentischarabisch seiner Eltern gesprochen. Das Satellitenfernsehen hat ihn wieder zum Araber

Amr Khaled im Studio. Er will der Jugend eine Perspektive geben und so den Terror bekämpfen.

gemacht. Ein Spaziergang mit dem Islamabad-Korrespondenten von Al Dschasira, Ahmed Zaidan, durch Mainz zeigt, dass dies auch für Deutschland gilt. »Oh, mein Gott, sind Sie nicht, bist du nicht …«, der Student, der den nicht sehr großen Mann auf der Straße entdeckt, verhaspelt sich vor Aufregung, als er das Fernsehgesicht erkennt. Er nimmt Ahmed Zaidan in den Arm und gibt ihm auf jede Wange einen Kuss. Wenige Schritte weiter wird der Reporter wieder angesprochen und herzlich begrüßt. Die TV-*Umma* bekommt allerdings zunehmend Risse. Die Muslime in Europa stellen fest, dass die Berichte, die sie im arabischen Fernsehen über ihr beklagenswertes Leben in Europa sehen, an der Realität vorbeigehen. Sie zweifeln auch zunehmend an den Schlüssen, die Kommentatoren daraus ziehen, und an den Tipps, die ihnen Religionsgelehrte aus der islamischen Welt geben.

Die Muslime in Europa sind also in den vergangenen Jahren ein bisschen dichter an die Glaubensbrüder und -schwestern in der islamischen Welt herangerückt. Durch das Satellitenfernsehen sind die Konflikte in der Region auch in den Wohnzimmern der

70

jungen Araber in Europa präsent. Gerade der Palästinakonflikt spielt für die neue Generation der Muslime in Europa eine unverhältnismäßig große Rolle: Was hat eine 15-jährige Schülerin in Italien mit den Kämpfen in Hebron zu tun? Randa Ghazi ist Tochter ägyptischer Einwanderer, und sie hat vor zwei Jahren ein Jugendbuch über die Intifada geschrieben.[21] Es ist spannend, parteiisch – man könnte auch sagen pathetisch. Randa Ghazi kennt Palästina und den Konflikt dort nur aus dem Fernsehen. Auf der anderen Seite haben sich die Muslime in Europa in den vergangenen Jahren aber auch emanzipiert. Sie sehen sich nicht mehr als verpflanzte Marokkaner, Palästinenser oder Türken. Eine neue Identität ist im Entstehen: Die des europäischen Muslim.

Amr Khaled, der seit 2002 in Birmingham lebt, sieht dies als positive Entwicklung, nicht nur für die Muslime in Europa selbst. Die Muslime der ganzen Welt setzen große Hoffnung in den Islam in Europa. 2003 reist Amr Khaled durch Deutschland und fordert seine Zuhörer auf, sich – wie er sagt – positiv in die europäische Gesellschaft zu integrieren. Sie sollen selbstbewusste, gläubige Muslime sein, die sich für ihre neue Heimat engagieren. Die Muslime zwischen Mittelmeer und dem Polarkreis könnten dazu beitragen, die Probleme der *Umma* insgesamt zu lösen. Sie sollen Vermittler werden zwischen Orient und Okzident: »Das, was wir die letzten beiden Jahre (seit dem 11. September) durchgemacht haben, ist sehr schwierig, äußerst schwierig. Und was glaubt ihr, auf wem unsere Hoffnung ruht? Auf euch im Westen! Warum? Weil sich in den Köpfen der Menschen hier ein falsches Bild vom Islam verankert hat. (...) Die Hoffnung beruht also darauf, dass jede der hier anwesenden Frauen, jeder der hier anwesenden Männer und jeder Jugendliche hier zu einem mobilen Medium wird, das sagt: Ich verkörpere den Islam«, erklärt Amr Khaled. Den Text dieser Ansprachen gibt es in deutscher Übersetzung als Broschüre.[22] Islamische Organisationen in Deutschland verteilen sie an ihre Jugendabteilungen.

Amr Khaled will, dass der Islam im Westen respektiert wird und dass sich dadurch die Politik des Westens gegenüber der islamischen Welt verbessert. Diesen Respekt erlange die Religion allerdings nur wieder, wenn sich die einzelnen Muslime entsprechend verhielten. Dies sei derzeit nicht der Fall. Grob gesagt gebe es im Moment zwei Gruppen von Muslimen in Europa: »Die erste hat sich völlig abgeschottet und meint, dass diese Gesellschaft voller Übel sei. Sie verbarrikadiert sich hinter Schloss und Riegel. Sie möchte ihre Kinder möglichst fern der Gesellschaft erziehen (...) Innerlich wartet sie nur darauf, dass ihnen Schlimmes zustößt.« Amr Khaled kritisiert dieses Verhalten, es führe dazu, dass der Islam vom Westen verachtet werde. Der Islam, den diese Menschen vorlebten, sei engstirnig und intolerant. Allerdings hält er auch vom anderen Extrem wenig. »Die zweite Art sagt sich: Es gibt keine bessere Lebensweise als diese hier! Was wollen wir mit unseren Heimatländern, die sind doch arm dran und völlig zurückgeblieben. Ich nehme diese Gesellschaft völlig an, sie erfüllt mich voll und ganz! Alles, was hier gemacht wird, ist richtig, und alles, was in unseren Ländern gemacht wird, ist falsch. Am liebsten wäre ich ganz wie sie.« Das größte Problem an dieser »assimilierten« Lebensweise sieht er darin, dass die Menschen ihre Seele verlören. Zumeist würden sie sich ganz dem materiellen Leben hingeben: »Du bist in der Mühle des Lebens gefangen, stehst in der Früh auf, gehst zur Arbeit und arbeitest wie eine Maschine, eine unter vielen. Um sechs Uhr abends kommst du nach Hause, sitzt mit deiner Frau und deinen Kindern zusammen, schaust vielleicht ein wenig Glotze und gehst dann schlafen (...) Lebst du überhaupt? Wann haben dir vor Gottesfurcht das letzte Mal die Tränen in den Augen gestanden? Wie steht es mit dir und dem Koran?« Der Mensch sei aus Körper und Seele gemacht, und beide müssten zu ihrem Recht kommen. »Mensch, deine Seele ist krank! Wenn deine Seele sprechen könnte, würdest du sie hören, wie sie schreit: So kannst du nicht mit mir umgehen! Seitdem du dich nur noch um den materiellen Wohlstand kümmerst, bin ich krank! Ich brauche meinen Schöpfer.« Nur die Lektüre des Korans könne da helfen; Amr Khaled verordnet den Menschen ein Sofortprogramm, bestehend aus Gebeten, Koranlektüre und guten Vorsätzen. Im Grunde ist die westliche Gesellschaft aus Amr Khaleds Sicht also hohl und kalt. Da kann nur der Islam Abhilfe schaffen. Hier scheint die Sichtweise der Muslimbruderschaft und auch Scheich Qaradawis durch: Der Islam ist die Lösung. Für die ganze Welt.

Amr Khaled plädiert für einen Dritten Weg in der Mitte zwischen Assimilation und Abschottung. Die Muslime in Europa sollen sich der Gesellschaft, in der sie leben, öffnen, sich für deren Angelegenheiten und Probleme interessieren und dazu beitragen, das Leben aller zu verbessern. Amr Khaled erzählt von der Begegnung mit einem jungen Muslim in Österreich, der in die freiwillige Feuerwehr eingetreten sei. Zunächst hätten die anderen Feuerwehrmänner ihn abschätzig angeschaut und ihn gefragt, was er bei ihnen wolle. Sie könnten ihm nicht garantieren, dass nur die Häuser von Muslimen gelöscht würden. Nach einiger Zeit konnte er sie überzeugen, dass er als Muslim durchaus bereit sei, sich auch für Nicht-Muslime einzusetzen. Damit wagt Amr Khaled sich weit vor, denn tatsächlich sehen viele Muslime es zwar als ihre Pflicht an, sich für die *Umma* zu engagieren. Dienste für die Gesellschaft der Ungläubigen lehnen sie aus religiösen Gründen jedoch ab. Amr Khaled führt mehrere Beispiele aus dem Leben des Propheten an, die belegen sollen, dass auch dieser Andersgläubigen begegnet ist und ihnen in der Not geholfen hat. Zudem geht es Amr Khaled auch um *Dawa*, um Werbung für den Islam. »Zeigt (der Gesellschaft), wie sehr der Islam um alle Menschen besorgt ist, Muslime und Nicht-Muslime. ... Versteht meine Worte nicht falsch, liebe Freunde: Ich stehe zu meiner Zugehörigkeit zum Islam. Doch zur selben Zeit werde ich mich positiv integrieren!« sagt er. Die Muslime sollen sich integrieren, weil sie sich selber einen Platz schaffen können und weil sie so der *Umma* als Ganzes dienen können. Außerdem sei Integration ein religiöses Gebot: »Du tust das Gute um des Guten willen, weil Allah es dir befohlen hat, weil es dir deine Religion vorschreibt.« Amr Khaled erinnert die Menschen daran, dass sie am Tag der Auferstehung befragt würden. Dann sollten sie Zeugnis ablegen über die Menschheit: »Du hast in Deutschland gelebt und sollst Zeugnis ablegen? Worüber willst du denn Zeugnis ablegen, wenn du keine Ahnung hast, was um dich herum geschah? Du hast dich in einem Ghetto abgeschottet. Wie kannst du dann am Jüngsten Tag Zeugnis ablegen? Du konntest ja noch nicht einmal die Sprache, damit du verstehst, was diese Menschen hier denken.«

Tariq Ramadan ist einer der Theoretiker und Vordenker des Europäischen Islam. Der Islamwissenschaftler und Jugendprediger ist sehr viel intellektueller als Amr Khaled. Ramadan ist Gelehrter, er interpretiert die islamischen Quellen neu. Amr Khaled hingegen ist Prediger, er verbreitet den Islam der Gelehrten und fordert die Gläubigen auf, ihre Religion zu leben. Die Ideen der beiden gehen jedoch in die gleiche Richtung. Tariq Ramadan ist der Enkelsohn des Gründers der Muslimbruderschaft Hassan Al

Banna. Er ist in der Schweiz aufgewachsen, hat über Nietzsche promoviert und lehrt an verschiedenen europäischen Universitäten. Er gehört zum Beraterstab des britischen Premierministers Blair und unterrichtet an der Universität von Oxford. Berühmt und über die Kreise Islaminteressierter hinaus bekannt wurde er, als ihm 2004, nach einem Angebot für eine Gastprofessur an einer amerikanischen Universität, kein Visum für die Einreise erteilt wurde. Ramadan gilt den einen als Vordenker der islamischen Erneuerung. Andere sehen in ihm ein Sicherheitsrisiko. Nicht, weil er Hass und Gewalt predigt – seine Verwandtschaft macht ihn suspekt, und sein klares Bekenntnis dazu, dass der Islam für ihn über allem Irdischen und Menschengemachten steht.[23]

Ramadan versteht nicht, wieso alle an seiner Loyalität zweifeln und immer wissen wollen, ob er in erster Linie Muslim oder Schweizer oder Europäer oder Ägypter sei. »Natürlich steht meine Religion, meine Identität als Muslim an erster Stelle, ich bin aber auch ein überzeugter Bürger der Schweiz. Ich fühle mich in Europa zu Hause und sehe die europäische Kultur als meine an. Allerdings möchte ich nicht gerne auf meine Traditionen und Gebräuche aus Ägypten verzichten. Diese gehören auch zu mir«, sagt er bei einem Vortrag in Berlin, den das Zentrum Moderner Orient organisiert hat.[24] Er spricht von einer Identität, die sich aus vielen Facetten zusammensetze. In der globalen Welt sei dies kein Problem, sondern ganz normal. Die Zweifel an seiner Loyalität und die ständige Frage, ob er nun zuerst Muslim oder zuerst Schweizer sei, spiegelten eine tief gehende europäische Identitätskrise wider. Nur wenn die muslimischen Jugendlichen wüssten, wer sie seien, und selbstbewusst Muslime sein könnten, fänden sie auch ihren Platz in der europäischen Gesellschaft. Die Europäer müssten ihnen jedoch einen Platz einräumen. »Wenn Sie den Islam weiterhin als etwas Fremdes, Uneuropäisches ansehen, dann kommen wir hier nicht weiter!« wendet er sich direkt an sein Berliner Publikum. Der Islam sei aus Europa nicht mehr zu verscheuchen. Damit sollte sich die alteingesessene Bevölkerung des Kontinents abfinden.

Auch Ramadan sieht die Muslime in Europa zugleich als große Chance für den Islam insgesamt: Von Europa gingen viele Impulse der Erneuerung des islamischen Denkens aus. Die neue Generation junger Muslime in Europa könne mit den Traditionen der Heimatländer nur noch wenig anfangen, sie konzentriere sich da-

Tariq Ramadan, Theoretiker und Vordenker des Europäischen Islam.

her auf die Glaubensinhalte, die Essenz des Islam. Gerade bei heiklen Themen wie den Rechten der Frauen könne diese Besinnung auf den eigentlichen Islam die Diskussion in der ganzen *Umma* weiterbringen. »Da können wir auch unseren Brüdern in Ägypten einmal sagen, dass wir bestimmte Praktiken, welche in Ägypten mit dem Islam begründet werden, als Traditionen ansehen, von denen man sich trennen sollte«, erklärt Ramadan. Ähnlich sei dies in Bezug auf die Demokratie: »Da hieß es lange: Demokratie ist unislamisch. Dann kam eine neue Generation und sagte: Wir brauchen keine Demokratie, wir haben *Schura*, Beratung, ein Konzept, das sich im Koran findet.« Schließlich vertrete er den Ansatz, dass man analysieren solle, was das Wesen der Demokratie sei: Gerechtigkeit, Mitbestimmung und Freiheit. »Diese Werte widersprechen in keiner Weise dem Islam. Im Gegenteil. Sie passen gut zu den Muslimen«, sagt er. So könne man ohne Probleme ein guter Muslim und Demokrat sein. Diese Diskussionen müsse die islamische Gemeinschaft selbst führen, und es helfe wenig, wenn von außen mit guten Ratschlägen nachgeholfen werde – von Druck, wie ihn die US-Administration ausübt, um die islamische Welt von der Demokratie zu überzeugen, ganz zu schweigen.

Tariq Ramadan sowie Amr Khaled, Scheich Qaradawi und andere aus dem islamistischen Spektrum mögen noch so viel von Reform oder Zusammenleben oder Integration sprechen: Klar ist, dass sie den Islam als Fixpunkt ihres Universums sehen. Alles Weltliche, inklusive Recht und Gesetz, wird diesem untergeordnet. Darin kann man ein prinzipielles Problem sehen, da es nicht in die abendländische Tradition der Aufklärung passt. Die Idee der Menschenrechte folgt der Naturrechtslehre, wonach jedem Menschen Rechte wegen seines Menschseins von Natur aus zustehen und nicht von Koranstellen, die Männern mehr Rechte als Frauen zubilligen, eingeschränkt werden dürfen. Andererseits scheint es nun einmal so, dass ein guter Teil der Weltbevölkerung an Gott oder Götter glaubt und Religion als Regelwerk des Lebens sieht. Daran ändert man auch nichts, wenn man sie zu religiösen Fanatikern erklärt, im Gegenteil. Zudem zeigt sich gerade bei Tariq Ramadan, dass sein Weltverständnis – wenn es um die praktischen Rechte und die Funktionsweise des Staates geht – nur recht wenige Konfliktpunkte mit der europäischen Demokratie aufweist. Ob er die Menschenrechte nun mit Gott begründet, mit dem Humanismus oder naturrechtlich, macht einen großen prinzipiellen Unterschied. Solange aber die Rechte inhaltlich die gleichen sind, ist es denen, die sie einfordern und genießen, wohl weitgehend egal. Zudem erscheint Tariq Ramadans Ansatz, den Islam und die Muslime in der europäischen Kultur einzugemeinden und die für gut befundenen Errungenschaften des alten Kontinents wie Demokratie und Menschenrechte als islamkompatibel für sich zu beanspruchen, recht vielversprechend. So wird der Islam in Europa auf jeden Fall besser verankert als nach dem Konzept anderer islamischer Denker in Europa.

Viele aus der älteren Generation der Islamisten und auch aus den Reihen der Muslimbrüder träumen noch immer von ihrem islamischen Staat, den sie eines Tages mit eigenen Augen sehen wollen. Da sie allerdings in Europa leben, sehen sie sich nach dem islamischen Recht dazu verpflichtet, die Gesetze der Ungläubigen zu befolgen. Auch sie können sicherlich gesetzestreue Bürger sein. Herzblut-Demokraten stellt man sich allerdings anders vor. Es gibt natürlich auch den Typ des europäischen Muslim, an den der Göttinger Islamwissenschaftler Bassan Tibi dachte, als er 1992 die Forderung nach einem europäischen Islam in die Debatte warf. Er wollte aufgeklärte Muslime, die Staat und Religion trennen und ebenso wie moderne Protestanten die Religion als ihre Privatsache betrachten. Diese Art von Religiosität ist nicht das Ziel von Amr Khaled, Tariq Ramadan und den anderen Stars des Pop-Islam. Das ist eindeutig.

Amr Khaled und der Karikaturenstreit

Im Januar 2006 geht der Kulturkonflikt – wenn man sich denn auf dieses von Samuel Huntington skizzierte Gedankenspiel einlassen will – in die nächste Runde. Der Karikaturenstreit bricht aus. Man kann auch sagen: Ein paar Journalisten im nördlichen Dänemark wollen eine Geschichte inszenieren. Sie provozieren die Muslime auf recht primitive Art, indem sie Karikaturen des Propheten Mohammed drucken. Die Reaktion darauf ist ebenso primitiv und hat tödliche Folgen. Mit Religion und Pressefreiheit, den Prinzipien, auf die sich die beiden Seiten berufen, haben die Auseinandersetzungen wenig zu tun, dafür viel mit verletztem Stolz, Angst vor dem Fremden, Sensationslust und politischen Interessen. Die Muslime in Europa spielen dabei eine wichtige Rolle. Sie rücken für einige Zeit in das Zentrum der Aufmerksamkeit sowohl der arabischen Welt als auch der westlichen Öffentlichkeit. Und sie verhalten sich anders, als alle es von ihnen erwarten: Sie demonstrieren nur friedlich. Sie kritisieren scharf die provozierenden Karikaturen, distanzieren sich jedoch von der Gewaltwelle in der islamischen Welt. Sie reagieren besonnen, und die islamischen Organisationen wirken in den meisten Fällen beruhigend auf die zornigen Jugendlichen ein. Der Karikaturenkonflikt hat die Muslime in Europa einen Schritt weiter gebracht auf dem Weg zu einem Selbstbewusstsein als europäische Muslime.

Amr Khaled hat den Ruf, die muslimischen Jugendlichen dort abzuholen, wo sie sind. Das ist in den ersten Wochen des Jahres 2006 sehr einfach und ungeheuer kompliziert zugleich. Amr Khaled, der Geschichtenerzähler des Propheten, ist natürlich wie kaum ein anderer geeignet, die Wut und Empörung über die Beleidigung des geliebten Propheten herauszuschreien. Das erwarten seine Anhänger in der arabischen Welt von ihm. Zugleich lebt er seit drei Jahren in Europa. Die Integration der Muslime in die europäischen Gesellschaften ist sein Ziel. Dazu passt es nicht, Öl ins Feuer zu gießen.

Angefangen hatte der Konflikt bereits im September 2005.[25] Die konservativ-populistische dänische Tageszeitung »Jyllands Posten« hatte einen Wettbewerb ausgeschrieben und Karikaturisten aufgefordert, den Propheten Mohammed zu zeichnen, so wie sie ihn sich vorstellen. Entstanden war die Idee, nachdem Troels Pedersen, einer der Redakteure der Zeitung, von einem Bekannten, dem Verleger Kaare Bluitgen, erfahren hatte, dass dieser für ein Kinderbuch über den Islam vergeblich nach Illustratoren gesucht hatte. Kein Zeichner war bereit, unter seinem richtigen Namen den Propheten darzustellen und damit gegen das – vermeintliche – Darstellungsverbot zu verstoßen. Nach Auffassung vieler Islamgelehrter gilt dieses Verbot – wenn überhaupt – nur für Muslime. Zwölf Karikaturisten nehmen an dem Wettbewerb der Zeitung teil, und am 30. September 2005 druckt Jyllands Posten die Zeichnungen ab. Dies geschieht zu einer Zeit, als die Stimmung zwischen Muslimen und Islam-Kritikern in Dänemark bereits kocht. Vergleicht man den Ton, der auf einschlägigen Websites in Dänemark angeschlagen wird, mit der Stimmung in Deutschland, erscheint die Bundesrepublik wie ein Streichelzoo.

Im einerseits liberalen und weltoffenen Dänemark, das mit Gesetzen gegen Diskriminierung lange als Beispiel für gelungene Integration gesehen wurde, kippt Mitte der 90er Jahre die Stimmung. Die dänische Volkspartei gewinnt Zulauf, und die Regierung passt sich mit strengeren Ausländergesetzen und rigiden Maßnahmen gegen Einwanderer an diese Tendenz an. So schlägt Karen Jespersen, die damalige Innenministerin, 2001 vor, kriminelle Asylbewerber in Lager auf einsamen Inseln zu verbannen. Der Sozialdemokrat Poul Nyrup Rasmussen vergleicht islamische Fundamentalisten mit »Ratten«, die man aus ihren Löchern herausstochern müsse. 1999 entbrennt der »Frikadellenstreit« in dänischen Kindergärten: In einer dänischen Kita mit vielen muslimischen Kindern war Schweinefleisch vom Speisezettel gestrichen und durch islamisch korrekt geschlachtetes Lamm und Rind ersetzt worden. So wollten die Betreuer vermeiden, doppelt zu kochen. Jyllands Posten berichtete darüber, und es ging ein Aufschrei durch das Land. Tierschutz-Argumente gegen das geschächtete Fleisch mischten sich mit von der Volkspartei geschürtem Islamhass. Schließlich mischte sich der lokale Bürgermeister ein. Geschächtetes Fleisch wurde im Kindergarten verboten. Zur Vermittlung der dänischen Kultur gehöre auch der Verzehr des dänischen Nationalgerichts: Frikadellen. Die Heftigkeit des Streits Ende der 90er Jahre zeigt die bereits angespannte Stimmung. Wie konnte es dazu kommen?

Dänemarks Ruf in der Welt, liberal und weltoffen zu sein, speist sich – neben der positiven Arbeit der Organisation »Danida«, die auch in der arabischen Welt für ihren partizipativen Ansatz in der Entwicklungshilfe einen sehr guten Ruf genießt – aus der Rolle der Dänen in der Nazi-Zeit. In der Gedenkstätte Yad Vashem erinnert ein einfaches Fischerboot an eine spektakuläre Rettungsaktion im Herbst 1943. In kleinen Booten und unter Einsatz ihres eigenen Lebens schipperten Fischer die von den Deutschen verfolgten dänischen Juden über den Öresund ins sichere Schweden. 20 000 Menschen, Juden und Fluchthelfer, wurden so gerettet. Das Erstaunliche an dieser Heldengeschichte: In Dänemark war sie lange Zeit nicht einmal Thema im Schulunterricht. »Die Dänen sehen sie nicht als richtige Widerstandskämpfer«, erklärt Therkel Straede, Historiker am Widerstandsmuseum in Kopenhagen, in einem Interview. Saboteure und mutige Männer, die Bomben unter die Züge der Deutschen legten oder aus dem Hinterhalt die Besatzungstruppen beschossen, das sind die Männer, die in der dänischen Geschichtsschreibung verehrt werden. Zudem hatten die Dänen – so Therkel Straede – schon immer ein eher gespaltenes Verhältnis zu Minderheiten. Die Juden seien gerettet worden, weil sie Dänen gewesen seien. Die deutschen Besatzer hätten dänische Staatsbürger abholen wollen. Dagegen hätten andere dänische Staatsbürger sie beschützt.

Vielen Ausländern im heutigen Dänemark schlägt der typisch dänische Nationalismus in Form des allgegenwärtigen Dannebrog entgegen: Kaum ein Ferienhaus, Geburtstagstisch oder Weihnachtsbaum, der nicht mit der rot-weißen Fahne geschmückt ist. Pia Kjaersgaard, die Chefin der 1995 gegründeten dänischen Volkspartei, versteht es, diese Stimmung zu nutzen und zu schüren. Seit 2001 ist ihre Partei, die sich als Speerspitze des dänischen Widerstands gegen die Überfremdung und die Invasion der muslimischen Horden versteht, drittstärkste Fraktion im Parlament. Seit 2005 stützt sie die Minderheitenregierung von Anders Fogh Rasmussen.

In dieser Atmosphäre druckte Jyllands Posten die Karikaturen. Doch niemand reagierte. Sie druckten sie wieder, und noch immer blieb die gewünschte Reaktion – ein Aufschrei des Entsetzens von den Muslimen – aus. Also wandte sich die Zeitung an den für seine radikale Haltung bekannten Imam Raed Hlayel. Dieser forderte Jyllands Posten auf, die Zeichnungen zurückzuziehen und sich bei den Muslimen zu entschuldigen. Er kündigte an, gegen die Zeitung zu klagen. Damit hatte Jyllands Posten endlich eine Reaktion und berichtete ausführlich darüber. Die bürgerliche Presse kritisierte zunächst die Veröffentlichung der wenig lustigen Karikaturen. Als jedoch Todesdrohungen gegen Journalisten von Jyllands Posten im Internet auftauchten, stellten sie sich auf die Seite der bedrohten Kollegen. Inzwischen waren auch arabische Diplomaten in Kopenhagen auf den Streit aufmerksam geworden. Sie baten Ministerpräsident Anders Fogh Rasmussen um ein Gespräch zu diesem Thema. Sie wollten zudem mit ihm über die schlechte Stimmung gegen Muslime in Dänemark im Allgemeinen sprechen. Rasmussen lehnte ab. Im Nachhinein betrachtet – das gibt er selbst zu – war diese Ablehnung ein schwerer taktischer Fehler. Hätte er sich mit den Diplomaten getroffen und ihnen dargelegt, dass er – wie er später betonte – selbst die Karikaturen nicht veröffentlicht hätte, jedoch nicht in die redaktionellen Entscheidungen der Zeitung eingreifen könne, dann wäre der Karikaturenstreit eine Lokalposse geblieben.

Aber Rasmussen blieb hart. Keinen Fußbreit den mittelalterlichen Fanatikern! Es lebe die Pressefreiheit! Die Diplomaten informierten ihre Regierungen, und die Verhöhnung des Propheten wurde Thema in der arabischen Welt. Die dänischen Muslime sammelten 17 000 Unterschriften. Sie wollten so ihrer Empörung Luft verschaffen und gaben ihre Liste – immerhin waren die Namen von knapp einem Zehntel der dänischen Muslime darauf – im Parlament ab. Sie forderten eine Entschuldigung von der Zeitung und suchten Unterstützung bei der Politik. Aber sie wurden nicht gehört. Sie wandten sich ans Ausland. Imam-Delegationen reisten in die arabische Welt und berichteten dort über die dänische Affäre. Sie zeigten den Regierungen und auch den Gelehrten der ehrwürdigen Al-Azhar-Universität die Karikaturen und berichteten über den Streit und die Stimmung in Dänemark. Ahmed Akkari, Mitglied der Delegation nach Ägypten, versichert, dass es den dänischen Muslimen nicht darum gegangen sei, die arabische Öffentlichkeit gegen die Dänen aufzuhetzen und antidänische Stimmung zu schüren. Man habe nur Druck auf die dänische Regierung ausüben wollen, um so Gehör zu finden und ein klärendes Gespräch auszulösen. Das Gegenteil passierte. Die Fronten verhärteten sich weiter. Dass die Karikaturen zwar von vielen Muslimen als tiefe Verletzung ihrer religiösen Gefühle empfunden wurden, aber allein noch nicht für einen antidänischen Hassausbruch gereicht hätten, zeigt sich darin, dass im Oktober bereits die ägyptische Zeitung »Al Fagr« die Karikaturen abdruckte und auf die Affäre aufmerksam machte. Darauf gab es noch keine nennenswerten Protestaktionen. Die gewollte Provokation durch Jyllands Posten wurde erst durch die sture Haltung sowohl der Chefredaktion als auch der dänischen Regierung zu einer Affäre. In der islamischen Welt fiel die Provokation auf fruchtbaren Boden. In Palästina waren die Menschen noch von den Wahlen aufgebracht. Ende Januar 2006 hatte die Hamas die Mehrheit der Stimmen gewonnen. Die USA und Europa kündigten daraufhin ein Ende der Finanzhilfe an. Syrien war gerade für den Mord am libanesischen Ministerpräsidenten Rafik Hariri verantwortlich gemacht worden. Bewusst heizte die syrische Regierung die Stimmung an und lenkte den Frust um. Auch dem Regime in Teheran kam der Karikaturenstreit zu Pass. Die 2004 gewählte radikal-islamische Regierung verlor zu der Zeit an Rückhalt in der Bevölkerung, eine Demonstration gegen den Westen brachte die Gefolgschaft wieder zusammen. In Ägypten blieb es vergleichsweise ruhig. Die Menschen waren aufgebracht, jedoch mit Freude über den gewonnenen Fußball-Afrika-Cup einerseits und Trauer über den Untergang einer Fähre im Roten Meer andererseits beschäftigt.

Der Karikaturenstreit war eine Schleuse, die geöffnet wurde – der Frust, der sich in Gewalt entlud, hatte zum Teil andere Ursachen. So entstand das Gebräu, das schließlich die islamische Welt in Aufruhr versetzte. Dabei sind Verletzungen in den Beziehungen zwischen Orient und Okzident entstanden, die nur langsam verheilen werden.

Januar 2006. »Guckt hier, ich habe gerade ein SMS bekommen«, sagt der Fahrer des Überlandtaxis und hält sein Handy hoch. Er zeigt es seinen Passagieren, mit denen er von Luxor Richtung Süden auf der Landstraße unterwegs ist. »Da steht: In Kopenhagen werden am kommenden Samstag öffentlich Korane verbrannt!« Er schaut in den Rückspiegel, will die Reaktion in den Gesichtern seiner Passagiere sehen. Er ist ein höflicher, eher zurückhaltender junger Mann, der – schließlich ist die Fahrt lang und im Auto ist es eng und heiß – seine Fahrgäste mit Geplauder unterhält. Unverfängliches, Alltagsgeschichten. Doch mit der SMS schlägt seine Stimmung um. »Es geht hier um unseren Propheten, den dürft ihr nicht beleidigen, es ist unsere Pflicht, ihn zu verteidigen«, sagt er, und es ist ganz klar: Hier geht es um eine Herzensangelegenheit. Die Karikaturen, um die es geht, hat er nicht gesehen. »So etwas würde ich mir nicht anschauen«, sagt er. Das, was er über Radio und Fernsehen und – wenn er wie heute. den ganzen Tag unterwegs ist – von Freunden über SMS erfährt, reiche ihm. Dass es sich bei der angekündigten Koranverbrennung um eine Provokation dänischer Neonazis handelte, ist natürlich in der SMS nicht erwähnt. Den Dänen traut man alles zu. Die ägyptischen Mobilfunk-Firmen machten in diesen Tagen ein gutes Geschäft. In einer Werbekampagne hatten sie zum SMS-*Dschihad* aufgerufen, nach dem Motto: Verteidige den Propheten, schick SMS! Sie sind nicht die Einzigen, die aus der Affäre Kapital schlagen. Scheich Yusuf al Qaradawi seinerseits ruft zum ökonomischen *Dschihad* auf. Er sieht in dem gemeinsamen Protest der Muslime weltweit eine große Chance. Die *Umma* wird gestärkt. Endlich erwacht sie. Dass die Beziehungen zum Westen dabei beschädigt werden – ein Kollateralschaden.

Am 30. Januar wird das EU-Büro in Gaza gestürmt. In Damaskus greifen Demonstranten die dänische Botschaft an. In Beirut geht das Gebäude der dänischen Vertretung in Flammen auf. In Teheran werden Molotow-Cocktails gegen die dänische und die österreichische Vertretung geworfen. Im Gazastreifen sind auch das französische Kulturinstitut und das Goethe-Institut betroffen. Bei einer Straßenschlacht in Libyen sterben elf Menschen. Sie protestierten vor der italienischen Vertretung, nachdem der italienische Reformminister Calderoli im Fernsehen sein Hemd aufgeknöpft hatte. Darunter kam ein T-Shirt zum Vorschein, das eine der Karikaturen zeigte.

Und Amr Khaled? Er, der Geschichten über den Propheten Mohammed erzählt, als sei er selbst dabei gewesen, meldet sich kurz vor Ausbruch der Gewaltwelle mit einer erbosten Erklärung zu Wort. Er ruft zum Protest auf. »Meine Botschaft an die Muslime, den Westen und die ganze Welt: Wir brauchen keine Reden, wir wollen keine oberflächlichen Entschuldigungen, die nicht so tief gehen wie unsere Verletzungen. Wir brauchen ernsthafte Aktionen, mit denen der Westen seinen Respekt vor unserem Propheten zeigt. Wir werden mit unseren Protesten nicht nachlassen, bis unser geliebter Prophet seine Würde zurückbekommen hat«, schreibt er. »Das Problem ist entstanden, weil sich die islamische Zivilisation und die westliche Zivilisation hinsichtlich (zweier) Konzepte nicht verstehen. Die Nicht-Muslime können den Stellenwert der Verehrung des Propheten nicht nachvollziehen. Die Muslime haben aufgrund der unterdurchschnittlichen praktischen Anwendung der Prinzipien der Pressefreiheit in ihren Ländern eine recht vage Vorstellung davon, was die Pressefreiheit ist.«

Besonders ärgerlich findet Amr Khaled, dass die Europäer zweierlei Maß anlegten: Zwar sei Europa sehr feinfühlig, was antisemitische und rassistische Äußerungen angehe, und verfolge Beleidigungen gegen Juden strafrechtlich. Allerdings werde nichts unternommen, um zu verhindern, dass die Person, die den Muslimen am wichtigsten sei, erniedrigt werde. Krasse Worte aus dem Mund eines Mannes, der sonst eher versöhnlich auftritt. Angesichts der aufgeheizten Stimmung in der arabischen Welt, so die Erklärung aus dem Umfeld des Predigers, sei es nicht möglich gewesen, eine ganz andere Position zu vertreten als die Mehrheit der Gelehrten und der eigenen Anhänger.

Das Ausmaß der Gewalt in der arabischen Welt führt allerdings dazu, dass einige der Religionsgelehrten ihren Kurs ändern. Mitte

Februar veröffentlicht Amr Khaled mit 41 weiteren Predigern und Religionsgelehrten eine Erklärung gegen die Gewalt und für den Dialog. Auf der Liste der Unterzeichner finden sich ebenso der Jugendprediger Khaled al Guindi wie auch der angesehene Habib al Jifri aus dem Jemen. Amr Khaled plant schon den nächsten Schritt, er will sich in die Höhle des Löwen begeben und mit den Dänen den Dialog suchen. Ein mutiger Schritt angesichts der Stimmung in der islamischen Welt. Er hat zuvor auch seine Anhänger über Internet nach ihrer Meinung gefragt. 80 000 sollen innerhalb von nur vier Tagen auf seine Umfrage reagiert haben und 93 Prozent der Befragten stimmten zu. Sie hielten es für eine gute Idee, »mit den Dänen in den Dialog zu treten, um ihnen den Respekt vor dem Propheten Mohammed zu vermitteln«. Zugleich konnten sich Jugendliche über die Website bewerben. Von 1900 Einsendern wurden 25 ausgewählt, die dann am 9. und 10. März in Kopenhagen mit dänischen Jugendlichen an einen Dialogworkshop teilnehmen sollten.

Zur Vorbereitung auf die Begegnung in Kopenhagen produziert Amr Khaled eine Spezialsendung, die auf Iqra ausgestrahlt wird. »Es geht darum, dass die *Umma* aufhört, immer nur zu reagieren«, sagt er. Das Ziel sei, dass es der islamischen Welt in 20 Jahren besser gehe. »Wir wollen die islamische Renaissance, an ihr bauen wir.« Vorbild ist wie immer der Prophet. Auch er habe in einer schwierigen Zeit gelebt. »Und was hat er gemacht? Was hätte er an unserer Stelle getan? Unser geliebter Prophet hatte ein Ziel, und das hat er nicht aus den Augen gelassen.« Amr Khaled sagt, dass der Prophet die Muslime gelehrt habe, friedlich mit anderen zusammenzuleben. Er macht diese Sendung auch, weil seine bevorstehende Reise nach Kopenhagen in der islamischen Welt eine heftige Kontroverse ausgelöst hat. Nicht nur radikale antiwestliche Gelehrte, auch Scheich Yusuf al Qaradawi, der ihm ja eigentlich recht nahe steht, kritisiert die Idee. Scheich Qaradawi hatte eine Einladung nach Kopenhagen strikt abgelehnt. Man solle nicht das Erwachen der islamischen *Umma* behindern, indem man mit den Dänen spreche.

Dann spricht Amr Khaled über die Situation der Muslime in Europa. »Ihr seht viel im Fernsehen über die Situation der Muslime in Europa. Aber ihr seht nicht den ganzen Film«, sagt er, »ich lebe seit 2002 in Europa, und ich werde euch jetzt einmal einige Geschichten erzählen: Geschichten aus Europa, die euch ein Bild vermitteln sollen, wie es hier wirklich ist.« Er berichtet von einem bekannten muslimischen Arzt, dem die britische Regierung wichtige Aufgaben anvertraut. Er erzählt von muslimischen Jugendlichen, die mit gefälschten Papieren in Europa leben, Arbeitslosengeld beziehen und zugleich zum Heiligen Krieg gegen den Westen aufrufen. Er erzählt von jungen Arabern, die in der U-Bahn die Sitze aufschlitzen und denken, dass sie nicht gesehen werden. Kurz darauf erscheint ihr Bild, aufgenommen von der Überwachungskamera der U-Bahn, in der Zeitung. »Was macht das für ein Bild?« fragt Amr Khaled. Er erzählt von seiner Frau, die nach den Anschlägen im Juni 2005 in London in einen Bus einstieg. Natürlich mit ihrem Kopftuch. Doch der Busfahrer weigerte sich, weiterzufahren, und auch die Fahrgäste forderten sie auf, auszusteigen. Seine Frau habe zunächst protestiert und dann weinend den Bus verlassen. Eine Frau sei hinter ihr hergekommen, wohl um sie zu trösten. Sie habe gesagt: »Wir haben Angst. Angst um unser Leben.« Er erzählt von einem Freund, der sich im Flugzeug gewaschen habe und sich dann zum Gebet auf seinen Sitz niederließ. Die Stewardess habe nur »Allahu Akbar!« gehört und den Kapitän alarmiert. Das Flugzeug machte eine Notlandung, und der Freund wurde verhört. Er erzählt von einer großen britischen Brathähnchenkette, deren Hühner *halal* (religiös korrekt) geschlachtet seien, und von europäischen Banken, die islamkonforme Kredite anbieten.

Die Geschichten, die Amr Khaled seinen Zuschauern erzählt, sind widersprüchlich. Sie zeigen ein breites Spektrum von Erfahrungen und Begegnungen. Doch seine Botschaft ist klar: Die Muslime in Europa sind entscheidend mitverantwortlich für den Zustand der Beziehungen zwischen Orient und Okzident. Ihr Verhalten prägt das Bild, das die westliche Öffentlichkeit vom Islam hat. Er fordert alle auf, die Bemühungen zu verstärken, ein positives Beispiel zu geben und die negativen Auswirkungen der Terroranschläge auszugleichen. Er sagt, dass es keine Alternative zum Zusammenleben gebe, und man solle nicht zu weit gehen. »Habt ihr Andalusien vergessen?« fragt er. Schon einmal habe es eine große Anzahl von Muslimen in Europa gegeben, und damals wie heute habe auch der Islam von der Anwesenheit in Europa profitiert. Schon einmal habe Europa die Muslime vertrieben. Dazu dürfe es nicht wieder kommen. Also: Dialog. Toleranz. Zusammenleben.

Kopenhagen-Österport, 9. März 2006: Der dicke Filzstift quietscht, als Vijay Jain ein lachendes Gesicht auf den gelben Zettel malt. Dann befestigt der Mediator den Smiley an der Wand des Konferenzraums. »Vergesst bitte nicht: Immer lächeln!« fordert der indischstämmige Däne und Spezialist für schwierige Verhandlungssituationen die Jugendlichen auf. Bei den meisten wirkt das Zucken der Mundwinkel noch verkrampft, aber sie bemühen sich. 50 junge Menschen sitzen im Konferenzraum des Dachverbandes dänischer Jugendorganisationen, und sie haben eine schwere Aufgabe. Sie sollen reparieren, was in den letzten Wochen, nein Monaten, sagen wir lieber Jahren oder gar Jahrhunderten von Politikern, Journalisten, Terroristen und Kreuzrittern zerschlagen wurde. Sie sollen Brücken bauen zwischen der islamischen Welt und dem Westen. Sie wollen eine Lösung finden für den Karikaturenstreit oder zumindest Schritte in diese Richtung unternehmen.

Da sitzt die 22-jährige Journalistin Dara aus Ägypten. Sie trägt ihr weißes Kopftuch kinnbetont gesteckt. Ihr gegenüber der 19-jährige Abiturient Simon, dessen lange blonde Haare verwegen unter seiner Armeemütze hervorstruppen. Moez Massoud, 27, ist da, der Moderator der Iqra-Show »Treppe zum Paradies«. Und dann ist da Iben, ebenfalls 27. Sie studiert Sozialwissenschaften an der Uni Roskilde und hat sich auf interkulturellen Dialog spezialisiert. Neelan ist da. Sie arbeitet als wissenschaftliche Mitarbeiterin bei der Rightstart-Foundation in Birmingham. Die Pakistanerin ist Mitglied der arabischen Delegation. Fawsi hingegen vertritt die dänische Seite. Er hat palästinensische Eltern und sitzt im Integrationsrat von Vejle. Während Neelan mit dem festen Vorsatz gekommen ist, den Dänen die Wahrheit über den Propheten Mohammed zu erzählen, ist es Fawsis Anliegen, der arabischen Seite zu sagen, dass das Leben als Muslim in Dänemark nicht ganz so schlimm ist, wie es manchen in der arabischen Welt vorkommen mag. Der Abgrund zwischen den verschiedenen Standpunkten der Teilnehmer an diesem Workshop scheint tief und unüberbrückbar. »Es ist unsere Aufgabe, einen Weg zu finden, wie wir alle zusammenleben können, ohne dass jemand das Gefühl hat, etwas aufzugeben, was ihm wichtig ist!« sagt Moez.

Die erste Lektion haben sie bereits gelernt: Höflichkeit ist relativ. »Wir Dänen treten wohl manchmal mit unserer direkten Art den anderen auf die Zehen, ohne dass wir das wollen«, räumt

Iben ein. »In der arabischen Welt schaut man skeptisch auf die Dänen, aber wir haben festgestellt, dass sie eigentlich auf ihre Art freundliche Menschen sind«, sagt Dara. Damit es nicht gleich wieder knallt, halten sich alle an Regel Nummer 1: Lächeln. Das hilft. Die Jugendlichen sitzen an mehreren Tischen und bekommen Aufgaben gestellt, die sie in diesen Kleingruppen besprechen sollen. Ziel ist, sich auf einen gemeinsamen Nenner zu einigen. Von Runde zu Runde werden die Themen komplizierter. Wie bei einer Zwiebel schälen sich die Jugendlichen durch den Kulturkonflikt. Mit erstaunlich schnellem Erfolg: »Ich muss sagen, die ersten Vorurteile habe ich schon über Bord geworfen«, sagt Iben in der ersten Kaffeepause, »ich war schon erstaunt, dass die Frauen so gut ausgebildet sind, das sind alles Journalistinnen oder so, und manche singen oder machen Musik. Ich habe das angesichts der Kopftücher nicht erwartet«, räumt sie ein. Ähnlich geht es Neelan: »Ich habe mir sehr kalte Menschen vorgestellt, aber eigentlich sind die Dänen sehr sympathisch. Zumindest die, welche ich bisher getroffen habe.«

Die Dänen wurden vom »Dansk Ungdoms Faellesrad«, dem Dachverband dänischer Jugendorganisationen ausgewählt. Nachdem Amr Khaled mit seiner Idee an das dänische Außenministerium getreten war, hatte dies den Jugendverband mit der Organisation beauftragt. In nur zehn Tagen wurde die Konferenz organisiert. Die meisten jungen Dänen haben sich aus Idealismus gemeldet. »Dänemark wird ja als sehr nationalistisches Land dargestellt«, sagt Iben. »Ich hoffe, dass wir den arabischen Teilnehmern vermitteln können, dass die Dänen ein friedliebendes und freundliches Völkchen sind und dass wir den Dialog der Gewalt vorziehen.« Simon hat darüber hinaus ein ganz praktisches Anliegen. »Ich bin stolz, Däne zu sein, und ich möchte auch in Zukunft in der Welt willkommen sein«, sagt er. Im Moment würde er nicht mit seiner dänischen Fahne am Rucksack durch ein islamisches Land reisen wollen. Da möchte er etwas tun, damit dies wieder möglich wird.

Die arabischen Jugendlichen stehen unter Druck. Sie müssen Ergebnisse mit nach Hause bringen, das Ansehen von Amr Khaled retten. Der Konflikt zwischen Qaradawi und Amr Khaled ist für die arabischen Medien ein gefundenes Fressen. Der Kampf der Titanen. Wer wird gewinnen? Wer hat Recht? Al Dschasira lässt die Besucher seiner Website sogar darüber abstimmen. Moez

Massoud erklärt: »Ich würde nicht sagen, dass dies ein Konflikt zwischen den beiden Personen Amr Khaled und Scheich Qaradawi ist. Es geht um unterschiedliche Auffassungen, die von verschiedenen Strömungen vertreten werden. Amr Khaled hat sich diese Initiative ja auch nicht alleine ausgedacht. Er hat andere islamische Prediger und Gelehrte auf seiner Seite, und da sind einige von großem Ansehen darunter. Aus den 42, die ursprünglich den Aufruf zum Dialog unterschrieben haben, sind inzwischen fast 200 geworden. Es ist die Stimme des Dialogs gegen die Stimme des Nicht-Dialogs. Ich respektiere die Meinung von Scheich Qaradawi. Es muss jeder für sich entscheiden, was er für richtig hält, und muss darauf gefasst sein, diese Entscheidung am Jüngsten Tag zu rechtfertigen. Man wird dann sicherlich sagen, dass man sehr ärgerlich war über die Beleidigung des Propheten. Aber vielleicht kommt die Frage: Warst du womöglich so ärgerlich über die Beleidigung des Propheten, dass dir gar nicht aufgefallen ist, dass die Menschen, die dich zum Dialog eingeladen haben, die Karikaturen weder gemacht haben noch sie gut fanden?«

Ziel der Dialogreise nach Kopenhagen ist, die Chance zu nutzen, wie Amr Khaled es formuliert hat. »Es ist klar, dass die Muslime schwer getroffen sind von diesen Karikaturen, aber wir sollten nicht in die Falle tappen, dass wir uns jetzt völlig von der restlichen Welt isolieren. Wir sollten die Gelegenheit nutzen, den Dänen und den anderen Europäern ein besseres Bild des Islam zu vermitteln«, meint Dalia Khattab, Journalistin aus Kairo und Mitglied der arabischen Delegation. Und so berichten die Jugendlichen aus Kairo mit leuchtenden Augen von den guten Charaktereigenschaften des Propheten Mohammed. »Wenn es den arabischen Jugendlichen so wichtig ist, uns von ihrem Propheten zu erzählen, dann hören wir uns das natürlich an«, sagt Simon höflich. Darüber hinaus geht es der arabischen Seite darum, den Dänen eine Entschuldigung zu entlocken. Der dänische Ministerpräsident soll sich für sein Versagen im Management der Krise entschuldigen. Dafür, dass er die arabischen Diplomaten nicht empfangen hat und nicht alles daran gesetzt hat, die Eskalation zu verhindern. Bei der Frage der Entschuldigung geht es ums Prinzip: Gelingt es Amr Khaled und Co., dem dänischen Ministerpräsidenten die magischen Worte zu entlocken, dann beweist dies, dass ihr Weg richtig ist, gelingt es nicht, schlägt das Meinungspendel Richtung Fortsetzung des Protests und Boykotts aus.

»Unser nächstes Thema ist der Stellenwert der Religion«, kündigt Vijay Jain an und bittet die Jugendlichen, sich in Kleingruppen darüber zu einigen. »Der Islam regelt mein ganzes Leben. Er ist mein Lifestyle, und ich finde auf alle Fragen eine Antwort«, sagt Dara. »Ich kann mit vielen Regeln des Christentums nichts anfangen, es wäre verlogen, wenn ich alles annehmen würde. Ich picke mir das heraus, was zu mir passt«, sagt Iben. »Ich glaube, das ist recht typisch für dänische Jugendliche: Wir mögen keine Pauschal-Pakete.« Die arabischen Jugendlichen an ihrem Tisch schauen kritisch. »Du musst dich bemühen«, versucht die Journalistin Dalia aus Kairo sie zu ermuntern. »Ich habe auch lange gebraucht, bis ich alle Gebote erfüllen und auch das Kopftuch tragen konnte.« Iben schaut verwirrt: »Aber es ist gar nicht mein Ziel!« Betreten schauen sie auf den bunten Zettel, auf dem sie ihr Diskussionsergebnis notieren sollen, damit Vijay Jain ihn dann neben den Smiley an die Wand heften kann. Schließlich nimmt Dara den dicken Stift und malt ein Herz. Der Mediator schaut sie fragend an. »Das Herz ist die Gemeinsamkeit«, erklärt Dara. »Wenn die Dänen nicht wissen, wie sie sich in einer Situation entscheiden sollen, fragen sie ihr Herz. Wir Muslime schauen zuerst in den Koran und fragen Gelehrte. Dann fragen wir unser Herz: So hat es uns der Prophet gelehrt.« Puha, geschafft. Sie grinst triumphierend.

Noch schwieriger wird die nächste Runde: Es geht um die Meinungsfreiheit. Gastredner Anders Jerichow, Chef des dänischen PEN-Clubs, fasst den Stand der Diskussion in Dänemark zusammen: »Für uns ist der Karikaturenstreit ein Weckruf. Bisher wähnten wir uns in einem kleinen Königreich, jetzt wissen wir: Wir sind Teil der globalisierten Welt.« Er fordert mehr Respekt vor den Gefühlen anderer, spricht sich jedoch gegen Anti-Blasphemie-Gesetze aus. »Ich denke auch, man sollte dies eher über das Verantwortungsbewusstsein der Journalisten regeln«, sagt Iben. Den arabischen Jugendlichen vergeht das Lächeln. Auch hier geht es ums Prinzip: Ein Gesetz zum Schutz des Propheten wäre ein sichtbarer Erfolg ihrer Mission. Als Vorbild nennen sie die Regelungen in verschiedenen europäischen Ländern, die das Verunglimpfen des Andenkens der Holocaust-Opfer unter Strafe stellt.

Am nächsten Tag geht der Austausch in die nächste Runde: Prominenz ist angereist. Amr Khaled hat den TV-Prediger Tariq Suwaidan und den jemenitischen Gelehrten Habib Ali al Jifri nach Kopenhagen geholt. Sie sollen mit den Jugendlichen und mit dem dänischen Bischof Karsten Nissen sowie den beiden Dialogspezialisten Jörgen Baek Simondsen und Skovbog Petersen diskutieren. Ole Wöhler Olsen hat gemeinsam mit Amr Khaled die Funktion des Gastgebers der Konferenz übernommen. Der zum Islam konvertierte dänische Diplomat wurde 2003 von der UN zum Verwalter von Basra im Irak ernannt. Viele der Jugendlichen zeigten sich nach dieser Dialogrunde auf höherer Ebene enttäuscht: »Statt auf unsere Ergebnisse aufzubauen, haben die alten Männer wieder von vorne angefangen.« Gerade Tariq Suwaidan schlägt scharfe Töne an. Wenn Dänemark sich nicht entschuldige, dann werde er über seinen Sender zum andauernden Boykott dänischer Produkte aufrufen. Er betont noch einmal die Forderung nach einer Gesetzesänderung. »Entweder es gibt hier Meinungsfreiheit für alle auch zu Themen wie Holocaust und Antisemitismus, oder ihr führt Gesetze ein, die unserem Propheten Respekt zollen«, sagt er. »Wenn die Dänen sich dieser Sache bewusst sind und auch festgestellt haben, dass ihre Regierung mit ihrem Verhalten der dänischen Wirtschaft einen schweren Verlust beigebracht hat, dann sollten sie aufstehen und ihre Regierung zu dieser Gesetzesänderung drängen.« Als die Kameras der arabischen Satellitensender den Saal verlassen, wird er versöhnlicher. »Keiner der Sender hat gezeigt, wie Tariq Suwaidan anschließend mit dänischen Dialogteilnehmern gelacht und gescherzt hat«, berichtet Khaled Barakat, einer der Teilnehmer aus der arabischen Jugenddelegation. Während die islamischen Gelehrten ihre Mission durch Dänemark fortsetzen und ihre Kritiker in den arabischen Hauptstädten dagegen zetern, streifen Dara und Iben zusammen durch Kopenhagen. »Wir haben festgestellt, dass wir uns eigentlich ziemlich ähnlich sind«, sagt Dara. Auch ohne Entschuldigung im Gepäck reist sie zufrieden wieder ab: »Ich weiß jetzt, dass – wenn wieder so ein Fall auftritt – meine neuen Freunde alles tun werden, damit uns nicht wieder Unrecht geschieht.«

Amr Khaled, Tariq Suwaidan und Habib Ali al Jifri setzen in den folgenden Tagen ihre Mission in Dänemark fort. Sie treffen sich mit Vertretern der dänischen Muslime. Auch das dänische Parlament und verschiedene Ministerien stehen auf der Besuchsliste der muslimischen Delegation. Sie haben weitere Forderungen im Gepäck: Ein islamisches Institut zur Vermittlung eines besseren Verständnisses des Islam soll in Kopenhagen gegründet werden.

Zudem sollen die dänischen Schulbücher durchgesehen werde, ob dort Passagen zu finden sind, die ein negatives Bild über den Islam und die Muslime vermitteln. Diese Forderung ist eine Retourkutsche: Seit den Anschlägen des 11. September drängen die USA darauf, dass Saudi Arabien und die Golfstaaten ihre Schulcurricula von Gewalt verherrlichendem Gedankengut befreien. Besonders von europäischer Seite waren die palästinensischen Unterrichtsmaterialien wegen ihrer antisemitischen Ideen kritisiert worden. Jetzt sind also die europäischen Schulbücher dran.

Der Konflikt, der durch die Veröffentlichung der Karikaturen des Propheten Mohammed in der dänischen Zeitung Jyllands Posten ausgelöst wurde, konnte durch die Initiative zum Dialog mit den Dänen nicht beendet werden. Allerdings hat diese Initiative von Amr Khaled die innerislamische Debatte einen Schritt weiter gebracht. Statt nur den Boykott dänischer Produkte zu planen und über die Schlechtigkeit des Westens zu diskutieren, entspinnt sich eine Debatte darüber, ob und unter welchen Bedingungen der Dialog mit den Dänen wieder begonnen werden kann. Statt weiterhin die Situation des Islam in Europa als quotenträchtiges Thema den arabischen Medien zu überlassen und Muslimen in der islamischen Welt das Gefühl zu vermitteln, sie müssten eigentlich etwas zur Verteidigung der Rechte der unterdrückten Muslime in Europa unternehmen, melden sich jetzt die europäischen Muslime selbst zu Wort. Mit Tariq Ramadan und Amr Khaled hat die Strömung, welche die Integration der Muslime in die europäischen Gesellschaften befürwortet und die Muslime auffordert, sich positiv für diese Länder zu engagieren, bedeutende Vertreter bekommen. Der Zusammenschluss mit Gelehrten aus der islamischen Welt zeigt, dass ihre Stimme dort gehört wird.

Anfang Juli 2006 versammeln sich in Istanbul Prediger, Gelehrte und Vertreter islamischer Organisationen aus der ganzen Welt. Sie wollen Verantwortung übernehmen, verabschieden eine Deklaration gegen den Terror im Namen des Islam. Sowohl Amr Khaled als auch Scheich Yusuf al Qaradawi nehmen daran teil. So hat der Karikaturenstreit bei allem Negativen auch eine positive Entwicklung angestoßen.

Pop-Muslime in Deutschland

Die Idee wird aufgegriffen

Eigentlich ist ein Kopftuch einfach nur ein Stück Stoff. Aus Seide, aus Baumwolle oder Polyacryl. Es kann bunt sein, paillettenbestickt oder streng und schwarz. Es dient der einen Frau dazu, ihre Reize zu verhüllen, die andere empfindet es als modisches Accessoire oder Symbol ihrer Identität. Das Kopftuch 2006 in Deutschland hat viele Funktionen. Manchmal dient es auch ganz einfach dazu, Tränen zu trocknen – Tränen der Rührung. Gebannt schaut Yasemin auf die Bühne. Ihr Fuß wippt im Takt der Musik, sie verfolgt jede Bewegung des Sängers, lauscht jeder Silbe aus seinem Mund, und die Tränen laufen. Ammar rappt mit sanfter Stimme, und die Mädchen im Saal schmelzen:

> »Schwester, liebe Schwester, gib niemals auf, denn du weißt ja, egal was es ist, liebe Schwester, Allah wird dich stärken. Er ist immer für dich da.«

Ammars Bewegungen sind spärlich. In Rappermanier bewegt er nur die Hand. Es wirkt, als schüttele er die Worte aus seinen Fingern hinunter in den Saal. Offiziell ist dies die Jahresversammlung der Islamischen Gemeinschaft in Deutschland (IGD), aber die Stimmung erinnert eher an eine Mischung aus Pop-Konzert und Wohltätigkeitsbazar. Yasemin, ihre Freundin und mehrere Tausend weitere junge Muslime sind gekommen, um Freunde zu treffen und Musik zu hören. Sie wollen »auftanken«, wie sie sagen, »Islam tanken« und dann gestärkt wieder in den rauen deutschen Alltag gehen:

> »Schwester, diese Zeilen gehen raus an dich.
> Du verdeckst deine Schönheit, machst sie nicht öffentlich.
> Und das aus Liebe zu Allah, aus Liebe zum Koran.
> Doch sie sprechen von Zwang und blindem Gehorsam.

Wer ist blind, blind sind sie. Mit ihrem Terrorwahn und ihrer
arroganten Theorie:
Eine tickende Bombe hinter jedem *Hijab* (Kopftuch).
Eine Gefahr für den Staat, wie es sie vorher niemals gab.
Jetzt willst du auch noch kleine Kinder unterrichten
und die Zukunft der freien demokratischen Welt vernichten.
Sollen sie doch fleißig ihre Lügen verbreiten.
Allah steht dir bei auch in den härtesten Zeiten.«

Ammar ist politisch, Ammar ist radikal und zugleich so, wie man
sich einen guten muslimischen Schwiegersohn vorstellt: Er flucht
nicht, seine Texte sind jugendfrei und seine Kleidung, gebügeltes
hellblaues Hemd zu schwarzer Jeans, verortet ihn eher im konservativen Milieu der islamischen Organisationen als beim Gangsta
Rap. Kaum eine Person bringt das Lebensgefühl der neuen Generation junger Muslime und ihre Kritik an der deutschen Gesellschaft so auf den Punkt wie Ammar. 1979 in Adis Abeba geboren,
in Frankfurt aufgewachsen, machte er schon als 15-Jähriger Hiphop. 1999 kam Milkias Kebede zum Islam und begann, Rap und
Religion zu mixen. Seitdem heißt er Ammar und ist der Star der
neuen islamischen Jugendbewegung in Deutschland. »Ich lebe
für Allah«, heißt der Hit, mit dem er den Durchbruch schaffte.
Keine Benefizveranstaltung, kein Treffen eines islamischen Verbandes, kein Familienfest einer muslimischen Organisation ohne einen
Auftritt von Ammar. Seine Songs lädt man von seiner Homepage
herunter. Ammar114.de heißt sie. Die 114 steht für die Zahl der
Suren des Koran.
   Islam und Rap, das waren bis vor kurzem noch zwei Welten,
die nicht zusammenpassten. Traditionelle *Inshad*-Gesänge, wie
Sami Yusuf sie zum Besten gibt, sind eine Sache. Aber Hiphop?
Das hat doch nun mit islamischer Kultur gar nichts zu tun! Noch
vor zehn bis 15 Jahren wäre ein Rapper bei einer islamischen
Großveranstaltung in Deutschland nicht denkbar gewesen. Doch
die Zeiten ändern sich. Jetzt bekommt Ammar sogar von frommen Skeptikern Anerkennung, die Musik im Allgemeinen und
westliche Musik im Besonderen für Zeitverschwendung und eine
unerlaubte Ablenkung von der Hingabe an Gott halten. Denn
Ammar bringt mit seiner Musik die Jugend zum Islam. Und er
spricht ihr aus dem Herzen: Ammar ist Deutscher und Muslim,
und die Rechte und die Situation der Muslime in Deutschland

sind sein Thema. Er singt über das Kopftuch, die Gleichsetzung von Islam und Terrorismus und den Krieg gegen den Terror. »Im Namen der Demokratie« heißt ein Song, in dem er beschreibt, wie ein alter Mann von der CIA entführt und verhört wird. Ammar klagt an, und um seinen Worten Nachdruck zu verleihen, haut er auch gerne ein bisschen stärker zu.

»Sehen sie denn nicht, wie sie Unrecht betreiben?
Mit ihren Vorurteilen gehen sie nur nach Äußerlichkeiten.
Früher war's der Jude mit der Hakennase
oder der schwarze Mann mit der Negervisage.
Heute haben sie's auf uns Muslime abgesehen.
Manchmal frag' ich mich, warum wir uns immer im Kreis drehen.
Ist es wirklich so wichtig wie du aussiehst, was du anziehst?
Ob du Jude bist, Muslim oder Christ?«

Ammar wirft der deutschen Politik Doppelmoral vor, und – auch das ist typisch für die Muslime dieser neuen Generation – er ist den Medien gegenüber extrem misstrauisch. Die westlichen Medien seien hauptverantwortlich für die schlechte Stimmung gegen Muslime in Deutschland. Vorurteile würden verbreitet, Ängste geschürt. In vielen Fällen hat er nicht Unrecht. Allerdings gehört – wie zu jedem kollektiven Feindbild – auch in diesem Fall ein gutes Stück Übertreibung dazu. Die Vorurteile gegen den Islam, die viele Muslime in den Köpfen ihrer Mitbürger vermuten, sind weit überzeichnet. Diese Feststellung machen viele, wenn sie dann tatsächlich einmal mit ihren Nachbarn über den Islam diskutieren. Dennoch: Die neue Generation junger Muslime fühlt sich auch ganz wohl in der Rolle des Medienopfers. Gern verweisen sie zur Illustration auf einen Song von Ammar. In »Die andere Seite des Spiegels« beschreibt Ammar, wie er eines Tages von einem Team von Spiegel TV gefilmt und interviewt wurde und wie seine Aussagen weggelassen und aus seiner Musik nur die eine Zeile »Ich lebe für Allah« verwendet und in einen radikalen Kontext gestellt wurde:

»Sonntagabend, ja, es ist soweit.
Ich bin bereit, die Sendung läuft wie immer.
Die schrille Musik und der Kerl hinterm großen Tisch
mit 'nem toten Ausdruck im Gesicht.

Guten Abend, bla bla bla.
Er erzählt was von Kopftuch und Fundamentalisten,
Albtraum und bösen Islamisten.
Sie kommen, um sich einzunisten,
wollen einen Gottesstaat errichten
und das Grundrecht vernichten.
Man sieht betende Männer in der Moschee.
Hört 'nen islamischen Gebetsruf, oh nee.
Man sieht mich kurz im Studio, war ja klar, welches Lied ich
rappe:
ICH LEBE FÜR ALLAH!
Ständig negative Kommentare und Möchtegern-Experten,
die ausführlich ihr Gelaber loswerden.«

Das Schöne an Ammar sei, sagt Yasemin, dass er sich traue, genau das Richtige zu sagen. Ihre Freundin stimmt zu. Die beiden Mädchen aus Düsseldorf haben sich zurechtgemacht, um an diesem Nachmittag zum Jahrestreffen der Islamischen Gemeinschaft in Deutschland zu gehen. »Normalerweise trage ich kein Kopftuch«, sagt Yasemins Freundin. Sie ist 18 und hat gerade eine Lehre als Zahnarzthelferin angefangen. »Die Lehrstelle könnte ich vergessen, wenn ich auf meinem Kopftuch bestehen würde«, sagt sie. Das sei zwar schade, aber »wenn es nicht geht, dann geht's eben nicht«. Sie zuckt mit den Schultern. Um so wichtiger ist es, heute das Tuch zu tragen, und das mit Chic. Yasemin ist etwas älter, sie hat gerade an der Uni angefangen. Zweites Semester Jura. Sie trägt auch im Alltag das Kopftuch.

Beide Mädchen sind in Deutschland geboren und aufgewachsen. Ihre Eltern kamen aus der Türkei und Marokko, doch die jungen Frauen sprechen besser Deutsch als die Sprache ihrer Vorfahren, und die Heimat der Eltern kennen sie nur aus dem Urlaub. Sie leben hier und wollen hier etwas erreichen. Sie gehören – noch – zu einer Minderheit, weil sie das Abitur in der Tasche haben und im Beruf und an der Uni angekommen sind. Sie haben es geschafft. Andererseits stehen sie für die große Mehrheit der jungen Muslime in Deutschland: Sie wollen mit Terror und Gewalt nichts zu tun haben und sind gegen Zwangsehen. Ehrenmorde kennen sie nur aus der Zeitung. Die Anschläge des 11. September 2001 haben ihr persönliches Leben verändert. Die Bilder der einstürzenden Türme in New York lösten bei ihnen einen Schock aus: Ist das wirklich mein Islam? fragten sich Yasemin und ihre Freundin und mit ihnen viele junge Muslime. Wegen dieser Frage begannen sie, im Koran zu lesen und mit der Beschäftigung kam die Religiosität und darüber schnell auch das Engagement. Es sind junge Menschen, die beschlossen haben, ihr Leben selbst in die Hand zu nehmen und etwas »Gutes« zu tun. Sie wollen ihren Platz in dieser Gesellschaft und sind bereit, etwas dafür zu leisten.

Positive Integration heißt dies bei Amr Khaled und im Jargon der islamischen Organisationen. Was unter diesem »Positiven«, dem »Guten« zu verstehen ist, darüber gehen die Meinungen ebenso auseinander wie darüber, was eigentlich der »richtige« islamische Lebensweg ist. Sie sind zumeist interpretationsfreudig, was die islamischen Quellen angeht, stellen sich aus verschiedenen islamischen Texten einen zu ihnen passenden Glauben zusammen. Das Spektrum dessen, was als islamisch korrekt gelten kann, hat sich dadurch in den letzten Jahren erweitert, ebenso wie die Zahl islamischer Organisationen und Jugendgruppen. Viele der Jugendlichen gehören nur lose zu Moscheegemeinden, sie ziehen es vor, sich in überregionalen Verbänden zu organisieren und fühlen sich bei der Muslimischen Jugend (MJD) oder in der Jugendabteilung der Islamischen Gemeinschaft Milli Görüs (IGMG) zu Hause. Wieder andere sehen sich als Teil einer größeren Bewegung. Amr Khaleds Lifemakers-Gruppen, Ende 2004 in Deutschland gegründet, wachsen schnell. Im Frühjahr 2006 haben sie über 400 Aktivisten in Deutschland. Viele Jugendliche gründen ihre eigenen Gruppen, organisieren sich an den Universitäten oder richten sich ein Frauenzentrum ein. Fromm, trendbewusst und engagiert wollen sie die Gemeinschaft stärken und das durch den Terrorismus stark angeschlagene Ansehen der Religion wieder verbessern. Sie wollen ihren Beitrag leisten gegen die Radikalisierung der Jugend und gegen die Zunahme von Gewalt, und sie wollen ein gutes Leben haben. Ihren Glauben stellen viele von ihnen über alles andere. Der Islam ist ihre Lösung. Sie sehen sich als integrationswillig, dennoch haben viele das Gefühl, dass die deutsche Gesellschaft sie nicht haben will.[26]

Die jungen Gläubigen, um die es hier geht, sind sozusagen die Deutschland-Connection der pop-islamischen Bewegung, die von Amr Khaled, Sami Yusuf und Co. verkörpert wird. Junge Muslime in Deutschland greifen dieselben Ideen auf, rufen ähnliche

Gruppen ins Leben, wie es Gleichaltrige in Doha oder Casablanca tun. Sogar die raffinierte Art, wie die Studentinnen in Kairo das Kopftuch binden, ahmen Mädchen an der Frankfurter Uni nach. Das gilt besonders für Jugendliche mit arabischen Wurzeln, aber – und das ist erstaunlich – auch türkischstämmige Jugendliche vertreten vergleichbare Auffassungen und engagieren sich für ganz ähnliche Ideen. Manche von ihnen haben die frisch ins Deutsche übersetzten Schriften von Amr Khaled gelesen. Sie werden inzwischen sogar in manchen Jugendgruppen der türkisch orientierten IGMG verteilt. Andere kennen den Prediger höchstens vom Namen, teilen aber dennoch die Ideen. Die Bewegung des Pop-Islam hat sich also ein Stück weit von den konkreten Personen gelöst. Die Grundidee von Amr Khaled existiert auch ohne ihn. So versteht der Initiator der Lifemakers Hamburg kein Arabisch und hat Amr Khaleds TV-Programm kaum jemals gesehen. Er habe von dem Konzept gehört und es dann mit seinen Freunden aufgegriffen und weiterentwickelt. Die Jugendlichen konzentrieren sich in ihrem Engagement auf Deutschland. Für viele sind die Ereignisse in der islamischen Welt ziemlich weit weg. »Es ist trotzdem schön, wenn man im Urlaub feststellt, dass die Cousins und Cousinen in der Heimat die gleiche Musik und die gleichen Predigten hören«, erzählt Ahmed, 20, aus Aachen.

Jugendliche wie er sehen sich als Vertreter des Mainstreams, als Vorhut des normalen, des friedlichen Islam. Sie verstehen sich insofern auch als Gegenpol zum Terrorismus, wie er von Usama Bin Laden und Co. gepredigt wird. Und das ist der Grund, weshalb sie Aufmerksamkeit und Unterstützung verdienen, auch wenn vielen säkular gesonnenen Menschen die Kombination aus beißender Gesellschaftskritik, Opferdenken und extremer Frömmigkeit unangenehm ist. Die Pop-Muslime sind cool in ihrem Auftreten, aber sie sind selten liberal. Sie stellen unsere Gesellschaft auf die Probe, denn für die jungen Gläubigen steht Gott an höchster Stelle, – über der Regierung, über dem Grundgesetz und über dem menschlichen Willen. Sie wollen nach einer zumeist konservativen Lesart des Islam ihr Leben gestalten: Geschlechtertrennung, Kopftuch und Enthaltsamkeit vor der Ehe gehören für die meisten selbstverständlich dazu, ebenso wie die Befolgung der Regeln der *Scharia*. Die Organisationen, in denen sich die jungen Frommen organisieren, werden zum großen Teil von den Verfassungsschutzämtern beobachtet. Ammar wird sogar namentlich erwähnt.

Und dennoch: Die Pop-Muslime könnten – so die These – eine Schlüsselrolle spielen, wenn es darum geht, einige brennende Probleme unserer Zeit zu lösen. Sie setzen sich dafür ein, Gleichaltrige vor Terror und dem Abrutschen in den Radikalismus zu bewahren. Sie lehnen Zwangsehe und Ehrenmord ab und engagieren sich innerhalb der Community dafür, dass diese – von ihnen als unislamisch angesehenen – orientalischen Traditionen eingedämmt werden. Nicht zuletzt geben sie selbst das Beispiel dafür, dass Integration in die westliche Gesellschaft für Muslime möglich ist. Da wäre es dumm, ihnen – wie es immer wieder geschieht – die Tür vor der Nase zuzuknallen und ihnen das Gefühl zu geben: Ihr seid nicht erwünscht. Dies gilt umso mehr, da ihre Haltung, die Ideen und die oft recht fortschrittliche Art der Islam-Interpretation nicht unumstritten sind. In den Chats der islamischen Websites flammen regelmäßig heftige Auseinandersetzungen mit Anhängern radikal antiwestlicher Ansichten auf.

»Ich bin für Freiheit, Frieden und Gerechtigkeit.
Brücken bauen ist mir lieber als Hektik und Streit.
Ich will leben nach dem Vorbild des Propheten Muhammad.
Möge Allah ihm Segen und Frieden geben.«

So der Text eines älteren Songs von Ammar. Hier wird deutlich: Ammars Kritik an der deutschen Gesellschaft ist klar erkennbar, aber er gehört nicht in das Lager derer, die zu Terror und Gewalt aufrufen.

»An jeden Feigling, der Hass und Terror toleriert
und sich freut, wenn in der Öffentlichkeit 'ne Bombe explodiert.
Jeder der so was unterstützt und ausführt,
im Namen des Islam den Frieden attackiert:
Ihr betreibt Unrecht und folgt dem *Schaitan*,
euren inneren Schwächen, aber nicht dem Islam.
Ihr zieht unsere Religion tief in den Dreck.
Hast du die Nase voll, dann schreib lieber 'nen Rap.
Der Gesandte Allahs hat uns beigebracht,
geduldig zu bleiben, auch wenn man uns fertig macht.
Gutes zu tun und gerecht zu handeln,
und nicht diese Welt in ein Chaos verwandeln.«

Die Bewegung des Pop-Islam ist auch bei den islamischen Organisationen in Deutschland angekommen. Sie haben erkannt: Wenn sie die Jugend erreichen wollen, dann müssen sie die Stars der Bewegung einladen. Diese wiederum werden durch die Auftritte erst richtig bekannt. Eine eigene Dynamik entsteht. »Mittendrin und doch daneben« lautet der Titel des Jahrestreffens der Islamischen Gemeinschaft in Deutschland. Es geht um Politik. Ansprachen und Reden werden gehalten. Gerade ist die Entführung der Deutschen Susanne Osthoff im Irak bekannt geworden. Es gibt viel zu besprechen. Doch es geht auch darum »aufzutanken«. Yasemin und ihre Freundin sollen auf ihre Kosten kommen. Neben Ammar stehen heute Saad Chemmari, dessen gesangsbetonte Musik an Sami Yusuf erinnert, und der Fernsehprediger Amr Khaled auf dem Programm. Die Lifemakers-Lokalgruppe Bonn stellt ihre Aktivitäten vor. Hülya Kandemir, die früher in München und Umgebung als Rocksängerin auf der Bühne stand und die über ihre Entscheidung, Musikkarriere gegen Kopftuch zu tauschen, ein Buch geschrieben hat, darf da nicht fehlen. Die Jahresversammlung findet in einer Mehrzweckhalle in Leverkusen statt. Rund 4000 Menschen sitzen – die Männer auf der rechten, die Frauen auf der linken Seite der Halle – oder spazieren bunt gemischt durch Treppenhäuser und Flure. Hier haben Hilfsorganisationen ihre Infostände aufgebaut, Inssan e.V. beispielsweise wirbt um Spenden für ein geplantes islamisches Kulturzentrum in Berlin-Neukölln, T-Shirts mit islamischem Aufdruck, Kopftücher für alle Lebenslagen, CDs und Videos werden angeboten. Shopping für den bewussten jungen Muslim.

»Ich habe mich gefragt, was ich euch sagen soll, was ich euch geben kann, was euch aufmuntert in dieser schweren Zeit. Ihr sollt eine gute Zeit haben hier und euer Herz soll sich freuen«, beginnt der Prediger Amr Khaled seinen Vortrag. Er spricht über die Rechte der Frauen im Islam und fordert die Frauen auf, aktiver zu werden, und die Männer, ihre Frauen gewähren zu lassen. Denn schließlich sei die Unterdrückung der Frau in der heutigen islamischen Welt nicht mit der Religion vereinbar, so Amr Khaled. Am Ende seines Vortrags, der simultan übersetzt wird, spricht er ein Gebet. Amr Khaleds Stimme klingt klagend. Er schluchzt, und mit ihm weint der Saal. Erwachsenen Männern laufen die Tränen herunter, während sie in ihre aneinander gelegten geöffneten Handflächen schauen. Und Yasemin? Wird von Schluchzern geschüttelt. Sie ist hingerissen von der Beschreibung des Jüngsten Tages, dem Appell an das Gewissen und der wunderbar plastischen Beschreibung der Güte des Propheten. Die Tränen fließen, und zum Glück ist ihr Kopftuch saugfähig, aus Baumwolle.

Ich bin Muslim, und das ist hip! – Das neue Selbstbewusstsein

Das Iman-Frauenzentrum liegt in einem dunklen Wohnblock am Rande von Darmstadt. Die Schaufenster des kleinen Ladens sind mit bunten Tüchern verhängt. Es wirkt freundlich, doch hineinschauen kann man von draußen nicht. Wer neugierig ist, was sich hinter dem Titel »Bildungs- und Freizeitzentrum muslimischer Frauen e.V.« verbirgt, der, besser gesagt: die muss eintreten. Das Iman-Zentrum ist eine Welt der Frauen und Mädchen. Männer haben hier wenig verloren. Die Wände sind mit Postern und gestickten Sprüchen aus dem Koran geschmückt. Bücher und Broschüren liegen in Regalen entlang der Wand. Jeden Donnerstag versammeln sich ab dem späten Nachmittag muslimische Frauen aus Darmstadt und Umgebung, Marokkanerinnen, Türkinnen, Afghaninnen und deutsche Konvertitinnen, alles gemischt. Ihre gemeinsame Sprache ist Deutsch – und der Islam. Entstanden ist das Frauenzentrum vor fünf Jahren aus einer Mädchengruppe, die sich zusammenfand, um sich fortzubilden über den Islam. Dann suchten sie Räume, und aus den Mädchen wurden Frauen. Kinder spielen zwischen den Tischen. Die Mütter tauschen sich aus. Manche sind eher scheu, andere leuchten von innen, wie religiöse Menschen es manchmal tun.

Tasniem Ibrahim ist eine der jungen Mütter, die sich von Anfang an im Frauenzentrum engagiert hat. Sie ist 27 und studiert Politikwissenschaften an der Universität in Frankfurt. Sie ist alleinerziehende Mutter des dreijährigen Abdallah, der sich besonders für die Schokoladenkekse auf dem Teller interessiert. Tasniem ist eine Ausnahme und sieht sich selbst als solche. Gerade das macht sie typisch für diese Generation der neuen bewussten Muslime in Deutschland.

»Ich erlebe oft, dass Leute positiv von mir überrascht sind. Sie sehen mich mit meinem Kopftuch und stecken mich in eine Schub-

Tasniem Ibrahim.

lade. Dann unterhalten wir uns, und sie müssen mich aus der
Schublade herausholen und eine neue suchen. Die finden sie auch.
Das ist die Schublade für die junge selbstbewusste muslimische
Frau. Ich habe einige Kommilitoninnen, die sagen: Das Kopftuch
passt gar nicht zu dir. Ich empfinde das als Kompliment. Ich frage
dann oft: Wie müsste ich denn sein, damit es passt? Mir macht es
Spaß, immer mal ein bisschen am Weltbild der Leute zu rütteln.
Für mich ist es sehr wichtig, aktiv zu sein. Ich will auf dem Lau-
fenden sein und mich entwickeln.

Ich glaube, in Deutschland entsteht gerade ein neues muslimisches Selbstbewusstsein. Als Muslim hast du etwas, wofür du
sprechen kannst, wofür du kämpfen kannst. Das macht dich
stark. Und umso mehr der Islam bekämpft wird, desto stärker

bekommt diese Bewegung Zulauf. Wenn ich in einer Vorlesung mit 200 Leuten sitze und melde mich, dann erinnern sich hinterher alle an mich. Und je klüger die Frage, desto besser. Zur Uni-Verwaltung zu gehen und dafür zu kämpfen, dass wir endlich einen Gebetsraum bekommen – das macht auch Spaß. Da hast du was, wofür du einstehen kannst. Das macht dich zu etwas Besonderem. Für viele ist das vielleicht der Nebeneffekt, wenn man anfängt, bewusst Muslim zu sein. Es ist schön, dass man sich als etwas Besonderes fühlen darf, als Teil einer Bewegung. Ich bin Muslim, und ich bin dankbar und froh, und ich definiere mich darüber, und es ist hip und in, und wir haben ein cooles Selbstbewusstsein. Aber ich denke, dass es schwierig ist, wenn Jugendliche sich nicht wirklich im Kopf mit dem Islam auseinander setzen und sich Wissen aneignen, sondern alles nur auf so einer Oberfläche stattfindet. Ich habe in Ägypten beobachtet, wie Leute den Islam angenommen haben, weil es gerade cool ist, und die vereinbaren dann Dinge mit dem Islam, die einfach nicht vereinbar sind. Ich kenne zum Beispiel Jugendliche, die kiffen, gehen aber trotzdem beten und sind begeistert von Amr Khaled.«

Während Tasniem erzählt, klettert Abdallah auf ihren Schoß und wieder herunter. Er ist ungeduldig wie jeder Dreijährige. Sein Vater kam aus Ägypten nach Deutschland. Es war Liebe auf den ersten Blick. Sie hielt nur nicht besonders lange. Mutter und Sohn wohnen jetzt zu zweit in einer kleinen Wohnung in Darmstadt. Tasniem lässt sich nicht von Abdallah ablenken. Während sie redet, schiebt sie ihm Malzeug und verschiedene Spiele herüber. Sie beschäftigt ihn, ohne den Redefluss zu unterbrechen: »Ich muss nicht immer über den Islam sprechen; es gibt auch viele andere interessante Themen, die ich ebenfalls als Muslima betrachte. Wenn ich über Gerechtigkeit nachdenke – ich arbeite an der Uni viel zu politischer Theorie – dann denke ich auch über die Gerechtigkeit im Islam nach. Ich betrachte dann die Dinge aus dieser Perspektive, entdecke darüber wiederum neue Aspekte im Islam. Vielleicht kann man das vergleichen: Wenn jemand Mediziner ist, dann betrachtet er die ganze Welt aus einem Mediziner-Blickwinkel, die Politik und das Verhalten der Menschen untereinander und so.«

Für Tasniem ist der Islam also ein umfassendes System, das alle Bereiche ihres Lebens betrifft. Der Islam ist Glaube und Gesetz und enthält eben nicht nur Anweisungen und Empfehlungen für ein gottgefälliges Leben des einzelnen Gläubigen. In Koran und *Sunna* sind auch viele Regelungen zum gesellschaftlichen und politischen Leben zu finden. Ein Leben vollständig am Islam auszurichten muss deshalb für eine deutsche Staatsbürgerin zwangsläufig zu einem Konflikt führen. Oder? Tasniem grinst. Es scheint sich um ihre Lieblingsfrage zu handeln: »Islam und Grundgesetz passen hervorragend zusammen. Es hängt eben davon ab, wie man die *Scharia* definiert. Ich habe ein sehr fließendes Verständnis der *Scharia*, nämlich, dass sie immer wieder anzupassen und neu zu denken ist. Man muss trennen: Es gibt im Islam die rituellen Normen und die Glaubensinhalte, an denen ist nicht herumzudeuteln. Wir Muslime glauben an Gott und an seinen Gesandten und da gibt's keine Diskussion. Und dann gibt es noch diesen ganz großen Bereich der sozialen Strukturen und Politik, da gibt es nur sehr wenige Dinge, die wirklich festgeschrieben sind. Im Familienrecht und im Erbrecht gibt es einige wenige Positionen, an denen ist nicht zu rütteln, aber alles andere kann flexibel immer neu gedacht werden. Das Problem ist nur: Die Muslime arbeiten nicht daran. Man kann jetzt in die Geschichte gehen: Im Mittelalter wurde das *Tor des Idschtihad* geschlossen und seitdem gibt es keinen intellektuellen und wissenschaftlichen Austausch über die Konzepte der Gesellschaft mehr. Darüber mache ich mir natürlich in meinem Studium auch Gedanken, und damit will ich mich – als Politikwissenschaftlerin – beschäftigen.

Aber das Grundgesetz der Bundesrepublik ist vorbildlich aus islamischer Sicht. Das sollten die Muslime übernehmen. Das Familienrecht. Aus islamischer Sicht: Prima. Auch wenn es daran sicherlich noch genug zu kritisieren gibt. Aber zu sagen, dass das Grundgesetz ein System der Ungläubigen ist: Das ist Quatsch. Ich sehe überhaupt keinen Konflikt.«

Eigentlich entspricht Tasniem der Definition einer Islamistin. Sie sieht den Islam als ganzheitliches System, das nicht nur den Glauben, sondern auch die Gesellschaftsordnung regelt. Allerdings, und das macht ihre Aussage für die Bewegung der Pop-Muslime typisch: Sie sieht keinen Widerspruch zwischen den beiden Rechtssystemen. Alle für dieses Buch Interviewten teilen die Auffassung, dass der Islam mehr ist als ein Glaube. Einige verwenden den Begriff Lifestyle, andere sprechen von einem Gesamtsystem. Kaum einer sieht jedoch einen Konflikt zwischen *Scharia* und Grundgesetz. Die Argumentation, warum die beiden Ordnungen nicht kollidieren und wie sie im Alltag vereinbar sind, unterscheidet sich jedoch von Person zu Person. Tasniems Erklärung ist hierfür ein Beispiel. Ihre *Scharia* passt sich an. Andere sagen, in Deutschland kämen nur die »privaten« Teile der *Scharia* zur Anwendung. Die »politischen« Teile seien nur für einen – utopischen – islamischen Staat gedacht. Auch so sehen sie keinen Konflikt. Beliebt ist auch der fundamentalistische Ansatz. Er geht davon aus, dass nur der Koran gelte und die Interpretationen der Gelehrten – auch der vier Rechtsschulen – nur mit Vorsicht zu genießen seien. Dieses Argument spielt besonders bei der bereits erwähnten Diskussion um Apostasie eine Rolle: Im März 2006 steht der zum Christentum konvertierte Muslim Abdul Rahman in Afghanistan vor Gericht. Nach Auffassung der Mehrheit der Rechtsgelehrten steht auf Abfall vom Glauben die Todesstrafe. Im Koran sei allerdings Religionsfreiheit vorgesehen, so die Argumentation, und das sei das Entscheidende. Also: kein Konflikt. Manche verstehen die drastischen Strafen, die für Diebstahl, Ehebruch oder eben Abfall vom Glauben vorgesehen sind, als symbolische Warnung an die Gläubigen. Eine Anwendung der Strafen sei nicht vorgesehen, das zeige die Vielzahl der Bedingungen, die erfüllt sein müssen, um einen Angeklagten dieser Straftaten zu überführen. Vier unabhängige Zeugen müssten etwa den Vollzug des Ehebruchs bestätigen. Im Fall heimlicher Techtelmechtel sei dies eher selten der Fall.

»Der Islam braucht keine Aufklärung, der Islam ist die Aufklärung«, behauptet Abdulqadir Schabel bei einem Vortrag in Darmstadt. Der Konvertit ist beliebter Redner bei islamischen Veranstaltungen im Großraum Frankfurt. »Allerdings«, fügt er dann hinzu, »haben die Muslime es noch nicht gemerkt.« Tasniems flexible *Scharia* und die anderen Interpretationen, wie Islam und Grundgesetz eine Einheit bilden oder zumindest nicht im Widerspruch stehen, zeigen die Interpretationsfreudigkeit der neuen Generation von Muslimen in Deutschland. Dies zeigt auch, dass es voreilig ist, pauschal von einer Demokratie-Unfähigkeit frommer Muslime auszugehen. Die Aussage »bei uns sind Politik und Religion eine Einheit« gehört für manche der jungen Muslime dazu wie ihr Kopftuch. Sie halten daran fest, zum Teil auch deshalb, weil sich die deutsche Gesellschaft darüber aufregt. Es ist also sinnvoll, zu fragen, welche Art von *Scharia* gemeint ist, wenn jemand diese als sein Gesetz ansieht, und unter welchen Bedingungen sie gilt.

Wie die Gesellschaft den Islam sieht und wie die Muslime ihre Mitbürger sehen, das hängt allerdings nicht nur davon ab, welche Erfahrungen die Menschen im alltäglichen Zusammenleben machen. Die Bilder aus dem Irak, Berichte über Demos von Langbärten in Kairo und angeblich geplante Koranverbrennungen in Kopenhagen überlagern und prägen die Bilder, die wir voneinander haben. Die Front im Kampf der Kulturen verläuft plötzlich mitten durch unsere Gesellschaft. So scheint es zumindest. Tasniem stützt das Kinn in die Hand, überlegt und redet dann mit vorsichtig gewählten Worten weiter: »Ja, es gibt eine Spaltung der Welt. Ich will sie nicht, und sie ist nicht gut, aber es gibt sie schon. Ich bin auf westlicher Seite, würde ich sagen, aber für die westliche Seite gehöre ich wohl auf die andere Seite. Es ist schwierig, klar zu sagen, wer auf welche Seite gehört. Ich kennen viele – in Anführungsstrichen – westliche Leute, die sich auf die muslimische Seite stellen.«

Und was kann man gegen die Spaltung der Welt tun? Was kann man dagegen tun, dass junge Menschen, die in Deutschland aufgewachsen sind, anfangen, unsere Gesellschaft so zu hassen, dass sie bereit sind, Gewalt anzuwenden? Tasniem zieht die Nase kraus. Also doch. Hatte sie es doch erwartet. Kein Interview mit einer jungen Frau mit Kopftuch, ohne dass nach dem Terror gefragt wird. »Also, das ist ganz klar, ich finde Terrorismus in jeglicher Form Scheiße. Das kann ich nicht anders sagen. Ganz schlimm und ganz schrecklich. Ich finde, die Menschen sollten aufstehen und sagen: Wir lassen uns nicht terrorisieren. Das ist klar. Aber man sollte schon gucken, welche Mittel jeweils angewandt werden. Der Krieg im Irak ist da vielleicht nicht das geeignete Mittel gewesen. Aber Bildung zum Beispiel, um die Menschen aufzuklären und die Ausgangsposition zu verbessern, das könnte schon helfen. Ich glaube aber auch an die Geschäfte der Geheimdienste. Da gibt es Verwicklungen, da bin ich ganz sicher, auch wenn ich es nicht beweisen kann.« Dann wird sie nachdenklicher. Überlegt, versucht zu erklären: Wie kommt einer dazu, sich in der Londoner U-Bahn in die Luft zu sprengen?

»Ich weiß natürlich auch nicht, was da wirklich passiert ist. Gehen wir davon aus, dass es so war, wie bekannt. Es sind junge Männer, die Bildung haben und auch eigentlich eine Perspektive für ihr Leben. Wie kommen die darauf, so was anzustellen und sich dann auch noch auf den Islam zu berufen? Die sind einfach krank, gestört. Wahrscheinlich so frustriert, dass sie in der Lage sind, menschlich so abzubauen. Ich weiß auch nicht, was die frustriert hat. Klar, es ist frustrierend. Du bist immer damit konfrontiert, Muslim zu sein und irgendwie hat das schon was von zweiter Klasse. Aber das kriege ich ja auch mit und ich raste doch nicht gleich aus. Manchmal werde ich auch sauer, da will ich dann nicht immer auf mein Kopftuch angesprochen werden. Aber welcher Mensch ist nicht manchmal frustriert? Alleinerziehende Mütter zum Beispiel haben auch zu kämpfen. Vielleicht haben muslimische Jugendliche besonders zu kämpfen, denn das hat ja alles viel mit der Suche nach Identität zu tun.«

Vielleicht reicht es dann, wenn jemand kommt und sagt: Zieh in den heiligen Krieg, dann wird alles besser? »Nee, wenn jetzt jemand zu mir kommen und sagen würde, als alleinerziehende Mutter hast du das Recht, dich zu wehren, und die einzige Möglichkeit, das im großen Rahmen zu tun, ist mit so einer Aktion, dann würde ich sagen: Du spinnst! Und ich will mit euch nichts mehr zu tun haben. Vielleicht kann man das mit Jugendlichen vergleichen, die dem Rechtsradikalismus verfallen. Da kommt jemand und nimmt sie an die Hand und sagt: Komm, ich lös' dir deine Probleme. Naja, vielleicht nicht unmittelbar deine Probleme, aber die deiner Gemeinschaft. Ist doch auch krank! Ich glaube nicht, dass es – durch eine bessere Politik in Palästina oder irgendwas anderes – eine Möglichkeit gibt, zu verhindern, dass Einzelne so ausarten. Das ist so schwer. Da kann man an seinen eigenen Gedanken scheitern. Die Welt ist ungerecht und diese Jugendlichen haben sich dieser Gruppe zugehörig gefühlt, der viel Schlimmes widerfährt: Der islamischen *Umma*. Das ist einfach eine Tatsache. Der Islam ist für viele ein Feind. Das war doch so, dass der Islam da quasi den Kommunismus abgelöst hat. Der Kommunismus wurde besiegt, jetzt ist der Islam in der Rolle des Feindes. Wenn sich Menschen zu einer Gruppe zugehörig fühlen, dann verlieren sie vielleicht die Kontrolle über sich. Nein, aber das erklärt es eigentlich auch nicht. Es entschuldigt es auch nicht. Oder mit den Selbstmordattentätern in Palästina – da sage ich ganz klar: Es ist aus islamischer Sicht verboten! Gott sagt ganz klar: Wir dürfen uns zwar verteidigen, aber du darfst keine Kinder, keine Alten und gar keine Zivilisten bekämpfen. Wenn sie in ein Militärcamp gehen und das in Brand stecken, das könnte man vielleicht noch als Krieg sehen, aber in einem Einkaufszentrum die Menschen mit in den Tod zu reißen? Nein. Abgesehen davon, dass Selbstmord sowieso ganz verboten ist.

Naja, aber in Palästina, da kann man es nicht entschuldigen, aber man kann es vielleicht noch verstehen. Da ist so ein junger Palästinenser, und dessen halbe Familie ist abgeschlachtet oder bombardiert worden, aus ganz unerklärlichen Gründen für den jungen Typ. Was hat der denn zu verlieren? Da kann man es vielleicht psychologisch noch nachvollziehen. Aber Jugendliche, die im Westen leben und die Vorzüge des Lebens hier nutzen können? Es gibt auch keinen Ruhm, denn es gibt niemanden nach deren Tod, der ihr Andenken lange ehren wird. Nicht mal das. Dazu machen sie allen anderen Muslimen das Leben ziemlich schwer.

Auf der anderen Seite muss ich zugeben: Als die Anschläge von New York passierten am 11. September, da habe ich natürlich gedacht: Mensch, diese vielen Menschen, und: wie schrecklich. Aber ich habe auch gedacht: Diese Scheiß-US-Regierung, die hat endlich einmal einen auf den Deckel bekommen. Sie haben gezeigt bekommen, dass sie nicht die Mächtigsten auf der Welt sind. In so einem Moment kann ich auch ausblenden, wie viele Menschen dabei umgekommen sind. Für diesen einen Moment.« Tasniem macht eine Pause, halb erschrocken über ihre eigenen Worte, halb, weil sie darauf wartet, welche Wirkung ihre Aussage macht. Dann fügt sie hinzu: »Ich habe den Eindruck, wenn ich mich gegen den Terror ausspreche, dass mir das nicht so richtig abgenommen wird. Da klingt dann so was mit wie: Ach komm, eigentlich findet ihr das doch gut!«

Tasniem greift zu einem Stück Küchenrolle. Abdallahs Schoko-Finger haben es nötig. Es wird Zeit zu gehen. »Wenn Sie noch Fragen haben«, sagt Tasniem, »dann rufen Sie mich an!« Sie zieht sich und Abdallah die Jacken an.

Tasniem Ibrahim ist – wie gesagt – eine Ausnahme, und sie ist stolz darauf. Sie lebt anders als die meisten muslimischen Frauen, und sie hat auch ein anderes Verständnis vom Islam. Mit dieser Einstellung ist sie nicht allein. Keiner der für dieses Buch Interviewten sah sich als typischen jungen Muslim. Das mag damit zusammenhängen, dass sie alle ihr Leben in die eigene Hand genommen haben und sich engagieren. Das mag allerdings auch damit zusammenhängen, dass die Begriffe »jung« und »Muslim«

negativ besetzt sind. Die Frauen im Iman-Bildungszentrum haben alle eine Geschichte, eine Anekdote bereit. Von einem jungen Marokkaner, der mit seinem Rucksack über der Schulter in den Darmstädter Bahnhof ging und damit einen Polizeieinsatz provozierte. Von einem anderen, der mit einem Freund im Auto plauderte und plötzlich von einem Einsatzkommando aus dem Wagen gezerrt wurde. Terroralarm. Natürlich werfen sie der deutschen Öffentlichkeit vor, voller Vorurteile zu sein, und sie kritisieren, dass viele Muslim und Terrorist als Synonyme verwenden. Zugleich sind sie aber auch selbst von diesem Negativ-Bild geprägt. Mit jungen Muslimen, wie man sie aus dem Fernsehen kennt, will keiner etwas zu tun haben – dann doch lieber eine Ausnahme sein.

Tasniem ist auch in anderer Hinsicht typisch: Sie sieht ihren Lebensstil und den Weg, den ihr die Religion vorgibt, als Einheit. Sie richtet sich nach den Vorschriften des Islam, trinkt keinen Alkohol, betet, fastet, was eben dazugehört. Sie hat zugleich Spaß am Interpretieren und passt den Islam an die Gegebenheiten des Lebens in Deutschland an. Ihre Beschreibung des neuen Selbstbewusstseins junger Muslime bringt das Selbstverständnis der Pop-Muslime auf den Punkt. Sie werden von der Gesellschaft als »anders« wahrgenommen. Das machen sie zu ihrem Motto: Wir sind Muslime, und das ist gut so. Je stärker sie sich in der Defensive fühlen, desto stärker prägt sich dieses Bewusstsein aus. Dies zeigt sich beispielsweise in den Hochzeiten des Karikaturenkonflikts: Da fühlen sich junge Frauen und Männer als Muslime auf das Tiefste von den Propheten-Zeichnungen gekränkt, die vorher wenig mit ihrer Religion zu tun haben wollten. Der Automatismus des Kulturkonflikts, die Spaltung der Welt in zwei Lager lässt grüßen.

Gerade an den Unis hat sich der Islam für manche sogar zu einer Art Protestkultur entwickelt. Und da zeigt sich auch die steile Abbruchkante jenseits der Bewegung der Pop-Muslime. Gerade unter Studenten gibt es einen Trend zum Radikalismus. Sie mixen Attac-Ideen mit Usama-Bin-Laden-Ideologie. Von Vereinbarkeit von *Scharia* und Grundgesetz ist dann keine Rede mehr. Im harmlosesten Fall missachten die Jugendlichen nur die Verkehrsregeln – bei Rot über die Straße gehen ist in der Szene sehr angesagt – um zu zeigen, dass sie sich nicht an menschengemachte Gesetze halten. Wer mehr will und danach sucht, findet schnell die Strukturen, den Fanatismus auszuleben. Mancher, der sich – hätte er vor 15 Jahren studiert – in der autonomen Szene wohlgefühlt hätte, betet jetzt in der Islam-AG.

Die Frage nach den Ursachen für den Terror und danach, wie verhindert werden kann, dass junge Muslime in Deutschland dem Beispiel der Attentäter des 7. Juli 2005 in London folgen und Anschläge verüben, wurde allen für dieses Buch Befragten gestellt. Ähnlich wie Tasniem reagieren die meisten abweisend auf die Frage: Sie wollen nicht mit diesen Menschen in einen Topf geworfen werden. Allerdings ist klar, dass sich alle über die Ursachen und Beweggründe der Terroristen Gedanken gemacht haben und für sich selbst nach Erklärungen suchen. Ob mangelnde Integration, Brainwashing oder eine falsche Politik des Westens in der arabischen Welt die Hauptursache ist, darüber gehen die Meinungen auseinander. Alle sind davon überzeugt, dass die Attentäter den Islam falsch verstanden hätten. Wenn sie nur auch die richtige, pluralistische, tolerante Lesart des Islam annehmen würden, dann hätten die Ideologen des Terrors keine Chance mehr, Nachwuchs für den *Dschihad* zu rekrutieren. In Deutschland seien vor allem frisch Konvertierte und Muslime, die gerade erst die Religion ihrer Vorväter wiederentdeckt hätten, anfällig für radikale, engstirnige Islaminterpretationen. Insofern zeichnet die Pop-Muslime ein Sendungsbewusstsein aus: Sie wollen andere muslimische Jugendliche von ihrem Weg überzeugen.

Tief religiös und trendbewusst – Pop-Islam und Mode

Woran erkennt man einen Muslim? Natürlich an seinem Glauben, vielleicht an seinem Namen und in vielen Fällen an seiner Kleidung. Aber was ist die richtige islamische Kleidung? Im Frankfurter Gallusviertel, in Hamburg St. Georg und Berlin-Neukölln sieht man Männer in traditionellen *Dschalabiyas* – in der langen Version für ältere Herren, die ihren Stil noch aus dem Heimatdorf mitgebracht haben, oder der kurzen Form bei jüngeren Männern. Das Gewand ist zugleich politisches Bekenntnis – zum *Salafismus*. Seine Träger befolgen buchstabengetreu das Vorbild des Propheten, von dem der Spruch überliefert ist: »Der Teil des Ge-

Verena Ben Neticha.

wandes, der sich unterhalb des Knöchels befindet, ist der Hölle geweiht.«[27] Anpassungen der religiösen Vorschriften und Integration in die Gesellschaft der Ungläubigen lehnen sie grundsätzlich ab. Das einzige Zugeständnis an das Leben in Europa sind dicke Wollsocken und ein paar Turnschuhe, ein Anorak und vielleicht ein Palästinensertuch, das aber keinesfalls den ungestutzten Bart bedeckt. Wer seinen *Salafismus* weniger provokativ leben will, bringt die Jeans vor dem Teufel in Sicherheit, indem er sie hochkrempelt. Diese Art der Bekleidung und das dazugehörige antiwestliche Gedankengut findet derzeit auch in Deutschland Anhänger unter jungen, hier aufgewachsenen Muslimen und Konvertiten. Dies sind die »anderen«, mit denen die Pop-Muslime lieber nichts zu tun haben wollen, von denen sie sich in der Regel nicht nur distanzieren, sondern auch versuchen, ihnen – auch optisch – etwas entgegenzusetzen: ein gestyltes Kopftuch statt Gesichtsschleier und schwarze Handschuhe und ein Hiphop-Shirt statt *Salafisten*-Look. Der freundliche, tolerante Islam stellt sich gegen die Einteilung der Welt in Gläubige und Ungläubige.

»Was laufen wir mit unseren Kostümen herum und machen den Menschen damit Angst? Die Menschen assoziieren diese Kleidung doch sofort mit Usama Bin Laden«, sagt Mohammed Sameer Murtaza aus Mainz. Er ist derzeit viel im Rhein-Main-

Gebiet unterwegs und hält Vorträge in Moscheen. Er beobachtet da die Zunahme von – wie er sagt – *Salafisten*-Nestern. Er versucht, ihnen inhaltlich etwas entgegenzusetzen. Die modische Antwort hat eine kleine Firma, ebenfalls aus Frankfurt.

Das langärmelige T-Shirt ist so, wie es sein muss: Ein warmes Schokobraun mit einer beigen Schrift auf der Brust. Lounge-Design. Damit kann man sich sehen lassen. Aber wo? Das Betreten von Discos und Bars ist mit diesem T-Shirt verboten. So steht es auf dem Beipackzettel für das T-Shirt und die coolen Sportjacken: »Euer Verhalten sollte mit der großen islamischen Bedeutung des Aufdrucks nicht im Widerspruch stehen.« Die T-Shirts und Jacken gibt es mit »Mecca«- oder »Medina«-Schriftzug, und sie sind der Hit unter jungen trendbewussten Muslimen. Die Idee zu diesem islamisch korrekten Club-Chic hatte Saber Ben Neticha. Der Sohn marokkanischer Einwanderer spielt hauptberuflich beim 1. FC Eschborn Fußball.

»Ich war einmal auf der Zeil hier in Frankfurt einkaufen und wollte mir eine richtig stylische Jacke holen«, beschreibt er die Entstehung seiner Idee. Er habe viele Jacken gesehen, auf denen Germany oder Brasil oder Italia gestanden habe. Die hätten ihm auch gefallen. »Doch dann habe ich gedacht, dass ich dann von meinem Kollegen beim Fußball damit konfrontiert werde, wir ziehen uns da immer gegenseitig auf. Und da kam mir die Idee, dass ich mich eigentlich als praktizierender Muslim mehr mit Medina und Mekka identifiziere als mit Namen von Staaten. Und dann habe ich das meiner Frau vorgeschlagen, und die meinte: Packen wir es an.«

Seine Frau Verena sitzt neben ihm am Frühstückstisch. Sie wohnen in einer kleinen Dachwohnung im Frankfurter Vorort Hausen. Verena ist 23 und in der Abitur-Zeit zum Islam konvertiert. Der Islam sei, so die junge Frau, ihr Ein und Alles. Ihr Mann nickt. Die große schlanke Frau trägt ein weißes Kopftuch, dazu Schlabberpulli und Leinenhose. Sie studiert Sport auf Lehramt an der Uni Frankfurt. Sport und Islam, die Kombination verbindet die beiden, und sie wollen anderen helfen, die Religion mit dem Leben in Deutschland in Einklang zu bringen. »Barakah« (Segen) heißt ihre kleine Firma, und mit ihren T-Shirts tingeln sie von einer islamischen Großveranstaltung zur nächsten. Bestellen kann man die Shirts, die in der Türkei produziert werden, auch im Internet. Natürlich haben die beiden, bevor sie mit der Mode-Produktion begannen, abgewogen, ob sie es mit ihrem Glauben vereinbaren können.

Die Frage nach *Halal* und *Haram*, dem Erlaubten und dem Verbotenen, spielt für das Ehepaar eine große Rolle. Saber fasst seine Überlegungen zusammen: »Es gibt eine islamische Kleiderordnung. Die sagt, dass der Mann sich von den Knien bis zum Bauchnabel bedecken soll. Und die Frau sollte sich ganz bedecken, bis auf das Gesicht und die Hände und die Füße. Wie man das macht, ist total egal. Ich habe mein Leben lang Jeans getragen und es kann kein Gelehrter zu mir sagen, dass das unislamisch ist. Solange ich nicht eine Jacke mit einen Spruch gegen den Islam oder gegen irgendeine Religion darauf anziehe, ist das ganz in Ordnung. Was draufsteht und wie es draufsteht, ist voll egal. Es sollte nicht hauteng sein oder durchsichtig.« Er habe sogar einen in Frankfurt ansässigen Islam-Gelehrten konsultiert und ihn um eine Einschätzung seines T-Shirt-Designs gebeten. Dieser habe die Idee begrüßt, islamische Mode sei okay. Allerdings dürfe nicht alles auf den T-Shirts stehen: »Sprüche aus dem Koran etwa oder *Hadithe* (Überlieferungen) des Propheten sind verboten«, erklärt Saber, »denn wenn man etwas aus dem Koran trägt, dann müsste man sich immer ausziehen, wenn man auf die Toilette geht, denn die Toilette ist ein unpassender Ort für den Koran. Das Gleiche gilt für die Aussprüche von Propheten.«

Um ganz sicher zu gehen, dass sie mit ihrer T-Shirt-Produktion nicht gegen den Islam verstoßen, appellieren sie an das islamische Gewissen ihrer Käufer: »Wir legen ja diesen Zettel bei, dass man eine Verantwortung trägt, wenn man mit »Mecca« auf der Brust herumläuft«, erklärt Saber. »Weil man dann ja mit dem Islam in Verbindung gebracht wird. Auch weil wir damit die Verantwortung nicht mehr tragen müssen, wenn dann jemand mit den Sachen Alkohol trinkt oder jemanden verprügelt.« Die Leute, die ihre T-Shirts kauften, würden in der Regel aus Überzeugung sowieso keine Discos aufsuchen. Für diese ist der Beipackzettel dann eher eine Ermunterung.

»Wir sind froh, wenn wir dazu beitragen können, ein islamisches Selbstbewusstsein unter Jugendlichen zu fördern.« Saber beobachtet in den letzten Jahren eine Veränderung nicht nur der Mode, sondern auch der Art, wie die jungen Muslime in Deutschland den Islam leben. Seine Eltern hätten den Islam noch sehr traditionell gelebt und sich aus Gewohnheit an die Regeln und

Gebote gehalten. »Jetzt entwickelt sich eine islamische Jugend, die den Islam nicht nur so leben will, wie unsere Eltern das getan haben, sondern auch mit einem festen Fundament: Warum machen wir das, was wir machen? Und da sie hier aufgewachsen sind, ist es für sie selbstverständlich, dass sie Jeans und ein schönes Shirt tragen.«

Auch Verena berichtet von einer größeren Selbstsicherheit ihrer muslimischen Freunde, in Mode-, aber auch in anderen Fragen: »Wenn ich meine (nichtmuslimische) Freundin sehe, und die hat ein sehr schönes Oberteil, dann überlege ich mir: Kann ich es mit dem Islam vereinbaren, so etwas zu tragen? Wenn ja, dann ziehe ich auch so etwas an. Oder ich habe Freunde, die hören Xavier Naidoo[28] und andere Musik mit Inhalt. Das muss jeder selber verantworten. Es gibt Jugendliche, die sagen, ich höre keine Musik. Andere sagen: Nein, ich höre Hiphop, ich singe laut mit. Viele entscheiden selber, ob sie das mit dem Islam vereinbaren können oder nicht. Wenn man aber weiß, es ist nicht erlaubt, dann soll man das auch lassen.«

Verena und Saber träumen davon, sich ganz dem Studium des Islam hinzugeben. Das Ziel ihrer Träume heißt Château-Chinon. Die 1990 gegründete private islamische Universität in Frankreich ist eine der ersten Institutionen in Europa, die Imame und Rechtsgelehrte ausbildet. Der Unterricht erfolgt auf Arabisch, und die Studenten sind in einem Internat untergebracht. Ziel ist es, Gelehrte auszubilden, die sowohl die klassische Theologie des Islam beherrschen und das Recht studiert haben, als auch das Leben in Europa kennen. Scheich Yusuf al Qaradawi sitzt im Beratungsgremium des Instituts, das verleiht der Ausbildung in den Augen vieler Muslime Ansehen. Da wollen sie hin. »Wir wollen uns mehr Wissen aneignen, weil wir uns selbst besser in der Religion auskennen wollen, und das andere ist, dass wir vielleicht den Leuten Antworten geben können, wenn sie Schwierigkeiten haben«, sagt Verena. Auf die Frage, ob sie gerne eine *Scheicha* – eine Gelehrte – wäre, muss sie lachen.

»Die dritte Sache, das ist vielleicht der Hauptgrund: Wir wollen anderen Leuten, die Vorurteile über den Islam haben, zeigen, dass es doch alles nicht so schlimm ist. Nicht weil wir sie bekehren wollen, aber wenn jetzt mein Nachbar Fragen hat, dann will ich die auch gut beantworten können, oder wenn ich auf einer Dialogveranstaltung bin, dass ich dann auch etwas Vernünftiges sagen kann. Wenn man sich anschaut, wer im Moment über den Islam spricht, dann sind das entweder Araber, die nicht gut Deutsch können, oder es sind Orientalisten, die den Islam nicht verinnerlicht haben.« Man muss Ziele haben im Leben, und vielleicht – so auch eine Überlegung – bietet das Studium der Religion auch bessere Berufschancen als ihr Lehramtsstudium. Verena sagt zwar, dass die Art des Kopftuchs, das sie trägt – es ist die Variante für kleine Mädchen ohne Nadeln – zum Sportmachen ideal sei, da es die Haare aus dem Gesicht hält, doch einen Job als Sportlehrerin wird sie damit wohl nur schwer finden. In Hessen herrscht Kopftuchverbot für Lehrerinnen. Dann wird sie vielleicht doch eher in einer Beratungsstelle für Muslime in Deutschland arbeiten, spezialisiert auf Mode- und andere Fragen.

Egal, ob *Dschalabiya* oder Mecca-Shirt – was bedeutet es, wenn junge Muslime sich schon äußerlich als Muslime zu erkennen geben wollen? Beinhaltet das nicht zugleich, dass sie sich abgrenzen und abheben wollen, dass sie eben auch die Welt in Muslime und Ungläubige unterteilen?

Aussagen wie »wir Muslime tun dies«, »als Muslime in dieser Gesellschaft wollen wir jenes« ziehen sich durch fast alle Interviews. Manche gehen sogar noch weiter: Aussagen wie »wir Muslime haben einen schweren Fehler gemacht, als die Israelis aus dem Gazastreifen abzogen, hätten wir uns anders verhalten sollen«, beinhalten eine sehr weitgehende Definition der eigenen Identität. Ein ähnliches Weltbild verbirgt sich hinter der Aussage eines vor vier Jahren zum Islam konvertierten Abendschülers aus dem Fränkischen: »Unser Problem ist, dass wir seit Jahrhunderten, seit dem Fall Bagdads 1258, unsere Wissenschaften vernachlässigt haben.« So scheint die Unterteilung der Welt in »Haus des Islam« und »Haus des Krieges«, wie sie von den klassischen Rechtsgelehrten vertreten und von reformorientierten modernen Gelehrten als Entwicklungshemmnis gesehen wird, bei vielen durch. Die Frage Muslim oder Nicht-Muslim spielt für die meisten eine wichtige Rolle. Dies spiegelt sich natürlich auch in dem modischen Bekenntnis zum Islam. Bewusst ein Muslim zu sein und den Glauben nicht zu verstecken, ist Teil der Identität der neuen Generation von Gläubigen.

»In vielen Situationen habe ich das Gefühl, dass man sich verteidigen muss, und zwar verbal – für das, was man tut, für das was man unterlässt, für das was man ist oder nicht ist«, beschreibt Halima, 21, aus Aachen ihr Empfinden. Doch die Konfrontation, das Gefühl, immer als »anders« betrachtet zu werden, habe sie auch gestärkt. Sie habe nach Identität gesucht und sie gefunden – im Islam. »Meine Schwester trägt kein Kopftuch, meine Mutter auch nicht. Ich habe mich mit mir und meiner Religion beschäftigt und das hat mich in einer gewissen Weise gestärkt, wenn man sich wirklich in eine Sache hineinkniet, die tiefer liegenden Sachen ergründet und sich dann erst entscheidet«, erklärt Halima.

Ahmed, ebenfalls aus Aachen, lehnt es hingegen grundsätzlich ab, sich durch seine Kleidung offensichtlich als Muslim erkennen zu geben. »Es ist viel besser, wenn die Menschen, denen ich begegne, nicht wissen, dass ich Muslim bin. Dann sehen sie mich zuerst als Mensch und stellen hinterher fest, dass ich auch Muslim bin. Damit kann ich vielleicht auch ihr Bild des Muslim zum Positiven verändern«, hofft er.

Allerdings, das räumt er selbst ein, stellt sich die Frage für ihn auch anders als für Mädchen und Frauen. Zudem trügen sie – dadurch dass sie in der Regel durch ihr Kopftuch als Muslimas zu erkennen wären – eine besondere Verantwortung: Sie repräsentierten quasi den Islam nach außen und müssten deshalb besonders – ähnlich wie die Träger von Mecca-Shirts – auf ihr Verhalten achten. Selda aus Mainz meint dazu: »Ich kenne viele Muslime, aber die praktizieren ihre Religion nicht. Das sollen sie machen, wie sie wollen. Aber wenn sich eine Frau für den Islam entscheidet und das Kopftuch trägt, dann soll sie doch bitte zumindest die Grundlagen des Islam einhalten: Höflichkeit zum Beispiel, dass sie im Bus Platz macht für ältere Menschen. Dies gilt natürlich auch für alle Männer, die sich als Muslime bezeichnen. Muslime müssen lernen, bewusster zu leben, um all den Missverständnissen gegensteuern zu können, die momentan in unserer Gesellschaft existieren.«

Einige der interviewten Frauen sagen, dass die Kopftuch-Entscheidung eine persönliche Angelegenheit jeder Einzelnen sei. Die meisten tragen es oder planen, in naher Zukunft – wenn sie soweit sind – damit zu beginnen. Die Entscheidung für das Kopftuch wird als Lernprozess gesehen. Wer genug Wissen habe, entscheide sich dafür. »Ich will aber nicht behaupten, dass die Frauen, die es nicht tragen, nicht genug Wissen haben. Ich kenne sehr viele intelligente, gebildete muslimische Frauen, die aus eigener

Entscheidung kein Kopftuch tragen, da ihnen beispielsweise die Ausübung ihres Berufes wichtiger ist. Es ist eine Entscheidung, die jede für sich treffen muss. Weil diese Frauen sich so entscheiden, sind sie in meinen Augen keineswegs schlechtere Muslime. Ich kann sowieso nicht über den Stand von anderen vor Gott urteilen. Das kann nur Gott alleine. So teilt es der Prophet Mohammed mit«, wendet Selda ein. Unter jungen Frauen gilt es als Zeichen der Stärke, wenn sie es schaffen, mit dem Kopftuch erhobenen Hauptes in die Schule oder an die Universität zu gehen. Geschichten über Mädchen, die von ihren Eltern gezwungen werden, das Tuch zu tragen, die es dann am Tor zum Schulhof ablegen und erst kurz vor dem Nachhausekommen wieder aus dem Schulranzen hervorholen, damit der Vater ja nichts merkt, werden von vielen als Negativbeispiel erzählt. Kopftuch trägt man nicht, weil die Eltern es verlangen, sondern aus eigener Überzeugung. Die Botschaft lautet: Du bist Muslim, mach dir das klar und steh dazu!

Allerdings zeigt die Art des Kopftuches mehr als nur das Bekenntnis zum Islam. Ebenso wie für andere Jugendliche spielt die Bekleidung eine wichtige Rolle, um sich einer bestimmten Gruppe zuzuordnen. Ein Paillettentuch in Pink und bei den Jungen ein fein ausrasierter Bart können da ebenso als Erkennungszeichen dienen wie Rasta-Locken oder Mokassins bei ihren Klassenkameraden. Ein Besuch in der Handschuh- und Seidentuchabteilung großer Kaufhäuser zeigt, dass die Nachfrage nach trendigen Kopftüchern auch dem deutschen Einzelhandel nicht entgangen ist. Wer nicht in einem der zahlreichen arabisch-türkisch-pakistanischen Kopftuchfachgeschäften das Richtige findet oder sich auf einem der islamischen Großevents mit einem Kopftuchvorrat eindeckt, der findet inzwischen auch in vielen deutschen Läden das passende islamisch korrekte Accessoire. Kompetente Fachverkäuferinnen wissen zudem, welches Halstuch, welcher Schal als Kopftuch geeignet ist und welches zu leicht verrutscht. Die Trends aus der arabischen Welt werden mit den Frühjahrs- und Herbstkollektionen der Kleidungsgeschäfte kombiniert. Einige Designfirmen – wie Capsters aus Holland etwa – versuchen, in diesen Markt einzusteigen. Verena aus Frankfurt hat sich ein solches Sportkopftuch bestellt, sich allerdings noch nicht getraut, es zu tragen. Das avantgardistische Design erinnert an Badekappen

Razanne. Ein Vergleich mit der Puppe Fulla zeigt: In Modefragen unterscheidet sich der Westen von der arabischen Welt. Razanne ist ein US-amerikanisches Produkt.

oder an die strengen Tücher katholischer Nonnen. Derzeit steht das Modebarometer jedoch eher auf Batik oder Web-Optik.

Über die Grenzen des Modebewusstseins junger muslimischer Frauen wird derzeit heftig gestritten. Es geht vor allem um die Frage: Wie figurbetont und wie durchsichtig darf die Kleidung sein? »Kann es Sinn der Sache sein, dass man sich verhüllt und zugleich alles zeigt? Das wird hitzig diskutiert. In den Familien, in den Gemeinden, unter den Imamen. Vor 20 Jahren hätte der Vater vielleicht gesagt: Das ist verboten. Aber es hat auch eine

Emanzipation von den alten Auslegungen gegeben. Die Leute, die hergekommen sind, haben vielleicht gesagt: Wir verstehen das nicht, und haben den Imam, der vielleicht aus der Türkei kam und kein Deutsch konnte, entscheiden lassen. Heute haben wir Jugendliche, die selber die Bildung haben, die viel lesen, Frauen, die sich informieren, und insofern werden die Fragen sehr viel differenzierter betrachtet als vorher«, beschreibt Fatih Yildiz von der Centrumsmoschee in Hamburg die Situation.

Insgesamt hinkt die Kopftuchmode in Deutschland den Entwicklungen in der islamischen Welt etwas hinterher. Während in der islamischen Welt der Trend gerade weg von dem kinnbetonten Tuch zum im Nacken geknoteten Modell geht, dominiert in Deutschland noch die hinterkopfhervorhebende Variante das Bild. Das liegt nicht an der Zeitverzögerung durch die Distanz. Es liegt vielmehr daran, dass das Kopftuch in Europa eine andere Rolle spielt als in Dubai, Ankara oder Kairo.

Während sich in der islamischen Welt die Frauen durch eine bestimmte Art des Kopftuchs, durch besonderen Chic, einer bestimmten Gruppe oder Strömung zuordnen, um sich so aus dem Meer der neuen Kopftuchträgerinnen abzuheben, sind Kopftuchfrauen in Deutschland schon an sich auffällig. Da ist es zunächst egal, ob das Kopftuch sehr chic oder nur ein bisschen chic ist. In der Diaspora zählen eher die Taten. Über kluge Bemerkungen, soziales und gesellschaftliches Engagement heben sich die Pop-Muslime von dem eher negativ besetzten Bild der hilflosen Importbraut oder der verbohrten Gesichtsschleierträgerin ab. Allerdings legen viele dennoch Wert darauf, anders auszusehen. Es reichen hier jedoch simple modische Bekenntnisse, um sich zu den Pop-Muslimen rechnen zu können. Raffinierte Nuancen in der Bindetechnik, wie unter Studentinnen der Universität von Kairo praktiziert, sind nicht notwendig.

Allerdings entwickelt sich derzeit ein Trend unter sehr jungen Mädchen, 13-, 14-, 15-Jährigen. Sie tragen das Kopftuch tatsächlich als modisches Accessoire und greifen die gewagtesten Trends aus der Türkei und der arabischen Welt auf. Sie gehen den umgekehrten Weg wie Halima, sie tragen erst das Kopftuch und denken später – vielleicht – über seine Bedeutung nach. Für sie ist es hip, Muslim zu sein. Mal schauen, was als Nächstes kommt. Die befragten Pop-Musliminnen rümpfen die Nase über ihre trendorientierten Glaubensschwestern. Nicht nur, weil sie diese für oberflächlich halten, sie gefährdeten auch das Projekt, den Islam nach außen von seiner freundlichen Seite zu zeigen: »Die erzählen dann Nicht-Muslimen Sachen über den Islam, die gar nicht stimmen. Dass man ruhig rauchen darf und auch mal was trinken. So entsteht ein ganz falsches Bild von unserer Religion, und die Leute fragen sich, warum wir anderen so verbohrt sind, dass wir nicht mittrinken«, sagt Naila, 25, aus Marburg. Die Kombination Kopftuch und sichtbares Bauchnabelpiercing (gesehen in Berlin) löst bei ihr ein empörtes Schnauben aus.

Islamfeind Nummer 1:
Die westlichen Medien

Ein Student stellt als Bedingung für seine Bereitschaft, ein Interview zu geben, dass dieses Buch schwerpunktmäßig die negative Berichterstattung der deutschen Medien über den Islam und die Muslime behandeln solle. Alternativ solle sich die Autorin einige Tage als Muslima verkleiden und einmal am eigenen Leib erfahren, welche Auswirkungen die »Medienhetze« für das Alltagsleben der Muslime habe. Das Interview kommt – auch aus anderen Gründen – nicht zu Stande.

Dieses Misstrauen gegenüber den Medien ist typisch für die neue Generation junger Muslime in Deutschland. Fast alle Interviewten sehen die Berichterstattung der westlichen Medien sehr kritisch. Damit haben sie nicht Unrecht. Gerade seit den Anschlägen des 11. September 2001 und dem Krieg gegen den Terror ist der Tenor der Berichterstattung über Themen, die mit dem Islam oder der islamischen Welt zu tun haben, häufig negativ. Dies hat mehrere Ursachen. Tatsächlich sind in dieser Zeit eine ganze Reihe von brutalen, menschenverachtenden Verbrechen begangen worden und die Täter haben sich auf den Islam berufen. Die Taten wurden von den Tätern und ihren Organisationen professionell und mediengerecht aufgearbeitet. Videoaufnahmen davon wurden an TV-Stationen verschickt oder auf Internetseiten bereitgestellt. Wenn ein Kommando von Abu Musab al Sarkawi im Irak einen Entführten köpfte, dann umgaben sich die Täter mit islamischen Schriftzügen und beriefen sich auf die Religion. Sicherlich konzentrieren sich auch die Journalisten auf diese extremen Grausamkeiten. Es wird im Zusammenhang mit Muslimen sehr viel mehr über Krieg und Gewalt berichtet als über positive Projekte und ein friedliches Zusammenleben mit anderen Menschen. Die Terroristen haben sich einen unverhältnismäßig großen Raum in der Berichterstattung erkämpft. Die ganz überwiegende Mehrheit der Muslime, die friedlich ihr Leben führt, kommt kaum zu Wort. Die Wirklichkeit wird also verzerrt. Dies liegt zum großen Teil an dem Mechanismus: Bad News are Good News – Good News are No News. Zudem prägen die Gewalt und der Terror auch das Bild der Journalisten. »Wie kann man in diesen Zeiten einen Beitrag über Gemüseanbau in Saudi Arabien machen? Wie kann man so blind sein. Das Land ist doch voller Terroristen«, kritisierte eine TV-Redakteurin im Jahr 2002 den Beitrag eines Reporters über das Alltagsleben im Königreich.

Die Kommunikationswissenschaftlerin Sabine Schiffer geht noch einen Schritt weiter. Sie hat das Islambild in den deutschen Medien untersucht und befindet, dass der Blick des Journalisten von den bestehenden Vorurteilen über den Islam geprägt sei, so dass sie die Wirklichkeit nur durch diese Brille wahrnehmen könnten.[29] Die Betonung der Gewalt und der Konflikte, die sich scheinbar nicht lösen lassen, führt bei den meisten deutschen Fernsehzuschauern und Zeitungslesern dazu, dass sie sich angewidert abwenden. Aus der islamischen Welt scheint nichts Gutes zu erwarten zu sein, und man schaut erst wieder hin, wenn man unbedingt muss, wenn also eine neue, noch schlimmere Grausamkeit passiert. Das wissen auch die Terroristen.

Dieses negative Bild der islamischen Welt färbt ab. Die Art, wie Muslime in Deutschland angesehen werden, ist davon beeinflusst. Auch wenn Tasniem aus Darmstadt nichts mit Menschen wie Abu Musab al Sarkawi im Irak zu tun hat, muss sie sich doch für dessen Taten rechtfertigen. Die Unterteilung der Gesellschaft in den »sophisticated, friedlichen und frauenfreundlichen Glauben des Christentums« im Gegensatz zum »kriegerischen, dummen, archaischen und frauenfeindlichen« Islam spiegele – so Dilek Zaptcioglu – den deutschen Unwillen, die Muslime als Mitbürger anzuerkennen.[30] Zaptcioglu spricht von einem »Wir-Diskurs« der deutschen Medien. Wenn das öffentlich-rechtliche Fernsehen einen Beitrag mit dem Titel »Albtraum Islam« sende, dann sei das ein Zeichen »eines schweren Verlustes sozialer Sensibilität«. Schließlich gehörten auch die 3,5 Millionen Muslime in Deutschland zu den Zuschauern und zahlten nicht zuletzt Rundfunkgebühren.

Zu diesem Teufelskreis aus Terror und negativer Berichterstattung kommt das mutwillige Übertreiben der Terrorgefahr. Ein Titel wie »Der Krieg in unseren Städten«, spielt mit der Angst der Menschen und hofft auf gute Verkaufszahlen. Das gleichnamige Buch von Udo Ulfkotte musste zwischenzeitlich aus dem Handel genommen werden: Der Autor hatte etwas zu stark draufgehauen. Einige der von ihm beschriebenen potentiellen Terroristen klagten gegen die Darstellung und erwirkten mehrfach ein Verkaufsverbot des Buches. Schon beim kritischen Durchblättern einer Illustrierten und beim Zappen durch politische Magazine im TV lassen sich leicht Beispiele dafür finden, dass die Einschätzung der jungen Muslime – ihr Misstrauen gegen die Berichterstattung in den Medien – nicht unbegründet ist. Sie sehen die Vorurteile der Gesellschaft gegenüber den Muslimen als Hauptursache für die Schwierigkeiten bei der Integration, und im Endergebnis könne nach ihrer Meinung das »Eindreschen« auf den Islam auch dazu führen, dass junge Muslime zu Terroristen werden.

»Man sollte die Medien mal ein bisschen zurückhalten, denn die provozieren doch die Menschen auf das Extremste. Da braucht man sich echt nicht zu wundern, wenn da jemand einen Ausraster kriegt«, sagt Mariam, 16, aus Darmstadt. Zudem prägten die Medien nicht nur das Islam-Bild der Gesellschaft insgesamt, auch junge Muslime übernähmen dieses Bild: »Dann hört man immer, da haben die einen Menschen entführt und umgebracht und legitimieren das mit dem Islam. Dann nehme ich das doch als sonst nicht sehr kritischer Muslim auf und denke: Okay, das ist halt islamisch. Dann fragt man sich schon, warum fördert man das, warum lässt man nicht vielmehr die andere Seite mehr zu Wort kommen, die Gewalt und Krieg ablehnt. Das halte ich für gefährlich. Ich würde es befürworten, dass dann auch in den Medien die Gegenmeinung dargestellt wird und diese Gelehrten auch über die Medien zu Wort kommen«, meint Verena aus Frankfurt.

Allerdings verzerrt sich die negative Rolle der Medien in der Wahrnehmung vieler ins Gigantische. Nicht der Terror, sondern die Berichterstattung der westlichen Medien darüber gilt vielen als Ursache allen Übels. Medien-Bashing ist bei den jungen Muslimen ebenso beliebt wie das Islam-Bashing bei den deutschen Medien.

Gern werden auch Parallelen zwischen dem Antisemitismus im Deutschland der 20er und 30er Jahre und der heutigen Islamfeindlichkeit gezogen. In wissenschaftlicher Form hat Sabine Schiffer auf vergleichbare Mechanismen in der Berichterstattung hingewiesen. Der Islamprofessor und Jugendstar Tariq Ramadan sagt dazu: »Wenn man sich anschaut, wie über den Islam berichtet wird, dann ist dies schon erschreckend. Es gibt viele Parallelen zu der Darstellung der Juden in den 30er Jahren. Uns Muslimen wird Doppelzüngigkeit vorgeworfen, dass wir eine geheime Agenda verfolgen, dass wir Europa unterwandern. Man spricht von internationaler Verschwörung und einer neuen stillen Invasion des Islam in Europa. Glaubt doch nicht den Reformern, heißt es da. Die stecken mit den Terroristen unter einer Decke!«

Die Argumentation, die Muslime von heute seien die Juden von damals, dient in anderem Kontext dazu, die Opferrolle der Muslime zu überzeichnen und zugleich neue antisemitische Gefühle zu schüren. In manchen Fällen grenzt die Dämonisierung der Medien an Verschwörungstheorien. »Der Islam ist quasi die letzte funktionierende Religion, und er stellt mit seinem sehr klaren Bekenntnis zu Freiheit, Gleichheit und Brüderlichkeit das Establishment natürlich auf die Probe. Das ist auch den Herrschenden nicht verborgen geblieben. Wenn dann einige Einzeltäter, die Verbrechen begehen und Köpfe abschlagen, sich dabei auf den Islam berufen, dann ist dies ein gefundenes Fressen für die Medien. Sie stürzen sich darauf und nutzen die Chance, den Islam einmal wieder richtig schlecht zu machen«, erklärt Abdelqadir Schabel bei einem Vortrag in Darmstadt. Bei der Medienschelte spielt bei vielen sicherlich nicht nur der Wunsch nach einem klaren Feindbild eine Rolle. Sie spiegelt auch die Unfähigkeit wider, dass Unfassbare zu erklären. Wie kann es sein, dass Menschen solche Grausamkeiten begehen und sich dabei als gute Muslime fühlen?

Die Debatte über das Bild des Islam in den Medien zeigt, wie breit die Kluft zwischen Muslimen und anderen in der Gesellschaft ist. Gäbe es ein wirkliches Zusammenleben, bräuchte man keine Berichte über das Leben der Muslime in Deutschland. Es wird vergleichsweise selten über die Alltagsprobleme junger Anthroposophen oder Protestanten in Deutschland berichtet. Wozu auch? Wer vermutet da schon eine spektakuläre Geschichte?

Schon Mitte der 90er Jahre haben die islamischen Organisationen die Notwendigkeit erkannt, diesen Trends entgegenzusteuern. Einerseits begannen sie, professionelle Pressearbeit zu machen. Den Mitgliedern bieten sie spezielle Schulungen in Rhetorik an: Wie erkläre ich meinen Mitbürgern den Islam? Der Zentralrat der Muslime, Milli Görüs und fast alle anderen Organisationen veröffentlichen zu allen gegebenen Anlässen Presseerklärungen. In der Regel handelt es sich um Stellungnahmen, in denen sie sich von Verbrechen im Namen des Islam in anderen Teilen der Welt distanzieren.

»Es ist kein Problem, wir legen uns Vordrucke von Pressemeldungen in die Schublade und sind bereit, uns von allem zu distanzieren, wenn dies gewünscht wird und uns weiterbringt«, schreibt der ehemalige Vorsitzende des Zentralrates der Muslime Nadeem Elyas bei seiner Ansprache beim Jahrestreffen der Islamischen Gemeinschaft in Deutschland. Die Muslime in Deutschland hätten zwar mit den Gräueltaten im Irak genauso wenig zu tun wie alle anderen Mitbürger, aber wenn es die Öffentlichkeit zufrieden stelle – kein Problem.

Manche Organisationen haben sich darauf verlegt, den gesamten Rechtsweg auszuschöpfen, wenn sie sich negativ dargestellt fühlen. Besonders Milli Görüs ist dafür bekannt, Medien zu verklagen und Journalisten auf diese Art einzuschüchtern. Andere, wie beispielsweise das Internetforum Muslimmarkt.de[31] – das kritische Autoren gern mit dem Titel »Hassprediger« versieht – rufen ihre Mitglieder zum Boykott bestimmter Zeitungen auf.

Viele, gerade junge Muslime machen einen Bogen um die Medien, von denen sie nichts Gutes erwarten. Sie wollen im direkten Gespräch die Mitbürger erreichen und ihnen beweisen, dass der Islam nicht so schlecht ist, wie die Medien ihn darstellen. Dazu hat der Zentralrat der Muslime den »Tag der offenen Moschee« am 3. Oktober jeden Jahres ins Leben gerufen. Gerade in den Zeiten des Karikaturenkonflikts nutzen viele Moscheen und islamische Vereine die Gelegenheit, ihre Sicht der Dinge darzustellen, und laden ihre Nachbarn zu Informationsveranstaltungen ein. Türkischer Kaffee, süßes Gebäck und beruhigend vernünftige Worte über den Konflikt zwischen Pressefreiheit und religiösen Gefühlen können Brücken schlagen. Oft klappt es. In anderen Fällen stottern die Dialogbemühungen mit der Nachbarschaft noch etwas.

»Schwestern und Brüder«, sagt der Imam am Ende der Freitagspredigt, »ich möchte euch alle herzlich bitten, morgen zu kommen. Wir machen eine Informationsveranstaltung für Nicht-Muslime über den Propheten Jesus. Ich weiß, es fällt vielen schwer, aber wir haben uns die Zeit, in der wir leben, nicht ausgesucht.«

Am nächsten Abend haben sich viele der Gemeindeangehörigen im Vortragssaal über der Frankfurter Moschee versammelt. Einige Anwohner, Interessierte und Journalisten sind gekommen. Der Empfang der Gäste ist lauwarm und der Redner knallt ihnen schon in den ersten Minuten an den Kopf, dass Jesus nicht der Sohn Gottes sei. Das stehe so im Koran und der Koran enthalte die Wahrheit. Punkt. Brücken baut man anders. Wenn der Info-Abend einen Effekt hatte, dann einen negativen: Vorurteile wurden bestätigt.

Besser geeignet sind Aktionen einzelner Jugendgruppen. Will man eine Hit-Liste der Ziele der Pop-Muslime aufstellen, so steht für viele die Vermittlung eines positiveren Islambildes als Reaktion auf die als negativ empfundene Berichterstattung auf Platz zwei bis drei. Platz eins ist, wie sollte es anders sein, der Erlangung von Gottes Wohlgefallen vorbehalten. Doch gleich danach kommt für viele die *Dawa*, die Werbung für den Islam. In Hamburg organisierte die Jugendabteilung der *Schura* – eines Zusammenschlusses mehrerer Gemeinden – eine Mahnwache zum Karikaturenkonflikt. Unter dem Titel »Versöhnen statt verhöhnen« suchten sie das Gespräch mit den Einkäufern in der Fußgängerzone.

»Bei 7 Grad minus ist das für viele der jungen Muslime ein echter *Dschihad*«, beschreibt einer von ihnen das Bemühen, das von den Passanten mit Respekt anerkannt wird. Allerdings ist den wenigsten das Thema Mohammed eine solche Herzensangelegenheit, dass sie sich dafür kalte Füße holen wollen. Dabei können diese direkten Begegnungen auf beiden Seiten tatsächlich zu Aha-Erlebnissen führen. »Ich muss zugeben, dass ich etwas dabei gelernt habe. Ich habe festgestellt, dass die Menschen gar nicht so schlecht über den Islam denken, wie ich befürchtet habe. Das hat mich eigentlich positiv überrascht«, bemerkt Safia, die einen Info-Stand in Darmstadt betreut.

Auf persönliche Begegnung setzt auch der Berliner Verein Inssan e.V. Um den Muslimen den ersten Schritt zu erleichtern und ihnen einen Anlass zu geben, mit ihren Nachbarn ins Gespräch zu kommen, verteilten sie im Frühjahr 2006 Keks-Päckchen in den Moscheen. Diese kleinen Geschenke sollten den Weg zu einem besseren Verständnis versüßen.

Hintergrund: Die Landkarte des Islam in Deutschland

Viele der Moscheen in Deutschland wurden in den späten 60er, frühen 70er Jahren gegründet. Die Gastarbeiter, vor allem aus der Türkei und Nordafrika, die Studenten aus Syrien und Ägypten und – viel später auch – Bürgerkriegsflüchtlinge vom Balkan richteten sich zunächst provisorisch in Deutschland ein. Ihre Kinder und Enkel schmunzeln heute über den Traum ihrer Eltern und Großeltern, in die Heimat zurückzukehren. »Bis heute redet mein Vater davon, in den Sudan zurückzugehen. Wir wissen, dass er das nie tun wird. Was soll er nach 30 Jahren in Deutschland wieder im Sudan? Aber der Traum ist ihm wichtig. Wir lassen ihm den«, erzählt der 23-jährige Student Mohammed aus Berlin. Nach und nach holten die Gastarbeiter und Studenten ihre Familien hinterher, heirateten und ließen sich nieder. Damit entstand der Bedarf an einer religiösen Grundversorgung: Sie mieteten Ladenlokale, Fabriketagen und sogar alte Wassermühlen. Größere Wohnungen, Werkstätten und Garagen wurden zu Moscheen. Teppiche, Leuchter und Kanzel schafften sie herbei. Oft sind diese Gebetsstätten bis heute sehr spartanisch eingerichtet.

Die Moscheen dienen nicht nur dem Gebet. Sie sind für viele auch ein Stück Heimat. Hier verbringen sie ihre Wochenenden, hier lernen die Kinder Sprache und Kultur der Eltern. Bis heute sind die Moscheen in Deutschland oft nach Nationalitäten getrennt. Die Türken beten mit den Türken, die Marokkaner mit den Marokkanern und die Bosnier mit den Bosniern. In fast allen Moscheen wird die Freitagspredigt in der jeweiligen Nationalsprache gehalten. Das stellt für die neue Generation ein Problem dar: Viele von ihnen beherrschen die Sprache ihrer Eltern nur auf Familien-Abendbrottisch- oder Vorabendserien-Niveau. Gerade für Jugendliche marokkanischer oder tunesischer Herkunft kommt erschwerend hinzu, dass die nordafrikanischen Dialekte sehr weit vom Koran-Arabisch entfernt sind. Kurz: Viele verstehen wenig von dem, was in den Moscheen gepredigt wird. Zudem sind sie es aus der Schule gewohnt, über komplexe Zusammenhänge auf Deutsch nachzudenken und zu diskutieren. Wenn sie mit dem gleichen analytischen Interesse an ihre Religion gehen, wie an die Hausaufgaben in Chemie, dann scheitern sie in der Regel an der Sprache.

Es gibt erst einige wenige Moscheen, in denen ganz auf Deutsch gepredigt wird. Das liegt zum einen an dem noch bestehenden Wunsch der alten Generation, den Jüngeren mit der religiösen Seelenbetreuung auch ein wenig Kultur und Heimatgefühl zu vermitteln. Andererseits liegt dies ganz praktisch darin begründet, dass es nicht viele ausgebildete Imame gibt, die ausreichend Deutsch sprechen. Initiativen wie das Wiesbadener Projekt »Imame lernen Deutsch« sind noch am Anfang. In einigen Moscheen, zum Beispiel in dem Islamischen Erziehungs- und Kulturzentrum e.V. in Berlin, wird die Predigt simultan übersetzt, und die Gläubigen lauschen mit Kopfhörern der Stimme aus der Übersetzerkabine. Kostengünstiger ist die Variante, die in vielen Moscheen der islamischen Gemeinschaft Milli Görüs (IGMG) inzwischen angewandt wird. Dort gibt ein junges Gemeindemitglied im Anschluss an die Predigt eine kurze Zusammenfassung auf Deutsch. »Ich habe mich in meiner Bonner Gemeinde mit dem Imam zusammengesetzt, und er hat mir die Koranstellen und die *Hadithe* genannt, die er in seiner Freitagspredigt verwenden will. Dann habe ich die Übersetzungen herausgesucht und dann am Freitag nach der Predigt den Inhalt auf Deutsch zusammengefasst. Am Anfang waren viele verwirrt: Wieso wird denn jetzt in unserer Moschee Deutsch gesprochen? Sie hören sehr aufmerksam zu – besonders die Alten. Sie hören die religiösen Begriffe auf Deutsch, und viele nehmen diese Begriffe dann auch mit, wenn sie zum Beispiel bei der Arbeit mit Kollegen über ihre Religion sprechen, dann wissen sie schon, wie man das sagt. Auch die Jungen hören gerne zu und versuchen, das Türkische zu verstehen. So ist das auch für diese eine Weiterbildung«, berichtet Mesud Gülbahar, 30. Er ist Vorsitzender der Jugendabteilung der IGMG. Das eigentliche Problem, dass es erst sehr wenige muslimische Seelsorger gibt, die Sprache und Alltag ihrer Schäfchen kennen, kann durch diese Eigeninitiativen nicht gelöst werden.

Bisher werden die meisten muslimischen Gemeinden von »Import-Imamen« betreut. Es sind Absolventen der Hochschulen in der Türkei oder der arabischen Welt. Die unabhängigen Gemeinden und Islamischen Zentren (IZ) beispielsweise engagieren ihre Imame in der Regel über ein informelles Netzwerk. Sie lassen sich einen Gelehrten empfehlen, laden ihn zum Kennenlernen ein und entscheiden dann, ob er zu ihnen passt und ob sie sein Gehalt bezahlen können. Natürlich spielt neben der Qualität der Ausbildung eines Imams auch dessen Ausrichtung eine Rolle. Oft gibt es Probleme, ein Visum für die Kandidaten zu bekommen, manchmal scheitert die Einstellung des Imams auch an der Aufenthaltsgenehmigung. Gemeinden, die zur Türkischen Union der Anstalt für Religion e.V. (DITIB) gehören, haben es sehr viel einfacher. Sie bekommen Imame vom Ministerium für religiöse Angelegenheiten in Ankara gestellt. Es sind türkische Beamte, und sie werden für vier Jahre nach Deutschland entsandt. Bevor sie richtig Deutsch gelernt haben, werden sie schon wieder versetzt. Es gibt Initiativen der DITIB, in Deutschland aufgewachsene Jugendliche zum Theologiestudium in der Türkei zu motivieren, um sie anschließend als Imame wieder zurückzuholen. Bisher bleibt dies jedoch die Ausnahme.

Der Verein der Islamischen Kulturzentren (VIKZ) ist bisher die einzige Organisation, die in Deutschland Imame für ihre 300 Gemeinden ausbildet. Es sind meist türkischstämmige Jungen, die in Köln einen Lehrgang absolvieren. Studiert wird auf Türkisch und Arabisch. Bisher gibt es einige wenige deutschsprachige Absolventen der erwähnten privaten islamischen Hochschule in Château-Chinon. Während die Absolventen des VIKZ-Lehrgangs für viele andere Gemeinden nicht in Frage kommen, weil sie die Qualität und Ausrichtung des Lehrgangs in Frage stellen, gibt es staatlicherseits Bedenken gegen die Hochschule in Frankreich. Mit dem Wissen würden da die Ideen der Muslimbruderschaft verbreitet, heißt es in einem Verfassungsschutzbericht von 2004. Eine Lösung wäre ein Studiengang islamische Theologie an deutschen Universitäten. Unter den neuen frommen Jugendlichen gäbe es sicher Interessenten für ein solches Fach. Doch so einfach ist das nicht.

Islamischer Religionsunterricht, Moscheenbau, Ausbildung von Islamlehrern: Es gibt eine ganze Reihe von Projekten, und alle – muslimische Organisationen und staatliche Stellen – sind sich einig, dass sie dringend verwirklicht werden müssten, doch sie scheitern alle an dem gleichen Problem. Der Islam ist in Deutschland nicht als Religionsgemeinschaft anerkannt. Hauptgrund dafür ist, dass die Gemeinschaft der Muslime in unzählige Organisationen, Vereine und Verbände zersplittert ist. Dies ist an sich nicht schlecht, sondern eher ein Zeichen seiner pluralistischen Verfasstheit. Zum Nachteil wird es erst im Kontakt mit dem deutschen Grundgesetz. Da die Muslime in Deutschland keine Organisation haben, die sie alle oder fast alle repräsentiert, kann der Islam nach deutschem Recht nicht als Religionsgemeinschaft anerkannt werden. Solange es keinen repräsentativen Ansprechpartner gibt, hat der Staat keinen Verhandlungspartner: Wer könnte die Lehrpläne für einen Religionsunterricht an öffentlichen Schulen, wer die Inhalte einer Ausbildung zum Imam festlegen?

Bisher scheitern die Einigungsbemühungen unter den Muslimen an den unüberwindbar scheinenden Unterschieden zwischen den Gruppen: Zwischen Sunniten, Schiiten, Sufis und Aleviten, zwischen Türken, Pakistanern und Arabern, zwischen Liberalen, Konservativen, Engstirnigen und Hardlinern. Dazu kommen – wie immer – persönlicher Machtdrang und Geltungsbedürfnis. Inzwischen ist man sich näher gekommen und es scheint eine Einigung möglich. In vielen Bundesländern haben sich die verschiedenen Gruppen zu *Schuras*[32] zusammengeschlossen. Nur die Türkisch-Islamische Union der Anstalt für Religion e.V. (DITIB), die Organisation, die über die meisten Mitglieder und die größte Zahl an Moscheen in Deutschland verfügt, hält sich derzeit von diesen Einigungsbemühungen noch fern. Die Organisation untersteht direkt dem Ministerium für religiöse Angelegenheiten in Ankara. Die Arbeit in Deutschland wird von der türkischen Botschaft und den Konsulaten organisiert, und DITIB nimmt insofern eine Sonderstellung ein. Dennoch, die Verhandlungen gehen voran. Die Probleme, die sich dadurch ergeben, dass der Islam nicht als Religionsgemeinschaft anerkannt ist, werden so drängend, dass viele Organisationen bereit sind, pragmatische Kompromisse einzugehen.[33]

Ein einheitlicher Ansprechpartner könnte – so die Hoffnung vieler – auch dafür sorgen, dass der Islam in der Öffentlichkeit ein besseres Ansehen bekommt. »Wir sind optimistisch, dass es eine Einigung geben wird. Es ist nicht so, dass die Muslime nur auf den Druck der Politik reagieren und sich deshalb zusammenschließen. Sie sehen vielmehr ein, dass die Positionen dicht genug für eine Einigung beieinander liegen«, so Munir Azzaoui vom Zentralrat der Muslime (ZMD).

In den vergangenen zehn Jahren ist der Islam deutscher und sichtbarer geworden. Viele Probleme, welche die erste Generation hatte – Wo bekomme ich mein islamisch korrektes Fleisch her? Wo kann ich mich in Deutschland nach muslimischem Ritus beerdigen lassen? Wie lege ich mein Geld gewinnbringend an, ohne dafür nach dem islamischen Recht verbotene Zinsen annehmen zu müssen? – sind längst gelöst. Es ist ein ganzes Netz an islamischen Dienstleistungen entstanden. Hier wird angeboten, was den Muslimen auf dem freien Markt fehlt: Investmentfonds, Bestattungsunternehmen, Kindergärten, in denen die Erzieherinnen Kopftuch tragen. Die Event-Agentur »Refinement« vermittelt Künstler und Musiker für islamische Veranstaltungen und organisiert zum Ende des Ramadan eine festliche Gala. Bei der islamischen Heiratsvermittlung in München können muslimische Singles Partner in der richtigen Frömmigkeitsstufe finden. Die »Islamische Zeitung« beliefert die Szene mit Neuigkeiten aus der deutschen *Umma*. Von einer Sufi-Schule bis hin zum Mädcheninternat sind in den vergangenen Jahren Hunderte von Organisationen und Vereinen entstanden. Mit der Muslimischen Akademie in Berlin hat der Islam in Deutschland eine Art Think Tank bekommen. Nach dem Vorbild kirchlicher Akademien soll hier über Werte und Inhalte der Religion und über gesellschaftliche Themen diskutiert werden.

Die Bildung der Jugend ist ein wichtiges Thema. Viele Organisationen bieten religiöse Erziehung an. Andere wollen muslimischen Jugendlichen helfen, im deutschen Schulsystem zu bestehen. Sprachtraining für Vorschulkinder, Nachhilfestuben, Schülerwohnheime, WGs für Studentinnen – in Köln plant man sogar ein privates Gymnasium. Gerade die von Fethulla Gülen inspirierte Dialog-Bewegung ist hier sehr aktiv. Der türkische Reformer plädiert für ein Islamverständnis, das mit einem säkularen Staat vereinbar ist. In seinem Geiste wurden weltweit und besonders in Zentralasien Schulen gegründet. Auch in Deutschland ist die Bewegung durch verschiedene Vereine vertreten.

In vielen Städten sind – oft nach langen Diskussionen um Baugenehmigungen – Moscheen entstanden, die auch von außen als solche erkennbar sind. Insgesamt 70 soll es 2006 geben. Am Columbiadamm in Berlin ragen zwei stolze Minarette in den Himmel. In Mannheim, Darmstadt und sogar in der schwäbischen Kleinstadt Lauingen wurden Moscheen gebaut. In Duisburg-

Marxloh wird derzeit Zement gerührt und in vielen türkischen oder arabischen Lebensmittelgeschäften stehen Sammeldosen neben der Kasse: Der Verein Inssan will in Berlin ein islamisches Kulturzentrum bauen. Das Bild auf der Dose zeigt eine prächtige Moschee, ein großes Gebäude mit Grasdach. Eine Bibliothek, ein Frauenzentrum und Wohnungen sind geplant. Bisher scheitert die Verwirklichung dieses Traums allerdings an der Baugenehmigung. »Für viele Muslime in Deutschland hat unser Traum Modellcharakter«, beschreibt Chaban Salih, warum die Inssan-Dosen schnell voll werden. »Sie hoffen, dass sich durch ein solches Zentrum das Bild des Islam verändert. Dass sich etwas für die Integration tut und dass sich so etwas wie ein deutschsprachiger Islam entwickelt.«

Ansätze zu einer solchen Entwicklung finden sich vor allem in überregionalen Organisationen: Viele der für dieses Buch befragten Pop-Muslime fühlen sich eher lose zu einer Moscheegemeinde zugehörig und identifizieren sich eher mit Verbänden oder Ideen wie den Lifemakers-Gruppen nach dem Vorbild von Amr Khaled, der Muslimischen Jugend oder Milli Görüs. Andere gründen selbst eine Jugendgruppe oder bezeichnen ihren Freundeskreis als ihre private *Umma*.

Die Lifemakers:
Amr Khaleds deutsche Fans

Köln, an einem Montagabend im April 2006: Mimoun Amin ist ein zappeliger 19-jähriger Abiturient. Er hat die Idee der Lifemakers eingedeutscht. Im Sommer 2004 saß er mit Freunden vor dem Fernseher und verfolgte auf Iqra-TV Folge für Folge von Amr Khaleds Mitmach-Marathon »*Sunna* al hayat« (Gestaltung des Lebens). »Kleinere Sachen haben wir dann schon mitgemacht. Wir haben Kleider gesammelt und so«, erzählt Mimoun. Kurz darauf versuchte er, nach dem Beispiel von Jugendlichen in Ägypten und Marokko, auch in Deutschland eine Lifemakers-Bewegung zu gründen.

»Das war schwierig am Anfang, aber ich habe mir immer den Propheten – *sala Allah alihi wa salam* (Gott segne ihn und schenke ihm Heil) – zum Vorbild genommen und habe Standhaftigkeit und Geduld gezeigt. Dann kam Saloua dazu, das war ein großes

Geschenk. Sie ist ein sehr gutes muslimisches Mädchen, und sie hat es verstanden, dass es nichts bringt, Hass zu schüren. Man muss die Jugendlichen zum Guten motivieren«, erzählt Mimoun. Er und die 24-jährige Studentin Saloua gaben der Sache eine Struktur. Sie gründeten die *Schura,* eine Art Vorstand der Lifemakers, und besuchen Veranstaltungen mit muslimischen Jugendlichen in ganz Deutschland. Mit großem Erfolg. Die Lifemakers-Idee ist ansteckend, und im Frühjahr 2006 gibt es in 29 deutschen Städten Lokalgruppen. 15 bis 20 Jugendliche engagieren sich in jeder Stadt. Manchmal sind es mehr, dann bleiben wieder einige weg, andere bringen dafür ihre Freunde mit.

Lifemakers funktioniert im Grunde wie Al Qaida, auch wenn es etwas ganz anderes ist. Es gibt keine Organisation mit festen Strukturen und kein Netzwerk. Im Grunde ist es nur eine Idee, die von einer Person, einem Star, in die Welt geschickt wird. Zu der Idee, die sich über Jahre entwickelt hat, liefert der Star oder Anführer Handlungsanweisungen. Es geht darum, diese Welt zu verändern. Den Lohn dafür bekommen die Aktiven auch im Jenseits. Die Idee wird von Jugendlichen in verschiedenen Ländern aufgegriffen und umgesetzt. Manche stehen mit der Zentrale im Kontakt, andere handeln ohne Bindung an den Star. Durch die lokalen Gruppen oder Zellen, welche die Idee an die Gegebenheiten ihrer Länder anpassen, verselbständigt sich die Botschaft des Stars. So suchen sich Al-Qaida-Kommandos in Ägypten andere Anschlagsziele aus als in Indonesien. Lifemakers Deutschland beschäftigt sich mit Speisungen für Obdachlose, und Lifemakers Ägypten setzt auf die Gründung von Kleinbetrieben. Die Strukturen ähneln sich, beide Bewegungen sind Produkt der Globalisierung. Inhalte und Aktionen jedoch stehen im diametralen Gegensatz. Während die einen Hass verbreiten, wollen die anderen Brücken bauen.

Mimoun und Saloua verbinden Glauben und Handeln, sehen die Rolle des gläubigen Muslim nicht zu Hause auf dem Gebetsteppich, sondern in der Welt. »Ich habe eine Verantwortung der Welt gegenüber. Allah bringt uns bei: Wenn wir etwas für die Menschen tun, dann werden wir Wohlgefallen erlangen«, beschreibt Mimoun sein Anliegen. So versorgen die jungen Muslime Obdachlose mit belegten Brötchen. »Ein Deutsches Wintermärchen« heißt das Projekt. Viele der Lifemakers – das ist angesichts des Titels klar – sind Gymnasiasten. Die Hanauer Gruppe hat Geschenke in

Kuchen für die Obdachlosen – Paradiespunkte für die jungen Gläubigen. Lifemakers in Köln/Bonn.

ein Asylbewerberheim gebracht. Andere besuchen Alters- oder Kinderheime. In München ist ein Computer-Zentrum für arbeitslose Jugendliche entstanden. Manche Projekte, wie der Schwimm- und Aerobic-Kurs für muslimische Frauen oder der Deutschunterricht für ältere Damen, richten sich ganz klar an die muslimischen Schwestern oder Brüder. Die Lifemakers wenden sich jedoch ganz bewusst an die Gesellschaft als Ganzes. Sie wollen das Bild des Islam in der Öffentlichkeit verbessern und etwas Positives zur Gesellschaft beitragen.

»Ihr sollt nicht nur nehmen: Gebt den Gesellschaften auch etwas zurück!« hat Amr Khaled den jungen Muslimen in Europa mit auf den Weg gegeben. Der Ansatz, sich auch für die Nicht-Muslime zu engagieren, ist nicht unumstritten. »Ich habe auch von einigen, die ich angesprochen habe, ob sie bei den Hilfsaktionen nicht mitmachen wollen, gehört: Das sind doch Nicht-Muslime, wieso macht ihr das? Das fand ich ganz schön krass, dass die das so direkt gesagt haben«, erzählt Mimoun. »Ich habe dann mit einer Stelle aus dem Koran geantwortet: Gott fordert die Gläubigen auf, die Waisen und Armen und die Gefangenen zu speisen. Und – wenn man logisch überlegt – wer waren zur Zeit des Propheten die Gefangenen? Natürlich Nicht-Muslime. Es ist also unlogisch und unislamisch, wenn man sagt: Wir geben nur Muslimen etwas. Ich sehe keinen Unterschied, und es heißt ja auch: Wir haben den Islam für alle Welten entsandt und nicht nur für die Muslime. Leute, die einen Unterschied machen zwischen Muslimen und Nicht-Muslimen folgen einer Interpretation, die ich nicht teilen würde.

Alle Argumente, die sagen, wir dürfen nichts für Nicht-Muslime tun, sind absurd. Sie kommen aber relativ häufig vor. Besonders in den Chats und Foren. Wobei das Problem im Internet ist, dass es einfach Leute gibt, die sind arbeitslos und sitzen die ganze Zeit zu Hause herum und schreiben die Foren voll. Das sieht dann so aus, als wären die in der Mehrheit. Dabei ist es einfach so, dass wir anderen den ganzen Tag beschäftigt sind, in der Schule, mit dem Abi und so. Da schreiben wir nur selten in die Foren. Da gibt es andere, Allah möge ihnen vergeben, die kritisieren nur den ganzen Tag, die kritisieren ja auch, dass Amr Khaled keinen richtigen Bart hat und so. Amr Khaled selbst sagt ja auch, dass es ein Defizit von ihm ist, dass er keinen Bart hat, weil doch der Prophet empfohlen hat, Bart zu tragen. Aber man findet immer etwas, bei jedem. Man wird keinen Perfekten finden, außer den Propheten – *sala Allah alihi wa salam.*«

Die Kritik entmutigt Mimoun nicht. Im Gegenteil. Fast jedes Wochenende tritt er vor Jugendlichen auf. 100, 200, 300 kommen, denn Mimoun und Saloua sind inzwischen ein deutschlandweit bekanntes Team. Und ihre Botschaft »Der Islam ist Theorie und Praxis, nehmt euer Leben in die Hand und macht was daraus, dann werdet ihr am Jüngsten Tag dafür belohnt!« kommt an: »Die Jugendlichen sind auf der Suche nach Identität. Nicht nur die muslimischen Jugendlichen. Man ist auf der Suche nach etwas, worauf man stolz sein kann. Unsere Großväter, die waren vielleicht noch stolz darauf, Araber zu sein. Und jetzt ist der Stolz islamisch geworden. Ich habe Großväter, die sind die Gefährten des Propheten.

Früher haben die Jugendlichen vielleicht ihren Stolz bei Madonna und Eminem gefunden, aber die Seele ist durstig. Jeder Jugendliche stellt sich doch irgendwann die Fragen: Was passiert mit mir nach meinem Tod? Was habe ich Gutes getan, damit ich hinterher ins Paradies komme? Die brauchen etwas für ihr Herz, und das findet man im Islam. Sie suchen Wahrheit, und die finden sie im Islam. Es ist ein ganzes Denksystem. Wenn ich zur Schule gehe, bekomme ich dafür Punkte bei Allah. Wenn ich meine Familie versorge, wenn ich einen guten Charakter habe, wenn ich neben der Schule arbeite: Für alles bekomme ich Punkte bei Allah. Das kann Eminem nicht bieten. Das, was wir bei MTV sehen, ist Verblödungskultur. Wir wollen dem etwas entgegensetzen, wir wollen, dass die Jugendlichen aufhören mit diesem Scheiß. Es gibt ja auch Filme zum Beispiel über Eminem. Da sieht man, der war voll arm und jetzt ist er reich und der coolste Rapper. Aber es ist sinnlos. Ich wünschte, es gäbe *Sunna al hayat* (die TV-Sendung »Gestaltung des Lebens«) auch auf Deutsch. Dann könnten alle Jugendlichen davon profitieren, nicht nur die Muslime.

In der ersten Folge von *Sunna al hayat* wurde eine Sängerin gefragt: Wieso zeigst du deinen Körper? – und sie hat ganz klar gesagt: Damit die Leute meine CD kaufen. Das fand ich voll krass. Wenn man sich überlegt, dass unsere Gesellschaft von solchen Prinzipien regiert wird. Das, was eigentlich cool sein müsste, Goethe und so, gilt als total langweilig, und so ganz dumme Sachen sind für die Menschen wertvoll geworden. Die sitzen den ganzen Tag vor dem Fernseher. Das ist wirklich traurig. *Al Hamdullilah* (Gott sei Dank) haben wir eine Gegenbewegung. Die muslimischen Jugendlichen suchen nach dem Sinn und finden ihn im Islam wieder. Das ist sehr positiv. Sie finden es nicht im traditionellen Islam wie ihre Eltern, sondern in einem Verständnis des Islam, das sehr überlegt ist.

Schauen Sie sich mal die Jugendlichen an, gerade die Ausländer. Die machen Sachen wie Drogen nehmen und Autos klauen. Wenn die eine gesunde Religiosität hätten, dann würde das die Leute resozialisieren. Ich sage mit Absicht gesunde Religion. Eine ungesunde Religiosität ist, wenn man etwas falsch versteht, wenn man zum Beispiel nur eine Sicht auf den Islam zulässt oder nur die Muslime sieht. Wenn man Sachen aus dem Kontext heraushebt und einfach selbst interpretiert. Eine gesunde Religiosität bedeutet: Jemand ist stolz, Muslim zu sein, betet, fastet, er ist gut zu allen Leuten und hat einen guten Charakter.« Die Jugend von heute müsse sich wieder Ziele stecken. Früher habe es auch erfolgreiche Muslime gegeben – Avicenna[34] und Averroes[35] zum Beispiel. »Warum können die Jugendlichen von heute nicht genauso erfolgreich sein?« fragt Mimoun.

Passend zur Jahreszeit hat Mimoun das Thema seiner Unterrichtsstunde gewählt. In einer schummrigen Moschee in Köln-Kalk – von der Straße sieht man nur eine schwere Eisentür, und im Inneren rieselt Putz in die Holzvertäfelung, wenn ein Zug über die nahe Brücke fährt – haben sich zwei Dutzend Jugendliche versammelt. »Ich weiß, was die meisten von euch beschäftigt: die Angst vor dem Abitur!« beginnt Mimoun. »Deswegen möchte ich meine heutige Stunde zum Thema Vertrauen auf Gott halten.« Einmal wöchentlich doziert er über religiöse Themen. Die Jugendlichen sind zum großen Teil Gymnasiasten, wie Mimoun. Er redet fast so eindringlich wie sein Vorbild Amr Khaled und weiß viel, deswegen kommen sie.

Der fensterlose niedrige Nebenraum der Moschee ist in der Mitte durch einen schweren Vorhang geteilt. Jungen und Mädchen werden so voneinander getrennt. Eines der Mädchen zieht resolut am dicken Wollstoff, bis der Schlitz in der Mitte geschlossen ist. Gucken verboten! Der Vorhang ist neu. Erst vor einigen Wochen hat Mimoun ihn angebracht. Ob es ein Mädchen war, das den Sichtschutz zur Bedingung für ihre Unterrichtsteilnahme gemacht hatte, oder ob es ältere Moscheebesucher waren, die darauf bestanden, darüber gehen die Aussagen der Jugendlichen auseinander. Tatsächlich gehört die weitgehende Trennung nach Geschlechtern, dieses sichtbare Zeichen der Frömmigkeit, für viele Lifemakers dazu wie die mit *Insha'Allahs* gespickte Ansage auf der Mailbox ihrer Handys. »Ich sage euch, richtig cool macht euch erst das Vertrauen zu Allah!« fasst Mimoun die Botschaft seiner Unterrichtsstunde zusammen. »Das kennt doch jeder. Man hat voll viel gelernt für eine Klausur, und dann kommt der Tag und man sitzt da, Mann, da zittern einem die Hände. Man hat Angst. Und ich sage euch: Da hilft nur das Vertrauen zu Allah!« Dies solle nicht bedeuten, dass ein Muslim nicht zu lernen brauche. »Nein, ihr müsst euer Letztes geben, aber dann, in dem Moment, wo ihr in der Klausur sitzt, da könnt ihr auf Gott vertrauen!«

Gottvertrauen dürfe also nicht zu Faulheit führen. Mimoun berichtet vom Propheten. Schon der habe gesagt, dass ein Muslim sich nur dann darauf verlassen dürfe, dass Gott sein Kamel am Wegrennen hindere, wenn er es vorher ordentlich angebunden habe. Wenn doch etwas Schlechtes geschehe, das gibt Mimoun seinen Schülern noch mit auf den Weg, »dann denkt dran, in jedem Schlechten steckt auch etwas Gutes!«

Frankfurt, an einem Sonntagmittag im März 2006. Eifrig schmiert die 16-jährige Fatiha Butter auf ein Brötchen: »Dafür bekomme ich jetzt einen Punkt bei Gott«, sagt sie und lacht. Wie über jeden Muslim werde auch über sie Buch geführt. Sie habe zwei Engel, die ihr rechts und links über die Schulter schauten und ihre guten Taten sowie ihre Sünden in Listen notierten. Am Jüngsten Tag werde dann abgerechnet. Fatiha bemüht sich daher, möglichst viele Paradies-Punkte zu sammeln. »Es ist ein Zeichen von Gottes Barmherzigkeit, dass wir bereits für den Gedanken an eine gute Tat einen Pluspunkt bekommen. Wenn wir sie dann tatsächlich umsetzen, bekommen wir 10 Punkte, und es wird auch eingerechnet, wenn diese Tat einen besonderen Mut oder eine besondere Anstrengung erfordert«, beschreibt sie. Sie lässt ihren Blick über die Berge von Brötchen, Kuchenstückchen und Getränkeflaschen wandern, die auf einem großen Tisch in der Bibliothek des Islamischen Zentrums in Frankfurt aufgestapelt sind. Lachend stehen 16 Mädchen und Frauen um den Tisch und bereiten Butterbrotbeutel vor. Heute werden sie viele Punkte sammeln können: Drei Mädchengruppen haben sich zusammengetan und wollen am Frankfurter Hauptbahnhof Lebensmittel an Obdachlose verteilen. Sie sind aufgeregt: Was passiert, wenn die Obdachlosen sie anpöbeln? Wie sollen sie mit Junkies umgehen?

»Deutschland, ein Wintermärchen« – den Titel haben sie von Saloua und Mimoun übernommen. Jetzt wollen sie auch in Frankfurt Hilfsbedürftige mit heißem Tee und belegten Broten versorgen. »Wir wollen das Bild des Islam in der Öffentlichkeit verbessern«, beschreibt eines der Mädchen ihr Anliegen. »Wir wollen zeigen, dass wir bereit sind, Verantwortung für diese Gesellschaft zu übernehmen und etwas Positives zu tun. Außerdem wollen wir den direkten Kontakt mit den Menschen. Nur so können wir Vorurteile abbauen«, sagt eine, die gerade Gurke auf Käsescheiben legt. Dann klappt sie das Brötchen zu und schiebt es nach rechts. Ihre Nachbarin packt es in Alufolie.

Sie sei lange ziemlich streng gewesen, beschreibt Zuleikha und hält sich die Hände rechts und links neben die Augen wie Scheuklappen. »Ich habe sehr darauf geachtet, alles zu meiden, was *haram* (verboten) sein könnte«, sagt sie. Doch dann habe es irgendwann »Klick« gemacht, und sie kam zu dem Schluss, dass die Abschottung nicht der gottgewollte Weg sein könne. Der Auftritt von Amr Khaled beim Jahrestreffen der Islamischen Gemeinschaft in Deutschland in Leverkusen im Dezember 2005 und die Begegnung mit Mimoun und Saloua gaben ihr den Rest: Sie trommelte ihre Freundinnen zusammen und gründeten die Lifemakers Lokalgruppe in Frankfurt.

»Wir machen das hier«, Asmaa aus Darmstadt deutet mit ihrem Buttermesser auf die Brötchenberge, »nicht für uns. Wir tun es, weil Gott es von uns erwartet und wir dafür belohnt werden. Unsere Motivation bekommen wir aus unserem Glauben.« Anfangs hatten die Mädchen Schwierigkeiten, Räume in einer Moschee zu finden, wo sie sich treffen können. »Für viele traditionell gesinnte Muslime der älteren Generation ist die deutsche Gesellschaft die Gesellschaft der *Kafirun* (der Ungläubigen), und mit denen wollen sie nichts zu tun haben«, berichtet ein anderes Mädchen.

Die Brötchen sind fertig, die Tüten verpackt. Jetzt noch schnell ein paar Fotos für die Internetseiten. Lachende Mädchen mit bunt-flattrigen Kopftüchern halten stolz ihre »Menüpakete« in die Kamera. »Setzt euch noch einmal alle hin«, sagt dann Zuleikha. Sie spricht ein Gebet. Sie dankt Gott für die Kraft und bittet ihn, die Jugend in Deutschland richtig zu leiten, sie von den Versuchungen des anderen Geschlechts, Drogen und anderem Übel fernzuhalten. Die Mädchen blicken in die aneinander gelegten Hände und murmeln Amen, als Zuleikha fertig gebetet hat. Es sei wichtig zu beten, bevor man eine wichtige Sache im Namen Gottes beginne, erklärt sie.

Dann geht es los. Die Mädchen sind inzwischen sehr aufgeregt: Was so leicht erscheint, wird zur Herausforderung. »Bitte schön, wir bringen Ihnen heißen Tee«, sagt Zuleikha und schiebt dem Mann einen Plastikbecher hin. Er kauert vor einem geschlossenen Geschäft. »Könntet ihr mir nicht lieber fünf Euro geben?« Er schaut die beiden Mädchen flehend an. »Aber etwas zu essen ist doch viel besser. Lassen Sie es sich schmecken, und wir wünschen Ihnen noch einen schönen Tag«, sagt Zuleikha. »Dies wird ein ganz beschissener Tag«, gibt der Mann zurück. »Es ist Sonntag, und wenn ich nicht irgendwoher Geld bekomme, werden meine Schmerzen mich so verrückt machen, dass ich heute Abend in der Klapse lande.« Die beiden Mädchen sehen ihn an. »Sie müssen sich als Teil der Gesellschaft sehen. Wir sind die Gesellschaft, und wir sind bei Ihnen, trinken Sie doch Ihren Tee, solange er noch warm ist«, sagen sie. Der Mann schaut sie zum ersten Mal direkt an. »Wer seid ihr überhaupt? Wieso macht ihr das?« fragt er. Schon bleiben einige Passanten stehen und betrachten die ungewöhnliche Szene: Zwei modisch gekleidete Frauen mit weißen Kopftüchern und Thermoskannen hocken neben einem Süchtigen, der sie mit glasigen Augen anschaut. Sie beschwichtigen ihn und erzählen ihm von einer Gesellschaft, in der alle zusammenhalten sollten.

* * *

Die Bewegung der Lifemakers ist gerade erst in Deutschland angekommen und ist dabei, sich in einem rasanten Tempo auszubreiten. 400 bis 500 Jugendliche engagieren sich bereits regelmäßig, andere schauen gelegentlich vorbei. Die meisten von ihnen verfolgen die Sendungen von Amr Khaled im Fernsehen. Besonders seine 28 Folgen während des Ramadan, in denen er »über den Propheten erzählt hat, als wäre er selbst neben ihm gewesen«, wie Mimoun schwärmt, sind bei den Jugendlichen beliebt. Mimoun vergleicht Amr Khaleds Rolle mit der eines Lehrers in der Schule. »Ob man jemanden einmal die Woche im Fernsehen sieht oder in der Schule, ist eigentlich egal«, sagt er. Es entsteht ein Mix aus internationalen und lokalen Einflüssen, aus ein bisschen Satellitenfernsehen, ein bisschen Koran, ein bisschen Politischer Weltkunde am Gymnasium und ein paar guten Tipps von den Freunden. Jeder muss sich dann selbst entscheiden, welcher Weg für ihn der richtige ist. Stars wie Amr Khaled, welche die Jugend zu guten Taten und einem frommen Leben ermuntern, fördern eher ihre Fähigkeit, sich in diesem Wirrwarr an Einflüssen zurechtzufinden, zumal die islamische Community in Deutschland noch keine Persönlichkeit, keine Autorität hervorgebracht hat, die in vergleichbarer Weise die jugendlichen Muslime in diesem Land zu sozialem Engagement und positiver Integration motivieren könnte.

»Es gibt immer mehr Muslime in Deutschland, die sich als Deutsche fühlen und die auch etwas für ihre Gesellschaft tun wollen. Sie sind bewusste Muslime und wollen sich engagieren, um das Bild des Islam in Deutschland zu verbessern. Vor allem die Muslimas tun sich hier besonders hervor. Da kann man schon von einer Art Aufbruchstimmung sprechen. Amr Khaled war nicht der Auslöser für diese Tendenz, aber seine Botschaft geht in die gleiche Richtung und verstärkt den Ansatz«, beschreibt Khaled

Farag. Der 34-Jährige wird von vielen deutschen Lifemakers als eine Art großer Bruder angesehen. Khaled Farag ist Übersetzer und über sein professionelles Interesse zu Amr Khaled gekommen: Er wollte wissen, ob es möglich ist, den Stil des Predigers ins Deutsche zu übertragen. Er machte sich an die Arbeit und übersetzte einige seiner Vorträge. Sie sind inzwischen als Bücher erschienen,[36] und die Rückmeldungen geben Khaled Farag recht: Die Menschen sind auch beim Lesen der Texte gerührt. Viele weinen, so wie die Besucher der Veranstaltungen und die Zuschauer vor dem Fernseher.

Khaled Farag macht bei dem Projekt »*Dar al Tardschama*« (Haus der Übersetzung) mit und hofft, mit seiner Arbeit auch Fronten abzubauen. Amr Khaleds Texte seien gut geeignet, um zu zeigen, dass der Islam eine freundliche, friedliche Religion sei. Er sei ein begnadeter Redner, der die Menschen im Innersten berührt. Zudem verbreite er Ideen, die genau im richtigen Moment von jungen Muslimen aufgegriffen würden. »Er versucht, den jungen Menschen eine Perspektive zu geben. In seinen Sendungen und Konferenzen appelliert er: Lasst uns den Kindern ein Handwerk an die Seite geben, anstatt einer Bombe. Baut euer Land auf, statt es zu zerstören und andere Menschen zu töten.«

Es gehe jedoch um die Idee und nicht um die Person Amr Khaleds. Den Starrummel, den einige Lifemakers um den Prediger machen, kritisiert er. Blinder Gehorsam und Groupietum seien unislamisch und zudem gerade in diesen Zeiten nicht angebracht: »Die Lifemakers und die allermeisten Muslime machen sich ihre eigenen Gedanken, egal, wer was sagt. Wenn diese Person eines Tages etwas sagen würde, was unserer Meinung nach beispielsweise nicht in den westlichen Kulturraum passt, dann wird es natürlich nicht übernommen. Man kann sich auch ganz schnell wieder abwenden. Hier sind wir wieder beim eigenen Verstand. Glaube kann aus intellektueller und religiöser Überzeugung tief im Herzen sitzen, wird aber – islamisch gesehen – durch den Verstand sowohl gestützt als auch kontrolliert. Das zu verstehen ist sehr wichtig.«

Die Lifemakers sind zunächst einmal eine Modeerscheinung. Ob die Bewegung und ihre Aktionsformen dauerhaft bei muslimischen Jugendlichen in Deutschland angesagt sein werden oder der Elan nachlässt, muss sich erst noch zeigen. Zugleich scheint der Ansatz jedoch einen Nerv zu treffen: Junge Muslime in Deutschland haben Lust, sich zu engagieren und ihrem Leben dadurch einen Sinn zu geben. Sie fühlen sich wohl in einer Gemeinschaft von Gleichgesinnten. Die Erkennungszeichen dieser Sub-Kultur sind eine Mischung aus Abitur, HipHop und Islam, aus H&M und Geschlechtertrennung. »*Masha'Allah*, das ist voll der Hammer«, sagt Mimoun. Liberal sind die Lifemakers nicht: Das Islambild, das Amr Khaled vertritt, ist im Gegenteil eher konservativ. Er will eine fromme, sittenstrenge und erfolgreiche Jugend. Sie soll sich einpassen in die westliche Gesellschaft und so dem Islam dienen. Das Ziel einer wahren islamischen Gesellschaft kann nur dadurch erreicht werden, dass jeder einzelne Muslim ein besserer Muslim wird. Insofern ist der explizit unpolitische Ansatz von Amr Khaled durchaus auf Gesellschaftsveränderung angelegt. Dem Islam und der *Umma* soll zu neuem Glanz und Ruhm verholfen werden. Auch dieses Ziel verfolgt die Bewegung. Menschen mit einem säkularen, liberal-aufklärerischen Weltbild bekommen angesichts solcher Modeerscheinungen zu Recht Gänsehaut.

Die Muslimische Jugend

Die Deutschlandzentrale des Vereins Muslimische Jugend in Deutschland (MJD) liegt im Schatten der Hochbahn in Berlin-Kreuzberg. »Green Palace« steht am Schaufenster des dazugehörigen kleinen Geschäfts. Hier gibt es die Accessoires der Bewegung: die frisch übersetzten Schriften von Amr Khaled, Nachschlagewerke von Yusuf al Qaradawi und Tipps für die Verbreitung des Islam unter Nicht-Muslimen. Sami Yusufs CDs bekommt man hier, Kinderlieder von Cat Stevens alias Yusuf Islam und natürlich auch die Mecca-Shirt-Collection aus Frankfurt-Hausen. Auch Razanne steht im Regal, die islamische Antwort auf Barbie.

Die Muslimische Jugend wurde im Sommer 1994 im Haus des Islam in Lützelbach im Odenwald gegründet. Initiator und Gründungsvorsitzender der MJD war zunächst der Nicht-Jugendliche Mohammed Seddiq Borgfeld. Er half über die Startschwierigkeiten hinweg und beriet die Jugendlichen. Mohammed Seddiq, wie er in der Szene genannt wird, ist für viele eine Vaterfigur. Zeltlager im Haus des Islam, Kinder- und Jugendfreizeiten in der frommen Herberge im Odenwald gehören zur normalen Sozialisation der Kinder gläubiger Muslime. Die Idee eines Jugendverbandes kam gut an. Seit April 1995 treffen sich Jugendliche aus verschiedenen Städten zu einem monatlichen MJD-Seminar und erarbeiten eine überregionale Struktur. Im Juni 1995 kamen 200 zum ersten bundesweiten Treffen. Heute hat die Organisation nach eigenen Angaben 340 Mitglieder. Die Jahrestreffen sind jedoch auch für Nichtmitglieder beliebte Treffpunkte: Über 1000 kamen 2005 nach Bad Orb in Hessen. 2006 sind es 1200. Auch zu den regionalen »Meetings« kommen regelmäßig 300 bis 500 Jugendliche. Das ist nicht ungewöhnlich, sondern eher typisch für islamische Organisationen in Deutschland: Nur rund 28 Prozent der Muslime in Deutschland sind Mitglied einer Moscheegemeinde oder eines religiösen Vereins. Die Muslimische Jugend finanziert sich nach eigenen Angaben über Mitgliedsbeiträge und Spenden sowie aus dem Verkauf von frommen Accessoires im Green Palace. Die MJD versteht sich als deutscher Verein, Deutsch ist die gemeinsame Sprache der Jugendlichen, die zum großen Teil Kinder arabischstämmiger Einwanderer sind. Zunehmend engagieren sich auch Jugendliche mit türkischen Wurzeln in der MJD.

Geleitet wird die Organisation von einem *Amir,* der sich von der *Schura* beraten lässt. In ihrer Funktionsweise gleichen diese Strukturen anderen Vereinen. Der Vorsitzende wird gewählt und von einem Vorstand in seiner Arbeit unterstützt. In zahlreichen Städten haben sich in den vergangenen Jahren Lokalgruppen gebildet. Dort übernimmt zunächst der Initiator die Position des *Amirs.* Er wird über Wahlen im Amt bestätigt oder auch nicht. Nach vier Jahren spätestens muss er einem Nachfolger Platz machen. Die Lokalgruppen sind nach Geschlechtern getrennt – Brüdertreff heißt die Jahreshauptversammlung der Jungen, MuMM (Muslimisches Mädchen-Meeting) die Parallelveranstaltung für junge Frauen. Bei dem Jahrestreffen der gesamten MJD kommen Mädchen und Jungen zusammen, bleiben jedoch – in Bad Orb spannte man in der Mitte ein Baustellenband – jeder auf seiner Seite des Versammlungsraums. Geworben wird mit der »islamischen Atmosphäre«. Sie setzt sich aus Sport, Spiel und Frömmigkeit zusammen.

»Ziel ist es, den Jugendlichen bei der Entwicklung einer muslimischen Identität in diesem Land zu helfen. Sie haben ein starkes religiöses Bewusstsein, wollen ihre Beziehung zu Gott verbessern und sind zugleich mitten in der Gesellschaft«, beschreibt *Schura-*

Mitglied Chaban Salih aus Berlin die Haltung der MJD-Mitglieder. Höhepunkt des Meetings 2005 war die Konversion von Bruder Phillip. Der Schüler trat auf die Bühne und sprach vor 1100 Zeugen das Glaubensbekenntnis. »*Allahu Akbar!*« (Gott ist groß!) begrüßten die Jugendlichen ihn in ihrer Welt, umarmten und küssten ihn. Bruder Phillip ist seitdem eine Ikone der Bewegung. Die MJD feiert sich gern als große Gemeinschaft. In islamisch-brüderlicher oder islamisch-schwesterlicher Atmosphäre tun sie das, was andere Jugendliche auch tun: zu Konzerten gehen, Pop-Stars zujubeln, Fußball spielen, Silvesterabende verbringen und ins Ausland verreisen. Die Sprachkurse in Kairo sind besonders beliebt. Die MJD schafft den Jugendlichen eine parallele Welt, die sie aber nicht hindern soll, auch Teil der großen Gesellschaft zu sein.

»Wir rufen die Mitglieder dazu auf, zu Wahlen zu gehen und sich in Organisationen und Verbänden zu organisieren. Sie sollen vorbildliche Bürger sein und gute Gläubige. Wir wollen also das Gegenteil von einer Parallelgesellschaft«, berichtet Chaban Salih. Wie alle Gruppierungen der neuen frommen Muslime will auch die MJD ihr Verständnis des Islam unter den Jugendlichen verbreiten. »Wir sind davon überzeugt, wenn die Menschen das richtige Verständnis vom Islam kennen, dass sie dann nicht gewalttätig werden, dass Frauen gut behandelt werden und so weiter. Natürlich wünsche ich mir als Muslim, dass andere den Weg, den ich richtig finde, auch erkennen. Ich·sehe meine Aufgabe darin, Informationen über meine Religion zu geben.«

Im Namen des Propheten für eine bessere Gesellschaft – trotz der Gänsehaut, die solche Vorstellungen bei vielen säkular erzogenen Menschen auslöst, lohnt sich ein zweiter Blick. Was ist der »wahre« Islam im Verständnis der MJD, und was geschieht in den Lokalkreisen?

Mainz, Anfang Januar 2006. Es schneit dicke, matschige Flocken. Mohammed Sameer Murtaza hat den Kragen seines Wolljackets hochgeklappt. Der Campus der Universität ist an diesem Tag ein unfreundlicher Ort. Schnell hinein in die gemütliche Enge der Orientalistik-Bibliothek. Mohammed schüttelt die Flocken vom Tweed und nickt zwei Kommilitoninnen zu, die sich gemeinsam über einen Laptop beugen. Sie brüten gerade über den Formulierungen für die Satzung eines muslimischen Studentenausschusses. An einem anderen Tisch sitzt ein junger Bärtiger vertieft in die

WM – Warum Muslim? Motto des Treffens der Muslimischen Jugend in Deutschland 2006 in Bad Orb.

Lektüre eines Buches mit Goldschnitt. Gut die Hälfte der Studenten der Orientkunde in Mainz sind inzwischen Muslime, zumeist die Kinder von Einwanderern, die wissenschaftliches mit religiösem Interesse mischen. Sie verändern auch den Charakter des Fachs: Aus dem Forschungsobjekt werden Forschende.

Mohammed, dessen Eltern aus Pakistan stammen, hat als Teenager die Religion für sich entdeckt: »Der Islam ist für mich wie eine Kerze, die mir ermöglicht, mich auch in der Dunkelheit zu orientieren«, sagt der schlanke 24-Jährige. Er ist so etwas wie der MJD-Statthalter der Region. Mohammed leitet eine Lokalgruppe und tingelt von Moschee zu Moschee, um den Jugendlichen dort die Aktivitäten der MJD und seine pluralistische Sichtweise des Islam nahe zu bringen. Er will, das ist sein nächstes Projekt, dem sich ausbreitenden engstirnigen *Wahabismus* etwas entgegensetzen. Zugleich engagiert er sich im frisch gegründeten muslimischen Studentenausschuss an der Uni. Vorlesungen und Seminare belegt er ebenfalls – so ganz nebenbei ist er schließlich auch Student. Was er an der Uni lernt, fließt in den Unterricht des Lokalkreises und in seine Vorträge ein und andersherum.

»Das Wichtigste für den Muslim ist, sich zu bilden. Je mehr man weiß, desto gefestigter ist man in seinem Glauben. Ich halte nichts davon, nur die Schriften eines Gelehrten zu lesen. Ich lese da auch schon einmal quer, von Ghazali[37] über Ibn Taymiya[38] bis

zu Gelehrten aus unserer Zeit. Ich glaube, dass es wichtig ist, dass man auch *sufistische* und *salafistische* Autoren liest. Nur so kann man entscheiden, was man selbst für richtig hält. Denn der Koran ist interpretierbar, und wenn ich engstirnig nur aus einer Richtung Texte lese, dann kann es sein, dass ich in eine extreme Ecke abdrifte. Deswegen ist es wichtig, dass man akzeptiert, dass es viele verschiedene Wege gibt. Diese Vielfalt ist gottgewollt«, sagt er. 20 Jungen zwischen 13 und 22 Jahren kommen einmal die Woche zu seinem Unterricht.

1200 junge Muslime kommen 2006 nach Bad Orb. Die Veranstalter werben mit »islamischer Atmosphäre«.

»Die meisten von denen hatten vorher nicht so viel mit dem Islam zu tun, zumal sie in den Moscheen kaum etwas verstanden«, beschreibt Mohammed. Sie seien unterschiedlicher Herkunft und ihre gemeinsame Sprache damit deutsch. Wer bei der MJD mitmachen will, der muss sich an die Regeln halten: »Wir sagen den Jungen ganz klar, dass sie regelmäßig kommen müssen, sonst können sie nicht mitmachen. Daran halten sie sich. Wir treffen uns in einer Moschee und lesen dann erst einmal eine halbe Stunde lang *Hadithe* (Überlieferungen des Propheten). Dann beten wir gemeinsam, und ich halte meine Unterrichtsstunde. Wir beschäftigen uns mit dem Leben des Propheten. Zum Schluss gibt es eine halbe Stunde, bei der alle von sich erzählen. Oft kommen dann von den Brüdern auch Fragen zum Thema Sexualität und Ähnlichem. Da ist es schon gut, dass keine Mädchen dabei sind. Die treffen sich extra in einem Schwestern-Kreis. Die Muslimische Jugend ist sehr offen. Wenn da jetzt – was weiß ich – eine Frage kommt wie: Wie ist es im Islam mit Selbstbefriedigung? dann bekommen die nicht die *salafistische* Antwort: Das ist ganz, ganz böse, sondern sie können offen darüber reden, und sie bekommen eine Antwort, die es ihnen ermöglicht, den Islam zu leben, ohne dass ihnen das Leben zu schwer gemacht wird«, beschreibt Mohammed die Atmosphäre. Er ermuntert »seine« Jungen, sich auch in der Schule Mühe zu geben und etwas aus ihrem Leben zu machen. Stolz ist er, dass einige von ihnen den Sprung aus der Hauptschule ans Fachgymnasium geschafft haben. Disziplin nach dem Vorbild des Propheten gilt unter den neuen Frommen als Wunderwaffe gegen Schulversagen und Pisa-Desaster.

Mohammed Sameer Murtaza fühlt sich aber auch in anderer Hinsicht für die Jungen verantwortlich. Er ist nicht der Einzige, der versucht, sie auf den »wahren« Islam einzuschwören. »Vor zwei Jahren im Dezember hat eine *Hisb-al-Tahrir*-Zelle in Mainz Fuß gefasst. Das war kurz nachdem die Gruppe verboten worden war. Die haben Parolen gedroschen: Wir brauchen das Kalifat, und der ganze Westen ist schlecht. Mit diesem ganzen alten Geschwätz haben die versucht, Jugendliche zu ködern. Einer von meinen Jugendlichen ist dort hineingegangen«, erzählt er. Die »*Hisb al Tahrir*« gilt in Sicherheitskreisen als eine Art Durchlauferhitzer. Die Organisation, 1952 in Palästina von einem ehemaligen Muslimbruder gegründet und 2003 in Deutschland wegen antisemitischer Hetze verboten, lehnt Gewalt als Mittel zu Erreichung ihres Ziels – eines Kalifatstaates – ab. Die stark antiwestliche Ideologie der Gruppe, die in vielen deutschen Städten bis heute Zellen hat, ähnelt jedoch dem Weltbild von Usama Bin Laden und Co. Wenn die für dieses Buch Befragten von den »Radikalen« sprechen, denen, die man nicht mehr erreichen kann, dann meinen sie oft Anhänger der *Hisb al Tahrir*. Die Organisation rekrutiert ihre Anhänger in dem Millieu, aus dem auch die Pop-Muslime kommen: Studenten, Schüler, junge Muslime, die gerade die Religion für sich entdeckt haben.

»Wir sind einmal zu einem Treffen der *Hisb-al-Tahrir-Zelle* gefahren, weil wir den Jungen zurückholen wollten«, berichtet Mohammed. Er und die anderen Jungen hätten »auf dumm gemacht«. So bekamen sie einen Einblick: »Da ging es gleich los: Der Islam bedeute gar nicht Frieden, sagten sie. Es sei richtig, die Abtrünnigen, also die Schiiten im Irak, zu töten und so weiter. Wir konnten uns dann irgendwann nicht mehr zurückhalten, und es gab ein großes Wortgefecht. Leider ist es nicht gelungen, den Jungen wieder zurückzuholen, aber dafür wissen die anderen Jugendlichen jetzt, wie gefährlich diese Gruppe ist. Solche Aufklärungsarbeit ist wichtig, und nur die Muslime können so was machen. Nur das ist glaubwürdig. Die Hisb al Tahrir kann ziemlich ungestört für sich werben. Zum Beispiel sprechen die in den Bussen immer wieder auch meine Jugendlichen an. Die gucken offensichtlich nach Jugendlichen, die nach Muslimen aussehen.«

Mohammed wandte sich daraufhin an den Verfassungsschutz und berichtete den Ermittlern von seinen Erlebnissen. In den Augen vieler Muslime ein Tabubruch. »Damit waren nicht alle einverstanden«, untertreibt Mohammed. Leider habe es allerdings nicht geholfen, den Jungen wieder zurückzuholen. Die Beamten hätten ihn nicht unterstützt, sondern nur versucht, ihn als Informanten anzuwerben. Doch das könne er mit seinem Glauben nicht vereinbaren. »Es heißt immer, dass es verdeckte Ermittler des Verfassungsschutzes in den Moscheen geben soll, und man merkt es. Es ist eine ekelige Atmosphäre. Man guckt schon, wenn neue Gesichter dabei sind und so. Ich habe ihnen (den Beamten) empfohlen, stattdessen lieber in einen offenen Dialog mit den Moscheen zu treten. Der Verfassungsschutz sagte mir ganz offen, dass sie daran kein Interesse haben, da sie den Muslimen per se nicht trauen.«

Das Einzige, was seiner Meinung nach gegen die weitere Verbreitung des Einflusses radikaler Organisationen unter jungen Muslimen helfen könne, sei – neben der religiösen Bildung – eine andere Politik gegenüber islamischen Organisationen. Nach seiner Ansicht sollte man diese radikalen Gruppen an den Rand drängen und sie nicht beachten. »Die Menschen gehen immer eher mit dem Mainstream. Die radikalen Gruppen wie die *Hisb al Tahrir* sollten keine Gelegenheit bekommen, sich zu präsentieren, und die Mehrheit soll ihnen zu verstehen geben, dass sie in den Moscheen keinen Platz haben. Sinnvoll wäre es, wenn die deutsche Politik Organisationen wie den Zentralrat der Muslime oder den Islamrat unterstützt, die ja diesen Mainstream vertreten. Das würde ihren Einfluss erhöhen und den Druck auf die Radikalen zugleich verstärken. Das würde die Hemmschwelle für Jugendliche erhöhen, sich den radikalen Gruppen anzuschließen.« Wenn die »Mainstream«-Organisationen das Gefühl hätten, anerkannter Teil der deutschen Gesellschaft zu sein, dann würde auch der Solidarisierungsmechanismus vieler Muslime nachlassen. »Wir hatten mal folgendes Problem: In Bad Kreuznach wurden in der Moschee Drogen gefunden. Ein algerischer Muslim hatte sie dort hingetan. Da waren die Leute in der Moschee so dreist, es nicht zur Anzeige zu bringen, weil er doch ein Bruder ist. Das ist falsch und das ist auch unislamisch. Was Usama Bin Laden macht, ist falsch, und das sollten alle Gelehrten – jetzt sagen es ja auch die Gelehrten – verurteilen.«

Mohammed Sameer Murtaza kritisiert auch die bei seinen Glaubensbrüdern verbreitete Argumentation, dass die Terroristen, die in London, Madrid oder dem Irak im Namen des Islam töten, keine Muslime seien, da diese Brutalität nicht mit der Religion des Friedens vereinbar sei. »Die sagen: Wer so etwas tut, ist außerhalb des Islam. Das ist falsch. Usama Bin Laden stammt aus einem jemenitischen Elternhaus, ist in Saudi Arabien aufgewachsen, er betet fünfmal am Tag. Man kann nicht sagen, er sei kein Muslim, aber man kann sagen: Was er macht, ist trotzdem falsch.«

Bisher hat Mohammed Sameer Murtaza den Ball in der Öffentlichkeit flach gehalten. »Ich habe nicht groß erzählt, dass wir zur MJD gehören. Ich will erst einmal sicher sein, dass die Jungen soweit sind, dass ich mich auch auf die verlassen kann.« Zwei Gründe gibt es für diese Vorsicht: Erstens will er seine Jugendlichen davor beschützen, vom Verfassungsschutz überwacht zu werden. Außerdem kann sich die MJD als Organisation schlecht einen zweiten »Ausrutscher« leisten: Im Jahr 2003 gelangte die Organisation in die Schlagzeilen der Berliner Tagespresse. »Muslimischer Verein missioniert in Schulen«, titelte der Tagesspiegel. Die Muslimische Jugend hatte knapp zwei Jahre lang Workshops zum Thema Integration an Berliner Schulen angeboten und dafür Fördermittel vom Bundesministerium für Familie bekommen. »Befürchtet wird, dass unter dem Deckmantel eines interkulturellen Projektes islamistischer Nachwuchs rekrutiert wird«, so der Bericht der Zeitung. Zeitgleich stand auf der Website der Muslimischen Jugend eine Freitagsansprache, die als Rechtfertigung von Gewalt gegen Juden und US-Truppen im Irak gelesen werden konnte. Zudem – so die Satzung der MJD – solle das Vereinsvermögen im Falle einer Auflösung der MJD der schon damals verbotenen Hamas-Unterstützungsorganisation Al Aqsa e.V. zufließen. Das MJD-Schulprojekt wurde sofort gestoppt, die Fördermittel gestrichen.

»Das hat uns tief getroffen«, beschreibt Chaban Salih. »Wir haben Fehler gemacht, dafür haben wir uns entschuldigt, aber das hatte mit dem Schulprojekt nichts zu tun. Bei dem Projekt ging es darum, Vorurteile abzubauen, egal in welcher Richtung, und eine wichtige Zielgruppe waren für uns Schüler mit muslimischem Hintergrund, die den Islam dazu missbraucht haben, ihr schlechtes Verhalten gegenüber einer Lehrerin oder andersgläubigen Mitschülern zu legitimieren. Ich meine Machoverhalten, nach dem Motto, wir brauchen unsere Lehrerin nicht zu respektieren, weil sie eine Frau ist oder wir brauchen unsere Mitschüler nicht zu respektieren oder können sie auch zusammenschlagen, weil sie als Andersgläubige nichts wert sind. Genau in solchen Fällen wollten wir Verantwortung übernehmen und sagen: Hey, eure Religion dürft ihr für so was nicht benutzen, die ruft euch zu etwas ganz anderem auf. Wir hatten auch Referenten in diesem Projekt, die gar keine Muslime waren. Der Vorwurf, der hinterher gemacht wurde, war der der Missionierung. Die Lehrer konnten sich auch vorher ein Thema aussuchen, über das wir sprechen. Da ging es gar nicht immer um Islam. Keine Person, die an dem Projekt beteiligt war, beschwerte sich oder warf uns vor, dass wir missionieren würden. Kein Lehrer, keine Schüler, keine Eltern, niemand. Alle waren mehr oder weniger zufrieden mit dem Projekt und erkannten die Wichtigkeit.« Das Problem sei die Freitagsansprache gewesen: »Der Text konnte so verstanden werden, dass die jüdischen Mitbürger wirklich verletzt wurden. Dafür haben wir uns entschuldigt. Das war zu einem Zeitpunkt, an dem auch einfache Mitglieder oder andere Jugendliche, wenn sie das Passwort hatten, Sachen ins Internet stellen konnten, ohne dass der Vorstand es kontrollierte.«

Der Passus mit der Al-Aqsa-e.V.-Verbindung wurde dann ebenfalls schnell gelöscht. Schwamm drüber? Nicht ganz, denn zusätzlich meldete auch der Verfassungsschutz Bedenken an. Die MJD stehe der Muslimbruderschaft nahe. Daran besteht wohl kein Zweifel. Im Gespräch mit MJD-Aktiven sind die Parallelen oft deutlich zu hören. Die Idee der islamischen Erziehung, das Sendungsbewusstsein, auch die Studierzirkel auf lokaler Basis erinnern an die Muslimbruderschaft. Der Verfassungsschutz weist weniger auf die inhaltlichen als vielmehr auf die personellen Verbindungen hin. Die MJD sei im Haus des Islam gegründet, das wiederum im Zentralrat der Muslime vertreten sei, wo auch die Islamische Gemeinschaft in Deutschland (IGD) organisiert ist, die wiederum als deutscher Ableger der Muslimbruderschaft anzusehen sei. Zudem ist ein Bruder des IGD-Vorsitzenden im Vorstand der MJD, so fasst der Tagesspiegel die Erkenntnisse des Berliner Verfassungsschutzes zusammen. Die Muslimbruderschaft wird im Verfassungsschutzbericht als »legalistische Organisation« beschrieben. Sie wolle nicht durch Gewalt, sondern auf legalem Weg ihre Ziele erreichen, die mit der Verfassung zum Teil nicht vereinbar seien. Unter Beobachtung steht sie wegen der militanten Organisationen, die sich von ihr abgespalten haben, und weil sie sich die Errichtung eines islamischen Staates auf die Fahnen geschrieben hat.

Die Islamische Gemeinschaft in Deutschland (IGD) wurde 1960 von einer Gruppe ägyptischer Muslimbrüder gegründet, und das Islamische Zentrum (IZ) München, das Sitz der IGD ist, wurde von 1984 bis 1987 von Mohammed Akef geleitet. Er ist seit Januar 2004 der Führer (*Murshid*) der ägyptischen Bruderschaft. Die Ideen sind präsent und vielleicht ist auch der IGD-Vorsitzende Ibrahim al Zayat ein Muslimbruder. Auf die direkte Frage, ob er dort Mitglied sei, antwortete er sibyllinisch: »Es gibt keine Muslimbruderschaft in Deutschland. Sie sind ganz klar in Ägypten positioniert. Es gibt sie auch in anderen Ländern, aber sie heißen dann anders. Wenn sie einen jordanischen Muslimbruder fragen, sind Sie Muslimbruder, dann würde er sagen: Nein, mit denen habe ich nichts zu tun.« Das Interessante an dieser Aussage ist, dass die Muslimbrüder in Jordanien im Parlament sitzen und dort auch unter diesem Namen auftreten.

Ibrahim al Zayat wird von vielen jungen Muslimen bewundert. Er ist mit seinen 36 Jahren einer von ihnen. Der hochgewachsene Mann mit fein gestutztem Bart und randloser Brille ist in Deutschland aufgewachsen und gilt heute als einer der einflussreichsten Männer des Islam hierzulande. Er ist eine Art islamischer Multi-Funktionär. Genau deswegen sehen ihn viele Jugendliche und auch ältere Aktive – trotz des Respekts vor seinem Engagement – kritisch. Sie stört weniger die inhaltliche Verbindung zur Muslimbruderschaft. Das wäre auch erstaunlich, da für viele die Positionen von Hassan al Banna über Scheich Yusuf al Qaradawi bis Amr Khaled positiv besetzt sind. Viele reformorientierte Intellektuelle aus dem islamischen Spektrum, von denen Denkanstöße beispielsweise zum Thema Euro-Islam gegeben werden, gehören zum Umfeld der Bruderschaft. Wie beschrieben steht für viele das Label Muslimbruderschaft eher für konservativ-frommes Bürgertum als für den bewaffneten Kampf, auch wenn die Vordenker des militanten *Dschihad* Sajid Qutb, Eiman al Sawahiri und auch der Gründer der *Hisb al Tahrir* ursprünglich Muslimbrüder waren, die sich dann abspalteten oder eigene Wege suchten. An der Nähe zur Bruderschaft liegt es also nicht. Was viele Muslime in Deutschland an Ibrahim al Zayat stört, ist sein Machtdrang. Er sitzt im Vorstand ungezählter deutscher und europäischer Organisationen: Angefangen von der IGD bis hin zum Verband muslimischer Geisteswissenschaftler hält er überall die Zügel in der Hand. Sein Bruder Mohammed ist Leiter des Islamischen Zentrums (IZ) Frankfurt, sein anderer Bruder Bilal war im Vorstand der MJD. Sabiha, seine Frau, ist wiederum Frauenrechtsaktivistin in Köln und zudem Tochter aus dem Hause Erbakan, den Gründern der Milli-Görüs-Bewegung. Kritiker der Familie al Zayat zeigen sich erleichtert, dass zumindest der Vorsitz des Zentralrats der Muslime an einen anderen gegangen ist. Ibrahim al Zayat hatte im Februar 2006 gegen Axel Ayyub Köhler kandidiert und verloren.

Laut und öffentlich möchte kaum jemand Kritik am Clan der al Zayat äußern. »Natürlich sind wir Muslime selbst Schuld, wir könnten uns ja selbst mehr engagieren«, sagt ein guter Kenner der Szene, »aber wir überlassen alles dem machtbewussten Ibrahim, der inzwischen so viele Ämter hat, dass er nichts mehr richtig hinbekommt.« Im Moment wird solche Kritik jedoch nur hinter vorgehaltener Hand geäußert. Solange Ibrahim al Zayat und Co. als Muslimbruder stigmatisiert und ausgegrenzt würden – so weigern sich manche deutsche Politiker, mit Ibrahim al Zayat gemeinsam bei Podiumsdiskussionen oder in Talkshows aufzutreten – umgebe sie eine Art Heiligenschein in der muslimischen Community. Kritik wäre da unbrüderlich. Dabei sei es dringend erforderlich, auch einmal nachzufragen, woher beispielsweise das Geld der verschiedenen islamischen Organisationen kommt. Mehr Transparenz und Offenheit, das wünschen sich viele.

Die Muslimische Jugend hat bis heute an den Vorwürfen von 2003 zu knabbern. Im April 2006, als ganz Deutschland über die Gewalt an der Rütli-Schule in Neukölln entsetzt ist, stellt die MJD eine fast wehmütige Nachricht auf ihre Website: Auch an der Rütli-Schule hatten sie versucht, die Konflikte durch ihre Workshops zu schlichten. Sie seien jederzeit bereit, damit wieder

zu beginnen, wenn man sie lasse. Allerdings belasten die Nach-
wirkungen des Skandals bis heute die Arbeit, beschreibt Chaban
Salih, dabei wolle die Organisation doch gern helfen und gesellschaftliche Verantwortung übernehmen: »Wir haben in diesen
schwierigen Bezirken sicherlich eine besondere Verantwortung.
Wir haben doch zu den Jugendlichen, die da herumhängen und
sich machohaft verhalten und vielleicht kriminell werden, einen
anderen Zugang, als Pädagogen und Sozialarbeiter ihn haben.
Wir sprechen teilweise die gleiche Sprache und haben den gleichen Glauben. Da können wir eine ganz andere Beziehung auf-
bauen. Deswegen bin ich der Meinung, dass solche Gruppen gefördert werden sollten. Aber im Gegenteil, uns werden sogar Steine
in den Weg gelegt. Wir haben Events veranstaltet, da haben wir
Hiphop und BMX-Show angeboten und dann einen Vortrag über
das Thema Islam. Da kamen hier in Berlin 500 Jugendliche genau
von der Zielgruppe, die sonst herumhängt und vielleicht Mist
macht. Dann wollten wir kürzlich eine neue Veranstaltung machen zum Thema Zwangsehe. Und da haben wir dann den Raum
nicht mehr bekommen. Da sitzt irgendein Verwaltungsbeamter in
seiner Stube, der kriegt den Antrag auf den Tisch: Muslimische
Jugend will Raum im Jugendclub. Dann googelt er oder fragt ir-
gendjemanden und findet heraus: Im Jahr 2003 hat die MJ missioniert an Schulen. Das sind Islamisten. Natürliche Folge: Er lehnt
den Antrag an. Er erkundigt sich nicht, welche Haltung wir zum
Thema Zwangsehe vertreten, und erkennt gar nicht das Potential, das in solch einer Veranstaltung steckt.«

Das Beispiel Muslimische Jugend zeigt: Wie bei allen Jugendorganisationen sollte die Gesellschaft, sollten die Schulen und die Medien ein wachsames Auge darauf haben, welche Ideen dahinter
stehen und was veröffentlicht wird. Antisemitische und Gewalt
legitimierende Schriften haben auf den Websites nichts verloren.
Die Welt und besonders die Konflikte in der arabischen Welt sehen anders aus, wenn man sie aus islamischer Sicht beziehungs-
weise auf den Bildschirmen arabischer Satellitensender anschaut.
Selbstmordattentate und Anschläge gegen Zivilisten in Israel
werden von vielen Menschen dort als legitimes Mittel im Krieg
angesehen. Das macht es für Organisationen, deren Mitglieder
zum Teil enge Beziehungen zu den Herkunftsländern haben, viel
arabisches Fernsehen anschauen und vielleicht ideologischen

Strömungen wie der Muslimbruderschaft nahe stehen, nicht gerade leicht, sich zu verorten. Doch sie verstehen sich als deutscher Verein, und so gilt für sie der deutsche Konsens. Sie werden an den Prinzipien der UNO-Charta der Menschenrechte und den europäischen Freiheitsidealen gemessen. Wenn antiisraelische und antisemitische Sprüche in der arabischen Welt auch üblich sein mögen, in Deutschland führen sie zu einem Ausschluss aus der Debatte.

Auf der anderen Seite spiegelt der Umgang mit der MJD die Unsicherheit der deutschen Gesellschaft gegenüber dem Islam wider. Man wagt nicht, den eigenen Augen und Ohren zu trauen und die Jugendorganisation an dem zu messen, was sie sagt und tut. Stattdessen zieht man Aussagen und Schriften von Ideologen, Militanten und Gelehrten heran und zieht daraus seine Schlüsse. Es ist sicher richtig zu gucken, auf welchen Denker, auf welche Quellen sich eine Organisation bezieht und in welcher Tradition sie steht. Die Indizienkette von der MJD über das Haus des Islam zu Ibrahim al Zayat ist allerdings nicht geeignet, Klarheit zu schaffen. Vielmehr geht es um das konkrete Handeln der Jugendlichen vor Ort. Die Nähe zu den Ideen der Muslimbruderschaft braucht nicht automatisch ein K.-o.-Kriterium zu sein, wenn es um die Vergabe öffentlicher Mittel geht. Es ist vielmehr geboten, genau nachzufragen, auf welche Strömung innerhalb der Bruderschaft sich die Organisation bezieht. In der Muslimischen Jugend wurde zuletzt darüber diskutiert, wie sie dem sich ausbreitenden Trend unter Jugendlichen zum *Salafismus* oder *Wahabismus* begegnen können. Jetzt wollen sie Informationsveranstaltungen zu diesem Thema machen. Da wäre es ein falsches Signal, die Organisation auszugrenzen und dadurch quasi mit den radikalen Strömungen, die sie ja gerade bekämpfen will, gleichzusetzen.

Aber was ist mit dem Prinzip der *Takiya*? Die Muslime dürfen doch – wenn es den Interessen des Islam dient – ihre Umwelt anlügen. Was ist, wenn die Jugendlichen von der MJD nur so freundlich und harmlos tun, sich für Integration und Dialog nur zum Schein engagieren, um von ihren eigentlichen Zielen abzulenken? Wenn sie *Takiya* machen, den naiven Deutschen Sand in die Augen streuen? Sicherlich versuchen die Jugendlichen der MJD, ihre Organisation in der Öffentlichkeit möglichst positiv darzustellen und vielleicht wird da auch einiges schöngeredet. *Takiya* allerdings ist ein Prinzip, das nur von einigen schiitischen

Gelehrten als islamisch angesehen wird. Nach Auffassung der Mehrheit der Rechtsgelehrten ist Lügen verboten. Der Vorwurf der *Takiya* macht die Zusammenarbeit mit muslimischen Organisationen und Muslimen allgemein quasi unmöglich.

Wenn sich die MJD nach außen und bei internen Veranstaltungen zu Integration und Dialog bekennt, dann hat das eine Wirkung auf die Mitglieder. Jugendliche, die diese Ideen teilen, schließen sich an. Andere, die lieber den heiligen Krieg ausfechten wollen, suchen sich ihre Strukturen woanders. Wenn der Vorstand oder einzelne Verantwortliche von diesen Positionen abweichen, dann werden sich auch die Mitglieder darüber beschweren – es sei denn, sie sehen ihre Vereinskollegen als Opfer einer ungerechten Beschuldigung. Dann werden sie – im Namen der muslimischen Brüderlichkeit – enger zusammenrücken und sich nach außen verteidigen, statt kritisch zu diskutieren.

Junge Männer wie Mohammed Sameer Murtaza und Chaban Salih können vermutlich tatsächlich eher einen Draht zu absturzgefährdeten muslimischen Jugendlichen finden, als dies deutschen Sozialarbeitern in der Regel möglich ist. Da es sich bei Terror, Ehrenmord und Zwangsehe um Verbrechen handelt, die im Namen des Islam begangen werden, ist Jugendarbeit unter muslimischem Vorzeichen eine sinnvolle Gegenstrategie. Übernehmen Jugendliche in solchen Projekten Verantwortung, dann fördert das – ganz nebenbei – auch ihre religiöse Argumentation gegen Gewalt und Menschenrechtsverletzungen. Allerdings – auch das ist ganz klar – stellt die MJD das göttliche Gesetz über das menschengemachte. Eine Zusammenarbeit mit der frommen Organisation mag daher die Integration der jungen Muslime in die Gesellschaft fördern, es berührt aber zugleich das säkulare Selbstverständnis der Gesellschaft. Das Religiöse bekommt einen größeren Stellenwert.

Die Islamische Gemeinschaft Milli Görüs

Geht es um islamische Organisationen in Deutschland, so taucht häufig das Problem der Unterwanderung auf. Auf den ersten Blick scheint es unsinnig, im Zusammenhang mit den Pop-Muslimen auch die Islamische Gemeinschaft Milli Görüs (IGMG) zu behandeln. Die IGMG ist eine hierarchisch organisierte Vereinigung, die im Verfassungsschutzbericht wegen ihrer undemokratischen und zum Teil antisemitischen Äußerungen aufgeführt ist. Doch es ist unübersehbar, dass viele junge IGMG-Mitglieder sich den Ideen der panislamischen Pop-Bewegung verbunden fühlen und ähnliche Ansichten vertreten wie Aktivisten der Lifemakers oder der Muslimischen Jugend. Sie sind fromm, trendbewusst und wollen etwas tun, damit sich das Leben der Muslime in Deutschland verbessert. Dafür sind sie bereit, einen großen Schritt auf die Gesellschaft zuzugehen. Die Milli Görüs, oder zumindest Teile der Organisation, hat sich in den vergangenen Jahren stark verändert. An der Spitze der IGMG hat es einen Generationswechsel gegeben, und es scheint, als kämen mit den neuen, hier aufgewachsenen Funktionären auch neue Ideen in die 26 500 Mitglieder zählende Organisation. Die ältere Generation der Rückwärts- und Türkei-Gewandten scheint an Einfluss zu verlieren.

Die IGMG wird von den Sicherheitsbehörden als extremistisch eingeschätzt. Dies hat vor allem mit ihrer ungebrochenen Verehrung für den Gründer der Milli-Görüs-Bewegung Necmettin Erbakan zu tun. Seine 1990 vorgestellte Idee des *Adil Düzen* (der gerechten Ordnung) ist bis heute fester Bestandteil der Ideologie der IGMG. Erbakan stellt sein Gesellschaftsmodell der moralisch minderwertigen westlichen Gesellschaft gegenüber. Er nimmt eine klare Unterteilung in Gut und Böse, gerecht und ungerecht vor. Dieses antiwestliche Konzept wird als Hindernis auf Milli Görüs' Weg in die deutsche Gesellschaft gesehen. Solange Necmettin Erbakan lebt, werden er und sein *Adil Düzen* einen festen Platz im Herzen der Milli Görüs haben, schließlich ist der Respekt vor den Älteren eine der Säulen in der Weltanschauung der Organisation.

Der Blick in die Türkei, der Wunsch, aus dem laizistischen einen islamischen Staat zu machen, war für viele IGMG-Mitglieder lange Zeit zentral. Sie unterstützten Erbakans Wahlkämpfe, charterten Flugzeuge, um an den Wahlen in der Türkei teilzunehmen. Als er 1995 die Parlamentswahlen gewann und 1996 die Regierung in Ankara übernahm, schien die Einführung der »gerechten Ordnung« ein Stückchen näher gerückt zu sein. Allerdings befreite Ministerpräsident Erbakan seine Landsleute weder vom »Joch des Westens«, noch zog er den Aufnahmeantrag seines Landes in die EU zurück. Stattdessen unterschrieb er Erklärungen, die den laizistischen Charakter der Türkei festigten. Realpolitik. Erbakan trat 1997 als Verlierer zurück. Das türkische Militär hatte starken Druck auf ihn ausgeübt. Zudem fehlte es an Konzepten in der Arbeitsmarkt- und Wirtschaftspolitik. Seine Partei wurde kurz darauf verboten und er selbst aus der Politik verbannt. Zwar gelang es ihm immer wieder, neue Parteien zu gründen, doch er verlor an Boden. 2002 wurde Erbakan wegen Veruntreuung von Staatsgeldern verurteilt. Das Urteil enttäuschte viele Anhänger des Mannes, der als guter Muslim gegen Korruption und für eine saubere islamische Wirtschaft angetreten war. Im gleichen Jahr gewinnt Recep Tayyip Erdogan die Wahlen. Damit regiert ein Weggefährte Erbakans das Land am Bosporus. Die AKP Erdogans will durchaus eine Islamisierung der Gesellschaft, hat sich jedoch weitgehend von dem ideologischen Ballast und den antiwestlichen Positionen Erbakans befreit.

Erbakan steht seitdem immer mehr als Auslaufmodell da. Und in Deutschland? Da nutzten die jungen Aktiven die Gunst der Stunde. »In den letzten zehn Jahren, nach der politischen Misere, haben sich sehr viele Sympathisanten von uns abgewandt. Sie haben gesehen, dass sich ihre politische Utopie nicht verwirklicht hat. Das gab vielen jungen, hier geborenen Mitgliedern die Chance, in die Verwaltung aufzurücken«, beschreibt Fazli Altin, 26, aus Berlin, die jüngste Entwicklung.

Die IGMG ist aus dem 1967 gegründeten Verein Türkische Union Europas e.V. hervorgegangen. Nach einer Umbenennung in Islamische Union Europas e.V. spaltete sich die Kalifatstaats-Bewegung von Cemaldin Kaplan ab. Die IGMG unterhält 600 Moscheen in ganz Europa. Die Organisation bietet ihren Mitgliedern eine Rundumversorgung: vom Kinderspaß in der Moschee bis zur Sterbekasse, vom Streetworker bis zum Mädcheninternat. Wer bei der Milli Görüs ist, braucht eigentlich keine deutsche Gesellschaft mehr. Die Milli Görüs ruft ihre Mitglieder seit Jahren auf, deutsche Staatsbürger zu werden, sich in Parteien zu engagieren und an Wahlen zu beteiligen. Allerdings wird dies von Beobachtern nicht als deutliches Bekenntnis zur Integration gesehen, sondern gegenteilig gedeutet: Wollen die IGMGler nicht nur deshalb Deutsche werden, weil sie sich dann die Rahmenbedingungen schaffen können, um möglichst ungestört auf ihrer Milli-Görüs-Insel weiterzuleben? So vermutet es zumindest der Verfassungsschutz.[39]

Vielleicht stimmt das, doch sicherlich nicht für alle. Die Jugendlichen bei Milli Görüs sind oft vom Typ her anders als die Lifemakers und die anderen Pop-Muslime. Die IGMG-Jugendlichen sind ernsthafter, strebsamer und befolgen immer eine Tagesordnung. Doch das ist eher eine Stilfrage. Geht es um Ideen, religiöse Interpretationsfreudigkeit und Engagement, so kann man viele junge IGMG-Aktivisten durchaus zu den Pop-Muslimen zählen.

So meint etwa Mesud Gülbahar, der Vorsitzende der IGMG-Jugendabteilung: »Ich will nicht sagen, dass die Auslegungen des Koran früher falsch waren oder dass unsere Auslegungen heute besser sind. Unsere Herangehensweise ist vielleicht ein bisschen anders geworden. Wir haben nachgeforscht: Diesen Vers kann man so auslegen oder auch so. Wir ändern nicht den Vers – das ist ganz wichtig – aber man schaut, wo da vielleicht Platz sein könnte für Musik oder so. Musik durfte man vielleicht vor einigen Jahren nicht so hören, wie es jetzt bei den Jugendlichen üblich ist. Man weiß, wenn durch die Musik die Gefühle nicht aufgepeitscht werden, dann spricht nichts dagegen, sie zu hören. Wichtig ist, was durch die Musik vermittelt wird.

Ein anderes Beispiel ist die Kleidung: Es heißt, die Frauen sollen ihre Reize bedecken. Aber was bedeutet das? Wenn sie 100 oder 150 Jahre zurückgehen, da gab es nur eine Kleiderordnung. Mittlerweile gibt es viele. Jede Schwester stylt sich selber und entscheidet: So bedecke ich meine Reize und so begebe ich mich in die Gesellschaft. Das ist ein Wandel. Oder Dialog mit anderen Religionen und multikulturelle Gesellschaft. Früher hat man vielleicht in seinem Tal gelebt und die anderen waren woanders. Die Bösen. Man hat sich bekämpft. Das geht heute nicht mehr. Die Gesellschaft ist kunterbunt, und man muss mit den anderen umgehen. Man muss in den Dialog treten, da man nicht einfach aneinander vorbeilaufen kann. Das zeigt, dass wir nicht die Religion ändern, aber sie anpassen an das Leben heute. Wir können so unsere religiöse Identität in dieser Gesellschaft leben.«

Bei Mesud Gülbahar laufen die Fäden zusammen. Er hält den Kontakt zu den Jugendabteilungen der Regionalverbände der IGMG, die wiederum die einzelnen Gemeinden betreuen. Alles ist geregelt. Nichts wird dem Zufall überlassen. Jugendliche mit türkischen Wurzeln würden in der Gesellschaft oft als Problem gesehen: Sie versagten in der Schule, fänden keinen Job und hingen nur in den Straßen herum, beschreibt er. Statt andere dieses Pro-

Die Centrumsmoschee in Hamburg.

blem regeln zu lassen, hätte die IGMG beschlossen, die Angelegenheit selbst in die Hand zu nehmen.

Ein Beispiel dafür ist das Projekt »Großer Bruder – Kleiner Bruder«, das der Islamische Jugendbund e.V. in Hamburg ins Leben gerufen hat. Verantwortlich ist der 33-jährige Fatih Yildiz: »Das Problem der Jugendlichen ist, dass sie selbst denken, sie haben keine Chance. Sie sehen sich als nicht erwünscht an, als Ausländer. Und dann kommt noch der religiöse Aspekt hinzu. Der Islam wird als Gefährdung der Gesellschaft gesehen. Da fühlen sie sich natürlich ausgegrenzt. Dann sehen sie, dass bei Bewerbungen erst einmal die Deutschen, dann die Europäer und erst zum Schluss die Türken eingestellt werden. All diese Faktoren schüren bei den Leuten fälschlicherweise den Glauben: Ich habe kein Chance. Es gibt tatsächlich eine Diskriminierung, aber sie wird in den Köpfen noch gesteigert. Wenn jetzt ein Türke von einem Lehrer eine vier oder fünf bekommt, dann heißt es gleich, der Lehrer ist ein Ausländerfeind. Es wird auch gern damit herumgeschmissen. Die meisten Jugendlichen richten sich in der Opferrolle ein. Dass man Chancen hat, wenn man sich anstrengt, dass wird von vielen eher nicht gesehen. Dann gibt es natürlich auch noch die anderen Beispiele: Da hat einer viel Geld verdient, weil er Drogen verkauft, und den nehmen sich die Jugendlichen dann zum Vorbild und sagen: Guck, der hat es geschafft, und der hat noch nicht einmal Abitur gemacht. Oft machen sich die Eltern auch nicht die Mühe, sich um die Kinder kümmern.«

Wie es sich für einen Hamburger gehört, zieht der breitschultrige Mann in Streifenhemd und Lederblouson die Vokale ordentlich in die Länge. Die Probleme der türkischstämmigen Jugendlichen ließen sich nicht pauschal mit einem Programm »eines für alle« lösen. Jeder habe seine eigenen Schwierigkeiten und brauche eine freundschaftliche Hand, die ihm dort heraushelfe. So ist Fatih Yildiz einer von 30 »großen Brüdern« in Hamburg. Er hat fünf »kleine Brüder«, um die er sich kümmert. »Ich rede nicht nur mit den Jugendlichen, auch mit den Vätern, den Lehrern oder dem Ausbildungsleiter. Ich versuche, dem Jungen zu zeigen, wie er besser werden kann, wie er sich besser integrieren kann, wo er Förderung bekommen kann, wo die Anlaufstellen sind. Die großen Brüder sollten irgendwo erfolgreich sein, eine Ausbildung absolviert haben oder studieren. Man sollte Erfahrungen mit dem deutschen Schulwesen haben und natürlich die Sprache können.

Man sollte versuchen, eine Brücke zu sein. Die kleinen Brüder können sich auch mal ausheulen und wissen, wenn sie keinen Ausweg sehen, dann bin ich für sie da. Wir versuchen, religiöse Themen in die Arbeit mit einzubeziehen. Muslim sein bedeutet, Verantwortung zu tragen: Für sich, für seine Familie, für seine Gesellschaft und seine Religion. Als gläubiger Mensch muss er sich an bestimmte Regeln halten, damit er in der Gesellschaft funktioniert. Er kann nicht sagen, ich halte mich nicht daran, weil ich jetzt anders bin. Wir wollen den Jugendlichen ein Selbstwertgefühl geben, so dass sie selbstbewusst sagen können, ich bin Muslim.«

Sie sollen sich integrieren, nicht assimilieren. Einpassen in die Gesellschaft, nicht zu sehr anpassen. Der Schlüssel hierzu liegt im schulischen Erfolg. Noch sind Studenten und Abiturienten unter den türkischstämmigen Jugendlichen eine Ausnahme. Während 15 Prozent der deutschen Jugendlichen die Hauptschule besuchen, jedoch 39 Prozent das Gymnasium, sind unter den Schülern mit türkischer Staatsangehörigkeit 40 Prozent auf der Hauptschule, und nur zehn Prozent haben den Sprung aufs Gymnasium geschafft.[40] Kein Wunder, dass Hausaufgabenhilfe und Berufsberatung für die Jugendlichen Thema Nummer zwei in der Prioritätenliste der Organisation ist. Thema Nummer eins ist – auch für sie – die Erlangung von Gottes Wohlgefallen.

Die Schuld an dem schlechten Abschneiden der türkischstämmigen Jugendlichen sei weniger bei der Gesellschaft als vielmehr bei den Eltern zu suchen, sagt Fazli Altin von der IGMG in Berlin. »Viele der Gastarbeiter haben sehr hart gearbeitet, bis zu drei Schichten nacheinander, damit es ihren Kindern einmal besser geht. Sie haben nicht daran gedacht, dass auch die Kinder arbeiten sollten und Verantwortung zu übernehmen lernen müssen. Sie haben ihren Kindern Taschengeld gegeben und nicht darauf geachtet, wann sie nach Hause kommen. Schauen Sie sich doch einmal die Jugendlichen an, die hier durch Berlin in Autos fahren, die sie sich gar nicht leisten können. Die haben sie entweder gemietet oder sie gehören den Eltern. Sie hören Musik bis spät in die Nacht und haben am nächsten Morgen keinen Plan, was sie eigentlich wollen.

Die Verantwortlichen sollten den Ausländeranteil in den Schulen so gering wie möglich halten, so dass die Jugendlichen auch die deutschen Traditionen und die deutschen Ansichten über das Leben erfahren können. Aber wenn man – wie in Kreuzberg – einen Ausländeranteil von 99 oder gar 100 Prozent hat, dann braucht man sich nicht zu wundern, wenn die Integration fehlschlägt und die Jugendlichen zu einem Problem für die Gesellschaft werden. In Berlin gibt es ja ein gutes Verkehrssystem. Da ist es kein Problem, dass die Jugendlichen in andere Schulen kommen. Sogar viele Studenten haben noch Probleme mit der deutschen Sprache. Das liegt zum Teil daran, dass nur wenige tatsächlich die deutsche Sprache auch im Alltag benutzen, mit ihren deutschen Freunden in Cafés gehen oder Fußball spielen. Die meisten brauchen Deutsch nur in der Schule.«

Fazli Altin betreut in Alt-Moabit eine Gruppe von 15 Jungen. »Wenn die mich fragen, ob etwas *halal* oder *haram* (erlaubt oder verboten) ist, dann sage ich ihnen, dass sie die Dinge anders betrachten sollten: Sie sollten sehen, ob ihr Verhalten auch in dieser Gesellschaft angemessen ist oder nicht. Das ist ein Prinzip des islamischen Rechts, dass man die gesellschaftlichen Umstände einbezieht. Die Jugendlichen sollen sich nach beiden Rechtssystemen korrekt verhalten.

Viele der Jungs sind natürlich beeinflusst von den Traditionen der Eltern. Danach sind Jungs manche Sachen erlaubt, die Mädchen nicht erlaubt werden. Beispielsweise der Besuch von Freibädern. Es gibt da eine Atmosphäre, die unserer Meinung nach nicht islamkonform ist. Da werden Körperteile gezeigt, die nicht gezeigt werden sollten, nach unserer Vorstellung. Die Betrachtung dieser Körperteile führt dazu, dass man sündigt. Oft denken die Jungs, dass sie das dürfen, dass sie auch Geschlechtsverkehr mit Mädchen haben dürfen vor der Ehe, dass ihre Schwestern das aber nicht dürfen. Wenn man sie dann fragt, warum, dann sagen sie: Das ist so! – Dann sage ich: Wenn es für die Jungen erlaubt ist, dann ist es auch für Mädchen erlaubt. Das regt sie zum Nachdenken an. Viele denken, dass die Religion diese Unterschiede vorschreibt. Wir hingegen versuchen, das Gleichgewicht der Geschlechter herzustellen.«

Die IGMG sieht ihre Verantwortung auch jenseits ihrer eigenen Jugendclubs. So hat der Berliner Vorstand begonnen, Stadtteilbegehungen zu machen. Sie besichtigen das Umfeld der Jugendlichen eines Bezirks. Fazli Altin berichtet: »Wir gucken, wie wohnen die Jugendlichen, welche Interessen haben sie, welche Filme mögen sie? Gibt es womöglich Drogendealer, von denen man die Jugendlichen fernhalten sollte? Gibt es Medikamente im Umlauf, die als islamkonforme Drogen verkauft werden? Da war ein Krebsmedikament im Umlauf, und da es ein Medikament und keine Droge ist, hieß es, auch ein Muslim könne es nehmen, obwohl es berauscht und nach zwei Jahren abhängig macht und nach fünf Jahren schwere Körperverletzungen verursacht. Es gibt einen Schwarzmarkt dafür.«

Parallel zum Jurastudium in Berlin hat Fazli Altin islamische Theologie an der Hochschule in Château-Chinon studiert. Als im Sommer 2005 in der Berliner Mevlana-Moschee Not am Imam war, sprang Fazli Altin dort ein.[41] »Als ich im vergangenen Sommer als Imam tätig war, habe ich jeden Tag bis zu zehn Anrufe bekommen, und die meisten Fragen, die da gestellt wurden, waren Ehefragen. Mein Sohn möchte sich scheiden lassen, was muss er beachten? Mein Sohn möchte jemanden aus der Türkei heiraten, würden Sie das empfehlen? Wie ist das bei der Auflösung einer Verlobung, was passiert mit den Geschenken? Wenn wir das Gefühl haben, dass eine Zwangsehe im Gange ist – es gibt ja auch Leute, die sich in der Moschee islamisch trauen lassen wollen, bevor sie standesamtlich geheiratet haben – dann lehnen wir das grundsätzlich ab. Einmal, weil das in Deutschland verboten ist. Sie müssen erst nach deutschem Recht heiraten. Außerdem können wir nicht wirklich beurteilen, ob es eine Zwangsehe ist, vielleicht wurde das Mädchen unter Druck gesetzt. Wenn wir den Eindruck haben, dass eine Zwangsehe im Gange ist, dann schließen wir – wie gesagt – die Ehe nicht und ziehen die Eltern zur Seite, um gemeinsam eine Lösung zu finden. Das passiert schon von Zeit zu Zeit. Zwischen dem Imam und den Mitgliedern besteht eine ganz besondere Beziehung. Man vertraut dem Imam Sachen an – ähnlich wie einem Pfarrer bei der Beichte – die würde man sonst niemandem erzählen, und wir haben Lösungen für beachtliche Probleme gefunden.

In den Moscheen waren die Anschläge von London ein wichtiges Thema. Gerade unter den arabischen Muslimen gab es Zustimmung, und daraufhin kamen einige Gemeindemitglieder zu mir – als ich die Vertretung in der Moschee übernommen habe – und baten mich, darüber zu sprechen. Aus unserer Sicht sind die Anschläge von London nicht zu rechtfertigen. Wir verurteilen sie. Aber einige arabische Muslime, die fanden es toll und sagten, dass sie zu rechtfertigen seien, weil England mit Amerika den Krieg im Irak führt und der Bevölkerung Unrecht tut. Deswegen sei es gerechtfertigt, in London oder anderen Städten der Welt Bomben zu legen.«

Es geht darum, einen Platz in der Gesellschaft zu finden und zugleich die eigene Identität zu bewahren. Doch was ist diese? Was unterscheidet den »Muslim« vom »Nicht-Muslim«? Abgesehen von dem Glauben und den religionsspezifischen Regeln, dem Fasten und Beten und Pilgern und Spenden, dürfte es ja eigentlich bei gut integrierten Muslimen kaum Unterschiede zu gleichaltrigen Nicht-Muslimen geben. Oder? Doch! Gerade die befragten Jugendlichen von Milli Görüs finden viele Beispiele für die Unterschiede der Kulturen. Die Familie spiele für sie eine viel wichtigere Rolle. Die Vorstellung, die Eltern in ein Altersheim zu geben oder womöglich selbst von den zukünftigen Kindern in ein solches gebracht zu werden, ist für viele undenkbar. Respekt für die Eltern ist für sie alle – Generationswechsel hin oder her – unabdingbar. Der Pop-Islam, in diesem Fall genauer: der Islam-Pop hilft dabei, diese Gebote zu befolgen: »Sami Yusuf zum Beispiel, er verehrt und lobpreist die Eltern, besonders die Mutter. Das gehört zu unserer Kultur. Und wenn wir die Mutter lobpreisen – auch indem wir die Musik von Sami Yusuf hören – dann haben wir es vielleicht am Jüngsten Tag leichter mit der Rechenschaft«, beschreibt Mesud Gülbahar.

Und wie ist es mit Liebe und Sex? Die Versuchungen des anderen Geschlechts sind ein wichtiges Thema in der Jugendarbeit aller muslimischen Organisationen. Strenge Trennung der Geschlechter ist auch bei der Milli Görüs in Hamburg angesagt. Im Jugendclub der Centrumsmoschee stehen Kicker und Billardtisch. Zu festen Zeiten müssen die Jungen den Raum verlassen, dann gehört er den »Schwestern«. Die islamische Etikette dem anderen Geschlecht gegenüber gilt als Erkennungszeichen für die neue Frömmigkeit.

»Wenn man jemanden kennen lernen will, darf man keinen Körperkontakt aufnehmen, und wenn man miteinander spricht, dann muss immer eine dritte Person dabei sein. Bis man heiratet. Man kann ja nicht gleich wissen, ob man jemanden heiraten will, also muss man sich erst ein wenig kennen lernen. Es ist der Fehler der Tradition, dass man sich gleich heiratet, ohne sich zu kennen.

Es ist am besten, wenn man von ihrer Seite jemanden mitnimmt: Vielleicht ihren Bruder oder ihre Schwester. So dass da keine Lästereien passieren. Man holt dann quasi seinen Vertrag heraus und sagt: Ich will dies und dies und dies. Hast du das? Und sie holt ihren Vertrag heraus: Ich will dies und dies und dies, hast du das? Jetzt nicht einen echten Vertrag, ich meine das als Beispiel. Man redet dann schon ganz konkret darüber, was man in der Ehe will, und dann guckt man, ob es zusammenpasst, und wenn ja, dann heiratet man. Sonst wäre es ja flirten, und wenn man flirtet und findet dann heraus, dass die Person nichts für einen ist, dann hat man umsonst geflirtet.« So Yusuf Yildiz, 20, der zum Jugendclub gehört. Cihan, 18, sagt, dass es für sie bereits ein Kriterium wäre, welchen Ort ein Junge als Treffpunkt für das erste Rendezvous vorschlage. »Wenn er sich nicht an die Regel hält, dann weiß ich, dass wir nicht zusammenpassen. Wenn man sich einmal entschieden hat, sein Leben nach bestimmten Prinzipien zu führen, dann sollte man sie in einer so wichtigen Frage nicht vergessen.«

Wie in allen Fragen der Etikette gibt es auch beim islamisch korrekten Kennenlernen unterschiedliche Schulen: Während einige sich nur unter den strengen Augen eines Familienmitglieds unterhalten, sehen andere auch die anonyme Öffentlichkeit eines Cafés als ausreichenden Schutz vor unüberlegten Gefühlen an. Hintergrund für die Angst vor dem Allein-zu-zweit-Sein ist ein Ausspruch des Propheten: »Wer an Allah und an den Jüngsten Tag glaubt, darf nicht mit einer Frau allein sein, ohne dass ein *Mahram* (ein Mann aus ihrer Familie) dabei ist, denn sonst wird der Satan der Dritte sein.«[42] Wer bei Scheich Yusuf al Qaradawi nachschlägt, findet folgende Warnung: »Der Grund hierfür ist nicht etwa ein Mangel an Vertrauen in den einen oder beide, sondern sie sollen gegen falsche Gedanken und geschlechtliche Gefühle geschützt werden, die in den Männern und Frauen ganz natürlicherweise entstehen, wenn sie allein sind und ein Zutritt Dritter nicht zu erwarten ist.«[43]

Die Diskussion um Zwangsehe und Ehrenmord in den Medien hat die Diskussion unter muslimischen Jugendlichen, wie die richtige islamisch korrekte Beziehungsanbahnung zwischen Mann und Frau sein sollte, verstärkt. Mit dem, was in der Presse als Zwangsehe beschrieben wird, wollen sie nichts zu tun haben. Die meisten distanzieren sich von der Art, wie in der Heimat ihrer Eltern und in der vorherigen Generation in Sachen Beziehung gedacht wurde. Sie wollen anders leben. Andererseits legen viele Wert darauf, gerade in Liebesfragen andere Maßstäbe zu haben als die deutsche Gesellschaft. Die neue islamische Etikette ist der Mittelweg. Im Chatforum der Website des Hamburger Milli-Görüs-Jugendclubs schreibt die 17-jährige Hasret aus Garmisch-Patenkirchen: »Ich denke, man braucht sich den Kopf nicht zerbrechen, denn alles ist bei Allah schon geschrieben. Also die Ehepartner für jeden von uns sind schon festgeschrieben und laufen im Moment da draußen irgendwo herum (...) Das Einzige, das man machen kann und auch tun sollte, ist auf Allah zu vertrauen, und das Falscheste, was man machen kann, ist mit weiten Augen das Umfeld abzusuchen, in der Hoffnung, die Liebe seines Lebens zu finden.« Schakal, 20, mahnt: »Ich bitte euch, *Dawa* (Werbung) zu machen für die Lage der Muslime, besonders der Jugendlichen. Wie viele Mädchen werden von sog. Muslimen reingelegt und müssen ihr Leben lang damit leben? Warum machen unsere rechtschaffenen Brüder keine *Dawa* bei anderen Brüdern, die ihre Zeit in Discos und anderen Orten verbringen? Warum sind wir so egoistisch?«

Ein Blick auf die Website www.jungemuslime.de[44] ist auch in anderer Hinsicht aufschlussreich. Gerade hat der Moderator neue Verhaltensregeln für Chat-Teilnehmer aufgestellt. »Wer sich nicht daran hält, wird gelöscht«, droht er harsch. Die Forenteilnehmer sollen sich nicht nur eines höflichen Tons bedienen, sie sollen auch Hinweise und Verlinkungen auf bestimmte, als radikal angesehene Websites unterlassen. So sind Verweise auf die Site www.muslimmarkt.de verboten. Dort ist im Oktober 2005 ein Text veröffentlicht worden, der von einigen Experten als versteckter Mordaufruf gegen den kritischen Autor Hans-Peter Raddatz gedeutet wurde. Ebenso werden Verweise auf die Schriften von Harun Yahya mit dem Löschen der Forenmitgliedschaft geahndet. Harun Yahyas antisemitische Schriften, in denen er sich auch auf bekannte Holocaustrelativierer wie Roger Garaudy bezieht, wurden bis vor kurzem auch über Milli Görüs vertrieben. Die IGMG bemüht sich um Distanz zu Harun Yahya und möchte nicht über das Forum wieder mit ihm in Verbindung gebracht werden. In eine ähnliche Richtung geht Regel 14: »Ab sofort ist es verboten, die Lage der Muslime mit der Lage der Juden in der NS-Zeit zu vergleichen oder anzudeuten, dass Antisemitismus durch Antimuslimismus ersetzt wird.«

Diese Regeln sind der Versuch der Organisation, ihr Image zu verbessern. Milli Görüs steht unter Beobachtung des Verfassungsschutzes und wird in ihrer Arbeit dadurch eingeschränkt. Die Folgen betreffen die Organisation als Ganzes, aber auch die Mitglieder als Einzelpersonen. Für die Jahresversammlung 2005 fand sich kein deutscher Vermieter, der bereit war, ihnen eine Halle zu überlassen. Die Veranstaltung musste nach Belgien verlegt werden. In manchen Bundesländern gilt die Zugehörigkeit zur IGMG als Grund, einen Antrag auf Staatsbürgerschaft pauschal abzulehnen; in anderen Ländern wird die Vergabe zumindest sehr restriktiv gehandhabt. Die Bemühungen des Jugendclubs in Hamburg zeigen Bestrebungen, etwas für die Veränderung dieser Situation zu tun. Man kann die Chat-Regeln als taktisches Mittel ansehen, die möglicherweise keinen ernsthaften Gesinnungswandel zur Grundlage haben. Indem sie jedoch ihre Forenteilnehmer davon abhalten, sich auf verfassungsfeindliche, menschenverachtende oder radikale Positionen zu beziehen, behindern sie zumindest die weitere Verbreitung dieser Ideen über ihre Seite.

Der schlechte Ruf der IGMG und die Überwachung durch den Verfassungsschutz führten dazu, dass manche Organisationen versuchen, ihre Milli-Görüs-Verbindungen zu kappen oder zu verbergen. Die Islamische Föderation in Berlin darf nach einem Gerichtsurteil nicht mehr mit der IGMG in Verbindung gebracht werden. Dies wurde erstritten, da sonst – so wird befürchtet – die islamische Föderation das Recht verliert, an Berliner Grundschulen Islamunterricht zu erteilen. In Niedersachsen hält sich Milli Görüs aus ähnlichen Gründen in Sachen islamischer Religionsunterricht sehr zurück. Die Organisation ist Mitglied der Niedersächsischen *Schura*, einem Zusammenschluss aus 60 verschiedenen Vereinen. Dieser Rat wurde gegründet, um deutschen Behörden gegenüber einen Ansprechpartner zu präsentieren, zum Beispiel in Sachen Islamunterricht. Milli Görüs beteiligt sich an der *Schura*, damit sie ein repräsentatives Gremium der Muslime in Niedersachsen sein kann, sitzt jedoch nicht direkt mit am Runden Tisch zum Thema Schulunterricht. Die niedersächsischen Beamten hätten Probleme, direkt mit einer Organisation zu verhandeln, die vom Verfassungsschutz beobachtet wird. »Wir wollen doch, dass unsere Jungs und Mädels Religionsunterricht bekommen, da müssen unsere Verbandsinteressen zurückstehen«, wird der Landesvorsitzende Kadir Sürücü zitiert.[45]

Ob nun aufgrund des Generationswechsels, durch den Einfluss der Ideen der neuen islamischen Bewegung der Pop-Muslime oder als Reaktion auf den Druck durch den Verfassungsschutz: Die IGMG hat sich in den vergangenen Jahren bewegt – in Richtung deutsche Gesellschaft. Die Verfassungsschutzberichte listen die Organisation zwar weiter als extremistisch auf, Terrorunterstützung oder Aufrufe zur Gewalt werden der IGMG jedoch nicht vorgeworfen. Insgesamt gleichen sich die Berichte: Jahr für Jahr quasi dieselben Vorwürfe. Dies wiederum hängt nicht nur damit zusammen, dass die Ermittler keine neuen Anhaltspunkte für den Extremismus finden. Die immergleichen Formulierungen sind auch auf die Klagefreudigkeit der Organisation zurückzuführen. Der IGMG ist es gelungen, in den vergangenen Jahren zahlreiche Formulierungen aus Publikationen herauszuklagen, die nicht so belegt werden konnten, dass sie vor Gericht Bestand hatten.

Wie in Zukunft mit der Organisation umgegangen werden soll, darüber wird in Wissenschafts- und Verfassungsschutzkreisen derzeit heftig diskutiert. Auf der einen Seite stehen Politiker wie der Berliner Innensenator Ehrhard Körting und der Islamwissenschaftler Werner Schiffauer, die den Dialog mit Milli Görüs suchen und fördern. Auf der anderen stehen Wissenschaftler wie Ursula Spuhler-Stegemann und Journalisten wie Ahmed Senyurt, die vor der IGMG warnen und den Hinweis auf einen Generationswechsel als Augenwischerei abtun. Milli Görüs ist eine Organisation, die weitgehend für eine konservative Auslegung des Islam steht. Sie strebt die Islamisierung der muslimischen Community an. Daran hat sich auch durch den Generationswechsel wenig geändert. Im Gegenteil: Der Islam ist für Milli Görüs die Lösung, und nicht mehr nur für die Probleme der Türkei. Die Integration der Türken in Deutschland steht jetzt im Fokus der Aktivitäten. Die IGMG hilft den jungen Muslimen nicht nur bei den Hausaufgaben, – Nachhilfe in Sachen richtiger Lebensführung oder dem, was die Organisation darunter versteht, ist da inklusive. Insofern ist die kritische Sichtweise mancher Autoren sicherlich berechtigt. Die Unterschiede zum freiheitlich-liberalen Denken vieler säkular eingestellter Menschen in unserer Gesellschaft sind groß und wohl nicht zu überbrücken. Allerdings fragt sich, ob die Ausgrenzung der IGMG auf lange Sicht der richtige Weg ist, um dem Trend zur Religiosität zu begegnen. Selbst der bayerische Innenminister Günther Beckstein trifft sich inzwischen mit der IGMG, aus ganz pragmatischen Gründen: »Wenn ich über Integration nur mit lupenreinen deutschen Patrioten sprechen wollte«, so zitiert ihn das Nachrichtenmagazin Der Spiegel, »dann bleiben zu wenige übrig.«[46]

Die Tür vor der Nase zugeschlagen – Das Gefühl der Ausgrenzung

Die Frage, ob Lehrerinnen in öffentlichen Schulen Kopftuch tragen dürfen oder nicht, ist in den vergangenen Jahren heftig diskutiert worden. Die Debatte darüber, ob Menschen, die in vom Verfassungsschutz als extremistisch eingestuften Vereinigungen aktiv sind, deutsche Staatsbürger werden dürfen, wird längst nicht so intensiv erörtert. Ihr liegt jedoch die gleiche Problematik zu Grunde: Deutschland hat sich in den letzten Jahrzehnten verändert und muss sein Selbstverständnis neu definieren.

Abdurrahim und Nadia sind zwei Jugendliche, die gern dazugehören möchten. Nach dem Definitionsstand Frühjahr 2006 dürfen sie es jedoch nicht. Was sind das für junge Leute? Wie gehen sie damit um?

Abdurrahim

Das Zimmer ist spärlich eingerichtet, eine Matratze auf dem Fußboden dient als Sitzgelegenheit. Resopalschreibtisch, Joggingschuhe und ein Stapel Medizin-Fachbücher, daneben ein Gebetskalender. Abdurrahim Kutlucan serviert türkischen Tee aus der Doppelstock-Teekanne und Mürbeteigkekse. Er wohnt im Studentenwohnheim oberhalb der Mensa der Uni Giessen, und obwohl das Heim und auch das Zimmer auf den ersten Blick schäbig wirken, ist das ein Status-Symbol. Abdurrahim ist einer der ersten seiner Familie, der Abitur gemacht hat und studiert. Die türkische Gemeinschaft in seiner Heimatstadt Limburg schaut bewundernd auf ihn. Eltern schicken ihre Kinder zu Abdurrahim, damit er ihnen erklärt, wie man in der deutschen Schule vorankommt. Auch in anderer Hinsicht gilt Abdurrahim als Präzedenzfall. Er und noch zwei weitere Milli-Görüs-Funktionäre aus dem Kreis Limburg sind die ersten Neu-Deutschen, denen nachträglich die Staatsbürgerschaft wieder aberkannt werden soll.[47]

Nachdem 2005 das neue Zuwanderungsgesetz in Kraft trat, beantragte Abdurrahim die deutsche Staatsbürgerschaft und bekam einige Monate später seinen roten Pass überreicht. Kurz darauf erhielt er einen Brief des Regierungspräsidiums Limburg, in dem ihm mitgeteilt wurde, dass er die Staatsbürgerschaft zu Unrecht erhalten habe und sie ihm wieder aberkannt werde. »Ich war am Anfang sehr bedrückt, weil ich mich selbst als integriert sehe. Da sagen mir viele Leute von der Stadt Limburg und von den Kirchen, mit denen wir als Gemeinde zu tun haben: Leute wie Sie brauchen wir. Da bekommt man das Gefühl, man gehört dazu, und wenn man dann so einen Brief vom Regierungspräsidium bekommt: Was soll man da denken?

Da stand: Sie haben verschwiegen, dass Sie in der IGMG sind, und deswegen wird Ihnen die Staatsbürgerschaft wieder abgenommen. Das ging dann zum Anwalt und es ging weiter zum Gericht. In dem Antrag auf Einbürgerung wird gefragt, ob man in verbotenen Vereinen Mitglied ist. Die IGMG ist nicht verboten. Außerdem gab es bei uns Mitglieder im Ortsverein, die schon eingebürgert waren. Deswegen bin ich erst gar nicht auf die Idee gekommen. Ich habe es nie verschwiegen. Im Gegenteil, ich wollte immer, dass die Leute wissen, dass ich bei der Milli Görüs bin, damit sie sehen, was die Organisation wirklich ist. Wenn mich jemand gefragt hätte: Sind Sie in der IGMG, hätte ich einfach ja gesagt. Das ist Teil meiner Identität.

Vor Gericht bekam das Regierungspräsidium Recht. Das Traurige war, dass man mir nicht sagen konnte, was man mir konkret vorwirft. Sie konnten mir zum Beispiel nicht sagen: Du warst bei einem Treffen dabei, wo etwas gegen die Verfassung gesagt wurde oder gegen die Demokratie, und du hast nichts dagegen getan. Sie konnten es nicht, denn so etwas gibt es in unserem Verein nicht. Das Einzige was mir vorgeworfen wurde, war: Du bist in der IGMG. Punkt.

Von Seiten meiner Freunde bin ich vollkommen integriert und von Seiten des Staates nicht. Da frage ich mich, wer kennt mich besser, die Freunde oder der Verfassungsschutz? Ich wollte am Anfang nicht die Staatsbürgerschaft beantragen, sondern lieber erst das Studium machen und dann die Staatsbürgerschaft annehmen, um keinen Wehrdienst leisten zu müssen. Wenn man die deutsche Staatsbürgerschaft nach dem 23. Lebensjahr erhält, muss man nicht mehr zum Wehrdienst. Deswegen habe ich abgewartet und

Abdurrahim Kutlucan.

schließlich den Antrag gestellt. Die IGMG macht eine Kampagne
pro deutsche Staatsbürgerschaft. Die Idee dahinter ist: Ihr lebt
hier und sollt euch integrieren. Dazu gehört die aktive Beteiligung an der Gesellschaftsgestaltung.

Der Richter hat mich auch konkret gefragt, ob ich mir vorstellen könnte, aus der IGMG auszutreten. Und da habe ich ganz klar
gesagt: Nein, das kann ich nicht. Die Person, die ich jetzt bin, da
hat die IGMG eine ganz große Rolle gespielt – neben der Erzie-

hung meiner Eltern, die natürlich auch wichtig war. Die IGMG
hat mir eine Identität gegeben. Ein Selbstbewusstsein. Was sehr
vielen Jugendlichen fehlt.

Meine Eltern kommen aus dem Ländlichen. Meine Mutter war
gar nicht auf der Schule, und mein Vater hat nur die Grundschule absolviert. Sie kamen aus der Türkei in ein Dorf in der Nähe
von Limburg. Da es im Dorf nur eine Hauptschule gab, schickten
meine Eltern mich zur Hauptschule. Ich hatte einen Mathelehrer,
und der hat zu mir gesagt, dass die Hauptschule der falsche Ort
für mich sei. Er hat mit meinen Eltern geredet. Und so kam ich
nach Limburg auf die Tilemannschule. Das war am Anfang unge-
wohnt. An der ganzen Schule gab es bei 1200 Schülern gerade
mal drei oder vier Türken.

Mein Vater hat uns als Kinder jeden Tag in die Moschee gebracht. Und ich muss sagen, dass mir diese Zeit in der Moschee
sehr, sehr viel gebracht hat. Im Islam geht es nicht nur um Auswendiglernen, sondern auch um den Inhalt. Von meiner Mutter
haben wir auch viel gelernt. Sie hat zwar wegen der traditionellen
Denkweise ihres Vaters – Mädchen brauchen keine Schule, sie
sollen gut kochen können – nicht die Schule besuchen dürfen, da
sie aber sehr klug und wissbegierig ist, hat sie sich vieles aus dem
Radio und dem Fernsehen angeeignet. Heute sieht mein Opa seinen Fehler ein, auch wenn es leider zu spät ist. Der Islam sieht
Bildung für beide Geschlechter gleichermaßen vor. Meine Eltern
wurden verheiratet, ohne dass sie sich kannten. Das ist Tradition,
das hat nichts mit Religion zu tun. Deswegen wollen sie, dass wir
uns unsere Partner selbst aussuchen. Ich werde nächstes Jahr heiraten. Eine Studentin aus Frankfurt.

Im Moment haben viele Angst. Man ist zwar kein Terrorist,
aber irgendwie wird man doch immer verdächtigt. In Sachen Irak
haben die Muslime Deutschland doch sehr respektiert, weil Deutschland den Krieg der USA nicht unterstützt hat. Allerdings ließ Innenminister Schily die Polizei hier in Deutschland Moscheen durchwüh-
len und Menschen unter Verdacht stellen. Hinterher kam nichts
dabei heraus. Das war quasi die Übernahme der Politik der USA.
Das Verhältnis unter den Nachbarn wurde gestört. Natürlich haben
sich die Nachbarn gefragt: Was will die Polizei von dem? Da kommt
man gezwungenermaßen auf die Idee, dass die Beziehungen absichtlich gestört werden sollen. Ich sehe keinen anderen Sinn dahinter. Es werden Wunden in diese Gesellschaft geschlagen.

Die Bundesregierung fordert die Moscheen auf zu melden, wenn bei ihnen etwas Verdächtiges passiert. Dadurch bekommt die Öffentlichkeit das Bild: Die Moscheen haben etwas zu verbergen, sie werden jetzt aufgefordert, es zu offenbaren. Leider kriegen wir von diesen illegalen Sachen nichts mit. Das findet eben nicht in den Moscheen statt, weil die Leute, die so was planen, wissen, dass die Verantwortlichen in den Moscheen so was auf gar keinen Fall zulassen würden.

Einer der Vorwürfe gegen uns ist, dass wir angeblich für einen islamischen Staat sind. Wenn man sich das einmal real überlegt – wie viele sind wir? Vielleicht drei Prozent Türken in Deutschland. Von denen ist noch mal nur ein kleiner Anteil Mitglied in der Organisation. Dass man da auf die Idee kommen sollte, einen islamischen Staat zu gründen, das ist echt absurd. Es geht nicht darum, hier einen islamischen Staat zu gründen. Es geht darum, dass man hier als Muslim leben kann.

Außerdem sind wir mit dem Staat, so wie er hier ist, sehr zufrieden. Oder sagen wir lieber: Die Menschen waren froh, denn so langsam ändert es sich. Meine Eltern zum Beispiel waren sehr froh, dass man hier Freiheiten hat. Meine Schwester ist mit dem Kopftuch in die Schule gegangen und hat mit dem Kopftuch studiert. Wir haben die religiöse Bildung in der Moschee genossen. Und das war alles ganz gut.

Jetzt ändert sich da etwas und da heißt es dann: Schaut doch mal in die Türkei. Dort habt ihr es doch noch schlechter. Aber ist das denn ein Grund? Deutschland ist doch – so sagt man – das Land der Menschenrechte und Demokratie. Wieso vergleicht man sich dann mit der Türkei, wo es doch weniger Menschenrechte gibt?

Das Traurige ist: Egal, was ich mache, es wird immer negativ interpretiert. Wenn ich in eine Partei gehe, dann heißt es, er will die Partei unterwandern. Wenn ich mich zurückziehe und nichts mache, dann heißt es, der lebt in einer Parallelgesellschaft und will sich nicht integrieren. Was soll ich machen? Ich habe mich dafür entschieden, aktiv zu werden, denn wenn man sich zurückzieht, dann löst man überhaupt keine Probleme.

Wenn der Staat am Ende die Staatsbürgerschaft zu Unrecht zurücknimmt, dann soll er das doch tun. Es ist eindeutig der falsche Weg, wenn man die Menschen ausgrenzt, die hier leben wollen und die hier aktiv mithelfen wollen, die Probleme zu lösen.«

Abdurrahim Kutlucan hat gegen die Entscheidung des Regierungspräsidiums geklagt und in der ersten Runde verloren. Sein Anwalt beantragte eine Berufung, und im Mai 2006 wurde diesem Antrag stattgegeben. Voraussichtlich Anfang 2007 findet eine zweite gerichtliche Prüfung des Falles statt. In der Berufungsverhandlung wird es weniger um die Frage gehen, ob Mitglieder der IGMG deutsche Staatbürger werden sollen oder nicht. Es geht darum, dass Abdurrahim die Staatsbürgerschaft mit dem Argument abgenommen werden sollte, er habe bei der Antragstellung falsche Angaben gemacht und seine Mitgliedschaft bei Milli Görüs verschwiegen. Sein Anwalt Reinhard Marx aus Frankfurt argumentiert dagegen: Sein Mandant sei gar nicht auf die Idee gekommen, dass er darüber hätte Auskunft geben sollen. Die Sachbearbeiter der Ausländerbehörde hätten ihn doch sogar persönlich gekannt und auch gewusst, dass er IGMG-Funktionär sei. Die Chancen, dass Abdurrahim die Berufung gewinnt, gelten als sehr gut. Grundsätzlich bleibt das Problem bestehen: IGMG-Funktionären wird in der Regel die Staatsbürgerschaft in Deutschland verweigert, und nach einem Urteil des Bundesverfassungsgerichts aus dem Mai 2006 ist es auch zulässig, Neudeutschen aus dringenden Gründen die Staatsbürgerschaft wieder zu entziehen, selbst wenn diese dadurch staatenlos werden.

Nadia

»Sie brauchen die Schuhe nicht auszuziehen. Wir sind da nicht so...« Nadia Mourad Osman spricht den Satz nicht zu Ende. So was? So orientalisch? So muslimisch? Nadia gibt sich alle Mühe, nach außen den Anschein zu vermitteln, ganz normal zu sein. Normal heißt in diesem Fall, nichtmuslimisch und nichtorientalisch. Die 25-Jährige, deren Vater aus dem Libanon und deren Mutter aus Berlin stammt, winkt ihren Besuch ins Wohnzimmer. Auf dem niedrigen Couchtisch steht liebevoll arrangiert ein Weihnachtsgesteck. Es duftet nach Zimtsternen. Dazu gibt es Filterkaffee. Sie erzählt als Allererstes, dass sie gerade mit den Schülern ihrer Englischklasse Weihnachten durchnimmt. »Wieso ich das mache?« fragt sie, »na, ganz klar: wegen der Jahreszeit«. Sie grinst. Nadia ist eine ganz normale Referendarin an einer ganz normalen Hauptschule im Odenwald. Das Einzige, was sie heraushebt: Sie braucht gar nicht darüber nachzudenken, ob sie nach ihrem zweiten Staatsexamen einen Job als Lehrerin bekommt. Nadia trägt Kopftuch, und das dürfen Lehrerinnen in Hessen nicht. Da helfen auch die verschiedenen Sorten selbstgebackener Plätzchen auf dem Weihnachtsteller nicht und nicht die entwaffnende Fröhlichkeit, mit der sie anderen Menschen begegnet. Nadia erzählt ihre Geschichte und grinst dabei, lacht, als wäre es alles ein großer Witz.

»Wenn ich fertig bin, dann brauche ich mich in Hessen gar nicht erst zu bewerben. Ich probiere es in Rheinland-Pfalz, wo es ja im Moment noch erlaubt ist. Dann muss man mal schauen. Einerseits ist die ganze Situation sehr traurig, auf der anderen Seite ist es auch so lächerlich. Die Begründung für das Verbot ist, dass ich durch mein Kopftuch zeige, dass ich Muslima bin, und dann nicht mehr neutral sein kann. Aber die Schüler sind nicht so dumm. Die merken doch ganz schnell, wie jemand ist, egal was der Lehrer anhat. Da geht es darum, ob der Lehrer gerecht ist, ob er einem hilft, ob man im Lehrer eine Bezugsperson hat.

Ein wichtiger Wert, den wir vermitteln wollen, ich sage einmal wir, der deutsche Staat, ist doch Toleranz bei den Kindern. Ein anderer Aspekt ist die Integration. Das sind zwei Punkte, die man als Lehrerin mit Kopftuch sehr viel besser repräsentieren kann, als wenn man – ich sag' mal – Prototyp deutsche Lehrerin ist. Die Schüler lernen Toleranz, denn sie müssen die Lehrerin als anders Aussehende respektieren. Genauso wie sie feststellen, dass die Lehrerin mit ihnen ganz normal Themen wie Weihnachten behandelt, ohne immer herauszustellen: Ich glaube aber nicht daran. Das gehört zu den Fähigkeiten eines Lehrers, seine eigene Position zurückzunehmen. Das ist doch eine gute Chance zu vermitteln: Ein Lehrer ist ein Lehrer, egal, wie er aussieht. Ich könnte ja als muslimische Mutter auch etwas dagegen haben, wenn meine Kinder von einer Lehrerin unterrichtet werden, die einen Ausschnitt trägt, bei dem man das Gefühl hat, da fliegt gleich alles heraus. Jetzt mal krass ausgedrückt. Und dann zu der Sache mit der Integration: Wie will denn der Staat glaubhaft machen, dass er die Menschen integrieren will, wenn er gleichzeitig den Frauen mit Kopftuch jegliche Chance nimmt?

Es ist schon ein Druck auf mir, normal zu sein, aber ich bemühe mich, lustig damit umzugehen. Ich versuche oft, den Leuten zu zeigen, wie lächerlich diese ganzen Ideen sind. Früher war das Kopftuch was Fremdes, aber nicht unbedingt etwas Schlechtes.

Das hat sich geändert, dadurch, dass in den Medien so viel darüber geschrieben wird. Jetzt ist es das Symbol der Unterdrückung. Das merkt man schon im täglichen Umgang. Viele denken, wenn sie eine Frau mit Kopftuch sehen, die muss irgendwie unterdrückt und geduckt sein. Ich wurde häufiger gefragt, ob ich nicht das Kopftuch abnehmen will. Das war mit dem Angebot verbunden, fest eingestellt zu werden, was ich sehr nett fand. Ich habe es in diesem Fall, da ich wusste, von wem es kam, nicht als Ködern empfunden, sondern positiv: Die Person hat mir das mit gutem Herzen gesagt.

Ich achte immer darauf zu lächeln. Und ich denke, wenn man provokativ Leute anlächelt, dann können die gar nicht anders, dann müssen die zurücklächeln. Es gibt ein bestimmtes Denken bei den bewusst muslimischen Mädchen: Wenn man stark ist, dann schafft man es, das Kopftuch zu tragen. Wenn man es nicht schafft, dann ist man nicht so stark.

An anderen Schulen sehe ich das schon, dass Mädchen durch ihre Familien gezwungen werden, das Kopftuch zu tragen. Sie ziehen es aus, bevor sie die Schule betreten, und legen es wieder um, bevor sie nach Hause gehen. Dieser Zwang ist ganz falsch, denn das Kopftuch ist im Islam eine ganz kleine Pflicht. Es gibt viel, viel wichtigere Sachen. Nur, das Kopftuch ist die einzige Pflicht, die man sieht. Das Gebet und den Glauben an Gott sieht man nicht von außen. Deswegen sollten die Eltern ihre Kinder doch erst einmal dazu erziehen, gute gläubige Menschen zu sein, bevor sie anfangen, das Kopftuch zu tragen.

Eine islamische Schule wäre nicht die Lösung für mein Jobproblem. Das ist nicht der Job, den ich will. Es könnte nur eine Übergangslösung sein, dass die Muslime eine eigene Schule gründen, um der Gesellschaft zu zeigen, dass sie etwas falsch gemacht hat, weil sie die Muslime eben nicht richtig integriert hat. Das wäre nur eine Zeichensetzung der Muslime, um zu zeigen: Schaut her, die Muslime hätten genauso wie alle anderen auch in Schulen unterrichten können, weil das nicht geklappt hat, sind wir gezwungen, in unseren eigenen Schulen zu unterrichten.

In den letzten Jahren sind die Muslime stärker in die Öffentlichkeit getreten. Sie zeigen: Es gibt Muslime in der deutschen Gesellschaft, und sie wollen teilhaben, sie wollen – wie die Deutschen auch – die Gesellschaft zum Positiven hin beeinflussen. Die Einsicht ist gekommen, dass auch die Muslime diese Aufgabe, ja

Nadia Mourad Osman.

die Pflicht haben, das Umfeld zum Besseren zu verändern. Wir sind da, wenn Bäume in der Stadt gepflanzt werden, wir sind da, wenn ein Kindergarten eingeweiht wird. Sicherlich hat der 11. September dabei auch eine gewisse Rolle gespielt: Die Leute wollen zeigen, dass der Islam mit dem Terror nichts zu tun hat.

Ich kann überhaupt nicht nachvollziehen, wieso jemand zum Selbstmordattentäter wird. Vielleicht ist es die absolute Verzweiflung, dass man da keinen anderen Ausweg mehr sieht. Da macht man etwas mit einer solchen Wucht, vielleicht weil man hofft, dass sich die Leute fragen: Was war denn da so schlimm, dass er so was macht?

Eine meiner Meinung nach bessere Lösung in diesem Fall wäre eine friedliche. Was wäre, wenn die Muslime aus der ganzen Welt loslaufen würden Richtung Palästina. Wenn sie einfach immer weiterlaufen würden und so mit diesem Massenmarsch ein Zeichen setzen würden, was dort für ein Unrecht geschieht. Man würde vielleicht anfangs versuchen, sie aufzuhalten. Man könnte aber gegen Tausende von Menschen nichts unternehmen. Und man müsste einsehen, dass etwas geschehen muss. Hierzu müssten die vielen Muslime aber erst einmal von solch einer Lösung überzeugt werden.

Bei dem alten Problem des Sport- und Schwimmunterrichts, da verstehe ich nicht, wieso das nicht schon längst durchgesetzt ist. Das soll man doch einfach getrennt nach Jungen und Mädchen machen. Oder Klassenfahrten – da ist es bei muslimischen Eltern oft so, dass sie die Mädchen nicht mitfahren lassen. Bei den Vernünftigeren dürfen Mädchen und Jungen nicht mitfahren. Das war bei uns zu Hause auch so. Da durften meine Brüder auch nicht am Schwimmunterricht teilnehmen, weil sie da ebenso wenig islamisch korrekt gekleidet wären wie ich. Auch durften wir beide mit dem Hinweis: Ist nicht gut für dich, aber entscheide selbst – zu den Klassenfahrten mitfahren. Wir haben uns dann dagegen entschieden. Wenn die Jungs Sixpacks organisieren und abends bei den Mädchen aufs Zimmer kommen: Das war nicht die Gesellschaft, in der ich sein wollte.

Es wäre nicht mein Lösungsvorschlag, dass man nicht mitfährt, sondern dass die Schule anbietet, noch mehr Eltern mitzunehmen. Denn je mehr Erwachsene dabei sind, desto weniger trauen sich die Jugendlichen, etwas Falsches zu machen, und um so weniger wirkt ein gewisser Gruppenzwang, der das eigentliche Problem darstellt. Wäre dieser Gruppenzwang nämlich nicht vorhanden, müssten muslimische Eltern nicht Angst haben, dass ihre Kinder etwas tun, was nicht in ihrem Sinne ist und was sie selbst ungern tun, nur um dabei zu sein und sich nicht als Außenseiter zu fühlen.

Wenn der Islam als Körperschaft anerkannt wäre, dann gäbe es viele der Probleme nicht. Wenn man allerdings sieht, welche Hürden den Muslimen in den Weg gelegt werden, bekommt man den Eindruck, dass die Politik verhindern will, dass sich die islamischen Organisationen einigen und eine einheitliche Vereinigung gründen, die dann als Ansprechpartner anerkannt werden kann. In Hessen wird beispielsweise verlangt, dass die Ahmadiya[48] im Verband mitmacht. Die Ahmadiya wird aber von vielen Muslimen als Sekte angesehen. Da kann man doch vermuten, dass da eine Absicht dahinter steht. Wie heißt der römische Grundsatz: Teile und regiere.

Ich mache gerade Projektunterricht zum Thema Weihnachten. Nächste Woche ist Weihnachten, und außerdem fand ich das Thema für den Englischunterricht interessant, weil in England Weihnachten ganz anders gefeiert wird als in Deutschland. Da machen wir einen Vergleich. Manche muslimischen Kinder haben ein Problem, die Weihnachtslieder zu singen. Ich singe auch nicht gern, dass Jesus als Gottessohn geboren wurde. Ich singe dann das Lied und lasse den einen Satz aus.«

* * *

Zwei Menschen. Zwei Geschichten. Und was folgt daraus? Man kann sicherlich fragen, ob wir – wenn wir die Wahl haben – unbedingt Mitglieder der sehr frommen und hierarchisch organisierten Milli Görüs als neue deutsche Mitbürger haben möchten. Es wäre doch schöner, wenn alle so dächten wie wir. Aber wer sind »wir« überhaupt? Abdurrahim Kutlucan lebt in Deutschland, hat eine deutsche Schule besucht und studiert an der Universität. Er gehört dazu. Vor allem: Er möchte dazugehören, und er möchte etwas für die Gesellschaft tun. Besser gesagt möchte er anderen türkischen Jugendlichen helfen, hier, so wie er, einen Platz zu finden. Er berät sie, wenn es darum geht, in der Schule mitzukommen. Welche Ausbildung, welches Studium könnte zu ihnen passen? Er versucht, hessenweit einen Milli-Görüs-Studentenverband ins Leben zu rufen.

Abdurrahim Kutlucan ist ein Beispiel dafür, dass man es in Deutschland schaffen kann, an die Uni zu kommen, auch wenn die Eltern aus einem türkischen Dorf stammen. Er ist – könnte man sagen – ein Beispiel für die gelungene Integration. Er könnte jedoch ganz leicht zum gegenteiligen Symbol werden. Schlägt ihm die Politik jetzt die Tür vor der Nase zu und nimmt ihm die Staatsbürgerschaft wieder ab, enttäuscht sie damit nicht nur den einzelnen Studenten der Medizin. Sie setzt ein Zeichen. Junge

Türken fragen sich: Wenn der nicht Deutscher werden darf, wer dann? Sicherlich, der Fall Kutlucan schreckt auch Jugendliche ab, sich bei der IGMG zu engagieren. Dies schwächt die Organisation, und dies mag das Ziel der Politik sein. Allerdings wird auf diese Weise ganz besonders der Flügel innerhalb der IGMG geschwächt, der sich für mehr Transparenz und mehr Öffnung zur deutschen Gesellschaft einsetzt. Der Wandlungsprozess der IGMG wird dadurch behindert, und dies widerspricht den Interessen der Gesamtgesellschaft. Gerade die IGMG mit ihrem sehr konservativ-religiösen Weltbild bietet auch Jugendlichen mit radikaleren Ideen eine Heimat und kann sie – wenn es gut geht – von einem Abrutschen in radikale Organisationen abhalten.

Die Kopftuchdebatte entzündete sich in Deutschland an dem Fall Ludin. Die 1995 eingebürgerte gebürtige Afghanin Ludin war 1998 nicht in den baden-württembergischen Schuldienst übernommen worden, weil sie auf ihrem Kopftuch bestand. Daraufhin zog sie vor Gericht, scheiterte aber in allen Instanzen bis hin zum Bundesverwaltungsgericht. Das Bundesverfassungsgericht hob dieses Urteil im September 2003 zwar auf, erklärte aber ein Kopftuchverbot grundsätzlich für zulässig. Voraussetzung sei jedoch eine gesetzliche Grundlage. In Bremen, Hessen, Bayern und Niedersachsen wurden Gesetze erlassen, die Lehrerinnen das Tragen von Kopftüchern verbieten. In Nordrhein-Westfalen tritt das Verbot im Herbst 2006 in Kraft. In Baden-Württemberg dürfen auch Erzieherinnen keine Kopftücher tragen. In Berlin erstreckt sich das Verbot auch auf Symbole anderer Religionen und betrifft alle Angestellten des öffentlichen Dienstes. Das Kopftuch ist durch die heftig geführte Debatte zu einem Symbol geworden: Die einen sehen in dem Quadratmeter Chiffon ein Symbol für die Unterdrückung der Frau und den Vormarsch des radikalen Islam. Die anderen sehen es – wie Nadia – als Beweis ihrer Stärke.

Schwester Aischa zieht in den Kampf –
Die Rolle der Frauen

»Der Westen sagt, dass die muslimische Frau unterdrückt wird. Das darf aber nicht der Grund sein, wieso wir damit weitermachen.« Diese Botschaft gibt Amr Khaled seinen Zuhörern mit auf den Weg. Wie bei fast allen seinen Auftritten sind auch beim Jahrestreffen der Islamischen Gemeinschaft in Deutschland in Leverkusen mehr Frauen und Mädchen im Publikum als Männer. Das liegt daran, dass Amr Khaled ein Mann ist und ein Star. Zu Konzerten mit Xavier Naidoo kommen ja auch kaum Jungen. Es liegt aber auch daran, dass die Frauen und Mädchen in der neuen Bewegung der Pop-Muslime aktiver sind als die Jungen. Ob es die Gruppen der Muslimischen Jugend (MJD) sind, die Aktivitäten der Lifemakers oder Info-Veranstaltungen zum Thema Islam: Immer sind die Mädchen in der Überzahl.

»Das liegt an unseren Genen«, sagt eines der Mädchen in Frankfurt, während sie die Brötchen für die Obdachlosenspeisung mit Rindersalami belegt. »Frauen sind eben aktiver als Männer.«
Es mag auch an der Art der Aktionen liegen, mit denen die jungen Muslime versuchen, PR für den Islam zu machen: Deutschkurse für Ausländer, Besuche in Altersheimen und Altkleidersammlungen. Viele Männer sehen diese Aktivitäten zwar als sinnvoll an, können ihre Teilnahme an ihnen jedoch nicht mit ihrem Männerbild vereinbaren. Das weitverbreitete islamische Verständnis der Rollenverteilung zwischen Mann und Frau verstärkt diese Sicht: Der Mann kümmert sich um das Einkommen und die Frau um den Nachwuchs. Aber dies reicht auch nicht, um zu erklären, warum junge Frauen in den Organisationen des neuen Trends zur Frömmigkeit eine so sichtbare Rolle spielen. Schließlich werden nicht nur die Brötchen für die Obdachlosen von weiblicher Hand geschmiert. In der *Schura* der Lifemakers sitzen fast nur Mädchen. Auch bei der Muslimischen Jugend kommen auf drei Männer fünf junge Frauen in der *Schura*. In den herkömmlichen Strukturen hingegen setzt sich der Trend erst langsam durch. So ist man im Islamischen Zentrum Frankfurt stolz darauf, zu den ersten Gemeinden im Rhein-Main-Gebiet zu gehören, die überhaupt Frauen in den Vorstand gewählt haben. Die Islamische Gemeinschaft in Deutschland (IGD) weist gesondert darauf hin, dass sie 2006

erstmals eine Frau zur Stellvertreterin des Vorsitzenden wählten. Selbstverständlich ist der weibliche Einfluss noch längst nicht. Woran liegt es also, dass die »neuen« Mädchen so aktiv sind?

»Das liegt am Kopftuch!« sagt eine Teenagerin nach der Unterrichtsstunde von Mimoun in Köln-Kalk. »Durch unser Kopftuch sind wir sehr viel deutlicher als Muslime zu erkennen als die Jungen. Wir werden ständig damit konfrontiert und müssen uns verteidigen und den Leuten Fragen beantworten«, sagt sie. Dies sporne die Mädchen an, sich in ihrer Religion fortzubilden.

»Die muslimischen Mädchen heute streben wirklich nach Wissen, damit wir auch den Islam anders und besser darstellen können. Wir bekommen eine Frage gestellt und können darauf ganz konkret antworten«, sagt Asmaa vom Iman-Frauenzentrum in Darmstadt. Mit dem Wissen komme dann bei vielen das Engagement. Fast alle der für dieses Buch befragten Mädchen tragen Kopftuch, und sie sind sehr bemüht, das Bild »Kopftuch = Unterdrückung« zu widerlegen. Der beste Weg, dies zu tun, ist, sich möglichst weit von dem Klischee der »geduckten« muslimischen Frau zu entfernen, wie Nadia aus dem Odenwald es nennt. Wie macht man das? Indem man gut in der Schule ist, Abi macht und sich einen angesehenen Beruf sucht. Die Moral der Frauen wird nach islamischen Maßstäben gemessen, der Erfolg an der Skala des deutschen Bildungssystems. Ganz einfach ist dieses Leben nach doppelten Standards nicht.

Selda Yilmaz hat es geschafft. Nach einem Jahr Debatte hat sie ihren Vater weich geklopft. Jetzt studiert sie in Mainz Politik und Deutsch, um Lehrerin zu werden. Ihr Vater hätte es lieber gesehen, dass sie eine Ausbildung macht. Die Tochter setzte sich durch. Das Jahr zu Hause nutzte Selda, um zu lesen. »Das war zugleich mein Ich-Findungs-Jahr. Das war auch hart: auf der einen Seite meine Familie, auf der anderen dieser starke Wille zu studieren. Da war ich hin- und her gerissen: Soll ich mich gegen meinen Vater auflehnen? Ich wusste zwar, dass er nur das Beste für mich wollte, trotzdem hat mich diese Haltung von ihm verletzt. Er wollte, dass ich in einem Betrieb bin, wo alles überschaubar ist und ich in einer sicheren Umgebung bin. Uni war für ihn immer eine unsichere Umgebung. Er hatte Angst, dass ich an die falschen Leute gerate. Vielleicht hatte er Angst, dass ich dann abends nicht mehr nach Hause komme und mir von ihm nichts mehr sagen lasse, dass ich womöglich sage: Ich ziehe aus.«

Selda hat den Islam zu ihrem Leitsystem erklärt. Egal, was sie tut, alles soll im Einklang mit den Geboten der Religion sein. Selda trägt Kopftuch, natürlich. Rosa Burberry-Muster, passend zum Pulli. »Ich habe darüber nachgedacht, ob ich mein Kopftuch abnehmen soll. Das würde mir das Leben in vieler Hinsicht erleichtern. Natürlich auch hinterher, wenn ich einen Job suche. Ich bin aber zu dem Schluss gekommen, dass ich nur ich sein kann mit dem Kopftuch. Es gehört zu meiner Persönlichkeit. Ich wäre ein anderer Mensch ohne Kopftuch.«

Der Islam und das sichtbare Bekenntnis zu ihm ist für sie die Möglichkeit, nicht mehr hin- und her gerissen zu sein: Sie ist nicht so wie ihre Eltern und auch nicht wie die Cousinen in der Türkei. Dafür ist sie zu deutsch. Sie ist jedoch auch anders als ihre Studienkolleginnen: Für die ist sie Türkin. Der Islam sei für sie sozusagen in der Mitte. Seit sie das so sieht, geht es ihr besser. Jetzt will sie anderen türkisch-deutschen Mädchen helfen. »Wir haben inzwischen 49 Mädels im Alter von zehn bis 19 und treffen uns jetzt schon seit fast drei Jahren jeden Samstag. Ich mache das mit zwei Kommilitoninnen. Wir gehen mit denen ins Kino oder auch mal in den Vergnügungspark. Was die halt sonst nicht dürften.

Wir sprechen aber auch über aktuelle Themen: Über den Karikaturenstreit oder auch über die Ausschreitungen in Frankreich im letzten Winter. Wir hören dann erst einmal, was die so darüber denken, und dann – dass muss ich schon zugeben – versuchen wir, sie in unsere Richtung zu beeinflussen. Das heißt, wir wollen, dass sie mit berücksichtigen, dass sie in Deutschland leben, dass es hier ein Grundgesetz gibt. Ich bin ja Politikstudentin und deswegen lege ich großen Wert darauf, dass das Grundgesetz in deren Handeln fest verankert ist. Als wir die Krawalle in Frankreich thematisiert haben, da waren wir schon etwas schockiert. Denn viele Mädchen fanden, dass die Jugendlichen in Frankreich durchaus im Recht sind. Da haben wir dagegen gesteuert: Dass es sicherlich auch Gründe gibt für das Verhalten der Jugendlichen in Frankreich, aber dass Gewalt keine Lösung ist. Es ist schön, wenn man bemerkt, man kann da etwas bewirken.

Wir bekommen etwas Unterstützung von den Müttern und können so einen Raum in einem Jugendzentrum mieten. Als wir anfingen, waren wir nur wenige und haben uns in den Wohnungen getroffen. Das wurden aber schnell mehr. Gerade weil wir ins Kino gehen und Sachen machen, die viele Mädchen alleine nicht dürfen. Mit uns, mit den älteren Schwestern, geht das schon eher. Besonders, weil wir auch studieren. Diese Position nutzen wir aus.«

Zusätzlich unterrichtet Selda »Deutsch für Importbräute«, wie sie sagt. Es sind Frauen, die nach ihrer Hochzeit aus der Türkei nach Deutschland gekommen sind. Manchmal habe die Schwiegermutter befunden, dass die Braut auch ohne Deutsch zurechtkomme, manchmal waren es die Umstände: Die Frauen können kaum einen deutschen Satz sagen, obwohl sie zum Teil schon seit vielen Jahren in Deutschland leben. Selda unterrichtet, weil sie gern unterrichtet, und vielleicht tut sich ja in dem Bereich auch eine Berufschance für sie auf. Sie tut es auch, weil sie will, dass sich etwas ändert. Das ganze Konzept der Importbräute, dass in Deutschland aufgewachsene Männer sich eine Frau aus der Türkei holen, hält sie für unzeitgemäß. »Es hat sich bei den Leuten jetzt schon die Meinung durchgesetzt, dass solche Heiraten nur Probleme bringen. Ich sehe das jetzt auch bei meiner Mutter und deren Freundinnen. Die Frauen sind ja sehr damit beschäftigt, ihre Söhne und Töchter zu verheiraten, und die sagen: Nee, eine Braut oder einen Bräutigam aus der Türkei wollen wir für unsere Kinder nicht. Da gibt es nur Probleme. Ich bin auch dagegen, und ich habe auch keinen Importbräutigam. Es ist ja schon so schwer genug, jemanden zu finden, mit dem man das Leben teilen will. Dann auch noch jemanden aus einer anderen Welt importieren? Nein. Ich will nicht sagen, es geht immer schief, aber es birgt doch viele Konflikte.

Natürlich gibt es noch Familien, in denen das so ist. Da sitzen die Schwiegermütter und sagen: Jetzt muss eine Braut für meinen Sohn her, und die Frauen hier gefallen mir nicht, womöglich haben die schon mal … Da wollen wir doch lieber eine ganz saubere Braut aus der Türkei. Diese ekelige Vorstellung gibt es schon. Ich finde es nicht in Ordnung, wenn die Leute anderen was unterstellen. Wenn gesagt wird, die kommt aus Deutschland, die ist so und so oder die trägt kein Kopftuch, also ist sie bestimmt so und so. Das kann ich nicht akzeptieren.«

Sie selbst hat gerade geheiratet. 700 Leute kamen zu dem Fest. Ihr Mann ist Roboterfachmann. Es sei ihr wichtig, dass sie sich mit ihm auf gleichem Niveau unterhalten könne. Deswegen hat sie sich, bevor sie der Heirat zustimmte, auch einmal in sein Zimmer geschlichen und sein Bücherregal inspiziert: »Ich wollte wissen, was der so liest.«

organisiert in IGMG ≤ 705

Wenn Hamide Yilmaz ihre Adresse sagt, dann schwankt ihr Tonfall zwischen Stolz und Trotz. Die Freigerichtstraße in Hanau hat keinen guten Ruf: Türkenghetto nennen es die Hanauer. Türkenghetto nennt auch Hamide ihre Wohngegend. Oder Klein-Istanbul. Das hört sich schon besser an. Istanbul ist Hamides Lieblingsstadt und später will sie dort einmal wohnen. Erst kürzlich hat sie beschlossen, dass sie nicht für immer in Deutschland bleiben will.

Hanau, an einem Tag im Februar 2006. Der Karikaturenstreit ist voll entbrannt. Muslimische Jugendliche ziehen durch die Straßen von Beirut und Islamabad. Jetzt reicht es mit den Beleidigungen und Schmähungen gegen den Islam. Die deutsche Vertretung in Gaza wird mit Steinen beworfen. Viele Europäer wenden sich ab. Jetzt reicht es auch ihnen mit dem Verständnis für den Islam. Der Graben zwischen den Welten war nie tiefer und Hamide hat es voll hineingezogen: »Ich studiere an der Fachhochschule in Frankfurt und nebenbei habe ich gearbeitet. Also, ich arbeite zwar noch, aber ich werde diese Woche noch aufhören, als Fitnessberaterin in einem Fitnessstudio. Der Grund: Mein Kopftuch.

Ich arbeite da seit vier Jahren mit Kopftuch. Ich habe als Kinderbetreuerin angefangen und dann Kurse belegt, dass ich auch als Fitnessberaterin arbeiten kann. Ich habe den Kurs Bauch-Beine-Po unterrichtet. Jetzt habe ich am Montag erfahren, dass ich mein Kopftuch abnehmen soll, wenn ich weiter arbeiten will. Das kommt für mich natürlich nicht in Frage. Das ist ein Frauenfitnesscenter. Vor einem Jahr, da haben sie mich schon einmal angesprochen: Komm, Hamide, willst du nicht mal dein Kopftuch abnehmen. Dann wären deine Kurse doch noch besser gefüllt als jetzt. Da habe ich nein gesagt, und das war auch okay. Jetzt haben sie gesagt, sie wollen noch mal nachdenken, aber für mich heißt das jetzt, dass ich aufhören muss, denn wenn mein Kopftuch ständig Thema wird, dann kann ich da auch nicht mehr arbeiten. In Hanau gibt es sehr viele Frauen mit Kopftuch und auch viele türkische und arabische Frauen, die da trainieren kommen. Wenn ich Kurse betreue, dann binde ich mir so ein kleines Tuch um und binde es hinten. Nur Donnerstags, da ist ein männlicher Trainer da, da binde ich es so wie jetzt. Dazu trage ich Sportkleidung. Ganz normal. Es gibt natürlich auch Kundinnen, die sich gerade bei uns aufgehoben fühlen, weil ich dort mit Kopftuch unterrichte. Kundinnen können ganz normal mit Kopftuch trainieren. Sie müssen nur genug Deutsch können, damit sie die Anweisungen verstehen. Es gibt in Hanau nur dieses eine Frauen-Studio.«

Hamide mit Jeans, engem Shirt und breitem Hüftgürtel denkt gar nicht daran, das Kopftuch abzulegen. Das könnte sie mit ihrem Gewissen nicht vereinbaren, und überhaupt. Sie gehört zu den Ausnahmen in ihrer Straße. Nur wenige Jugendliche schaffen den Sprung aus Klein-Istanbul an die Fachhochschule. »Es ist schon ungewöhnlich, wenn man sagt, man wohnt in der Freigerichtstraße und studiert. Ich habe Realschule gemacht und wollte Erzieherin werden. In der Schule hatte ich eher den Eindruck, dass ich es nicht schaffe. Wenn Berufsinformationstag war, da wurde immer gesagt, Sie können dies oder das machen, aber es wurde nie gesagt: Sie können auch studieren. Das fing mit meiner Ausbildung zur Sozialassistentin an. Da hatte ich eine Lehrerin, mit der habe ich auch immer noch Kontakt, die hat gesagt: Du kannst auch Psychologie studieren. Ich bin zur Uni gegangen und habe mir das angeschaut. Da dachte ich, das kann ich auch. Es fehlt vielen so eine Person, die sagt: Du kannst das!«

Besonders muslimischen Mädchen werde von den Lehrern in der Regel wenig zugetraut. Für viele sei das Kopftuch das Symbol für: Aus der wird eh nichts. Dabei schneiden muslimische Mädchen im deutschen Bildungssystem eher besser ab als die Jungen. Besonders deutlich zeigt sich dies bei Jugendlichen türkischer und marokkanischer Herkunft. 9,2 Prozent der türkischen Jungen sind auf Gymnasien, aber immerhin 11,7 Prozent der Mädchen. 7,3 Prozent der Jungen mit marokkanischem Pass schaffen den Sprung auf das Gymnasium. Bei den Mädchen sind es zwei Prozent mehr.[49] Rechnet man Gesamtschulen und Realschulen hinzu, von denen aus viele anschließend das Fachabitur machen, fällt der Vorsprung der Mädchen noch deutlicher aus. Mädchen sind überall besser in der Schule als Jungen, wieso sollte das bei muslimischen Mädchen anders sein? Weil sie mit mehr Hindernissen zu kämpfen haben? Traditionellen Vätern? Konservativen Müttern? Machohaften Brüdern?

Gerade die konservative Haltung vieler Eltern den Mädchen gegenüber sei jedoch das Geheimnis ihres Erfolgs, sagt Abdurrahim aus Gießen, den Hamide aus einer IGMG-Studentengruppe kennt: »Die Jungen werden eher locker erzogen. Und die Mädchen etwas strenger. Das ist kulturell bedingt und nicht religiös.

Hamide Yilmaz.

Dadurch hängen – Sie kennen ja den Begriff »abhängen« – die türkischen Jungs viel mehr in den Fußgängerzonen herum. So machen mehr Mädchen Abitur als Jungen, und so gibt es auch mehr Studentinnen an den Unis.«

»In Familien, in denen traditionell und streng religiös erzogen wird, bleibt einem Mädchen ja nicht viel Freizeitgestaltung. Also kann sie sich intensiver mit der Schule beschäftigen, statt draußen abzuhängen. Außerdem sind Mädchen schon früher reif als Jungs und wissen, welche Vorteile ein Schulabschluss bringen

kann. Er macht unabhängig«, betont Senay Altinas aus Darmstadt.

Selda, die angehende Lehrerin aus Mainz, hat sich zu diesem
Thema ausführlich Gedanken gemacht: »Meine Beobachtung ist,
dass Mädchen mehr lesen als Jungs. Das hat sicherlich auch mit
der strengeren Erziehung – in Anführungsstrichen – zu tun. Aber
sie erlangen so eine höhere Sprachkompetenz. Die deutsche Sprache gut zu beherrschen ist unter Migrantenkindern der Schlüssel
zum Erfolg. Ohne richtiges Deutsch kommt man in allen Fächern
nicht weit. Das Scheitern fängt für viele schon in der Grundschule an. Wenn da einmal gravierende Lücken entstanden sind, ist es
sehr schwierig, aus dem Teufelskreis herauszukommen. Da meist
auch keine sprachliche Förderung für Migrantenkinder in den
Grundschulen angeboten wird, können nur Wenige von denen,
die kein Deutsch zu Hause oder in der Nachbarschaft sprechen,
den Anschluss an den Unterricht halten. Ich kenne sehr viele Migrantenkinder, die eine oder zwei Klassen in der Grundschule
wiederholen mussten.

Ich möchte eine Hypothese formulieren: Es kann sein, dass
Jungs eher durch den Misserfolg in der Grundschule traumati-
siert sind und dies weniger gut verarbeiten können als Mädchen.
Jungs wollen stolz sein, vielleicht ein wenig mehr als Mädchen.
Die Erziehung in den Familien ist ja so. Wenn sie dies nicht im
Bereich der Schule sein können, suchen sie sich andere Bereiche.
Sie konzentrieren sich auf Fußball, Judo, Handball oder sonst
was. Ihr Engagement in diesem Bereich wird immer größer. Die
Mädchen dagegen dürfen meist nicht in solchen Vereinen tätig
sein, so dass sie ihre Freizeit anders gestalten. Mit fernsehen oder
eben mit lesen, lesen, lesen. Wenn sie einmal die Lust am Lesen
entdeckt haben, so kommt alles andere von ganz allein. Mädchen
werden auch anders erzogen im Hinblick auf Ordentlichkeit. Das
heißt, sie bekommen – meist von ihren Müttern – beigebracht,
wie sie ordentlich mit ihren Sachen umzugehen haben. Das färbt
natürlich auch auf die schulischen Angelegenheiten ab. Mädchen
sind durch die andere – in Anführungsstrichen – Erziehung viel
früher selbständig, da sie nicht alles gemacht bekommen, und können sich viel besser organisieren, womit sie einen wichtigen Aspekt
für den Erfolg in der Schule mit auf den Weg bekommen haben.«

Führt also die Diskriminierung der Mädchen durch die traditionelle Erziehung im Ergebnis zu ihrem Schulerfolg? So einfach ist

es nicht, sonst gäbe es – in absoluten Zahlen – mehr türkisch-stämmige Abiturientinnen.

Auch Hamide will jüngeren Mädchen helfen. So wie Selda aus Mainz eine größere Schwester vermisst hat, die ihr sagt, wie sie eine Balance zwischen Familie und Freunden hinbekommt, hätte Hamide gerne eine Berufsberaterin gehabt, die sie ermuntert. »Ich mache im Moment viel mit Jugendlichen. Ich nenne das einen Berufsinformationstag, weil ich denen ein bisschen helfen will.« Allerdings sei es gar nicht so einfach, den Mädchen vernünftige Tipps zu geben. Denn immer wieder kreist die Diskussion um das Thema Kopftuch. »Da sagen die Mädchen dann: Ich will eigentlich Erzieherin werden, aber das geht ja nicht. Ich will eigentlich Lehrerin werden, aber das geht nicht. Die hören schon auf zu träumen. Viele denken darüber nach, in die Türkei zurückzugehen. Aber das geht auch nicht so einfach. Ich habe noch nie zu einem Mädchen gesagt: Lass es, du kannst mit deinem Kopftuch nicht Lehrerin zu werden. Das nicht. Aber ich würde vielleicht empfehlen, lieber Erziehungswissenschaften zu studieren, vielleicht hat sie da mehr Möglichkeiten.«

Es gibt keine Zahlen darüber, wie viele Frauen mit Kopftuch Lehrerin werden möchten. Doch es sind viele. Auf Lehramt studieren traditionell besonders viele Studenten der ersten Generation. Zudem gilt der Beruf der Lehrerin auch in konservativen islamischen Kreisen als vereinbar mit der Rolle der Frau. Seynab al Ghazali, eine Weggefährtin des Gründers der Muslimbruderschaft Hassan al Banna und Grande Dame der islamischen Bewegung, empfiehlt den Frauen den Beruf der Lehrerin, Erzieherin oder Krankenschwester. Der Beruf der Politikerin, den sie selbst ausübt, sei nur für sehr wenige Ausnahmefrauen geeignet.[50]

In den Frauengruppen der Moscheen, den Lokalgruppen der Lifemakers und den Schwesterngruppen der IGMG ist das Kopftuchverbot daher nicht nur Thema, weil es den Mädchen ums Prinzip geht. Es gibt in vielen Gruppen auch junge Frauen, die konkret davon betroffen sind. Die Kopftuchdebatte hat zugleich die Frauen in die erste Reihe der islamischen Organisationen gebracht. »Es wird immer noch von den Männern über uns geredet. Sowohl von den deutschen Politikern als auch von den Männern in unseren Moscheen«, sagt Senay Altintas vom Frauenzentrum in Darmstadt. »Das Positive ist allerdings, dass die Männer es inzwischen zulassen, dass wir uns aktiv für den Islam in der Gesellschaft einsetzen. Es gibt da wirklich einen Generationswechsel. Junge Menschen sind viel offener und kennen auch die Gesellschaft und fühlen sich sicherer.«

Um glaubwürdig zu sein, mussten die islamischen Organisationen Frauen zu den Diskussionen um die Kopftuchfrage schicken. Aus den Alibi-Frauen wurden Rednerinnen, die klar und deutlich ihre Meinung sagen. Allerdings darf sich das – um Himmels willen – nicht anhören wie bei deutschen Emanzen: »Ich will nicht feministisch klingen, denn nach dem Islam ergänzen sich Mann und Frau zu einem Ganzen. Wir kämpfen nicht gegeneinander, sondern für ein Miteinander«, fügt Senay hinzu. Die Stellung der Frau im Islam, so wie sie nach den Aussagen der meisten Befragten sein sollte, ist anders als die der westlichen Frau. Ganz anders. Besser natürlich, in ihren Augen. Sie ist aber auch anders als die Stellung der Frau in der real existierenden islamischen Welt, viel besser, auch das ist klar. Die Abgrenzung von beiden Extremen ist den Frauen wichtig.

Sie wollen nicht so rechtlos sein wie die Frauen in Saudi-Arabien, aber auch nicht so zum Sexsymbol erniedrigt wie die Frauen im Westen. »Die Stellung der Frau im Islam ist grundlegend anders. Hier im Westen zieht sich die Frau völlig nackt aus, um Werbung zu machen für ein Shampoo, das kostet noch nicht mal zwei Euro. Und dann sagt man, dass die Frau im Islam keinen Wert und keine Stellung bekommt. Aber wenn es das ist, wenn man sagt, dass die Frau hier einen höheren Wert hat, sich aber für zwei Euro auszieht, dann bin ich wirklich ganz anderer Meinung. Bevor ich in die Pubertät kam, bin ich noch mit ins Schwimmbad gegangen. Jetzt gehe ich nicht mehr hin. Da fragen die anderen: Kommst du mit? Und ich sage nein, weil ich mich nicht fremden Männern nackt oder, das ist ja quasi nackt, in Unterwäsche zeige. Und das verstehen sie nicht. Sie sagen, ach komm doch mit, du machst das doch nur für dich und zum Spaß.« Aber Mariam aus Darmstadt ist da sehr konsequent.

Die Kritik an der Stellung der Frau im Westen ist nicht nur Ausdruck der Überzeugung vieler, dass die europäischen Gesellschaften hohl und kalt sind. Sie spiegelt auch die westliche Kritik an der Unterdrückung der Frauen in der islamischen Welt: Dem Vorwurf an die muslimische Kultur wird ein anderes Konzept der Unterdrückung entgegen gehalten. Die Diskussion um die Rolle der Frau im Islam wird also im Zusammenhang mit der deutschen Debatte gesehen. Die Frauendebatte unter Musliminnen bedient sich aus der Grabbelkiste des feministischen Diskurses der 80er Jahre in Deutschland. Themen und Begriffe werden herausgepickt und unter anderem Vorzeichen neu zusammengesetzt. In Köln und Hamburg beispielsweise sind sehr einflussreiche Frauengruppen entstanden. In der Hansestadt haben sie sogar durchsetzen können, dass die Imame der Moscheen zum Thema Gewalt gegen Frauen und Kinder eine Freitagspredigt halten.

An der schlechten Situation der Frauen in vielen islamischen Gesellschaften und auch der Rechtlosigkeit vieler Musliminnen in Deutschland seien – so die befragten Frauen – die Männer Schuld. Nicht der Islam. Der garantiere den Frauen Rechte.

Aischa, die Lieblingsfrau des Propheten, wird gern als Beispiel angeführt. Sie beriet ihren Mann in Fragen der Politik und spielte auch militärisch eine Rolle. Der Islam sei nicht die Grundlage einer frauenverachtenden Gesellschaft, heißt es dann, er habe vielmehr den Frauen viele Rechte gebracht. Allerdings führt am Ende der Diskussion kein Weg daran vorbei: Nach islamischem Recht hat der Mann das letzte Wort. Allerdings – nach Auffassung vieler junger Musliminnen – nur das allerletzte. Die Diskussion um die Stellung der Frau im Islam ist eine Diskussion über Ideale und Utopien. Während Mariam die Frauen durch den Islam besser gegen sexuelle Ausbeutung geschützt sieht, fordert Nadia zufolge der Islam die Frauen besonders auf, sich zu bilden und in der Gesellschaft zu engagieren. Hamza aus Hamburg sagt, dass der Islam dafür sorge, dass die Familien nicht auseinander brechen. Es sei klar geregelt, dass der Mann sich um das Einkommen und die Frau um den Nachwuchs kümmere, so Salman aus Aachen. Halima aus Aachen sagt hingegen, der Islam sorge dafür, dass eine Frau Kinder und Karriere super vereinbaren könne. Im Zweifelsfall müsse der Ehemann nämlich eine Hausangestellte bezahlen. Es gibt eben nicht die eine Lesart des Islam, und es gibt nicht die eine muslimische Frau und das eine Kopftuch. Selda zum Beispiel hat einen ganzen Stapel.

Muslimische Frauen in Deutschland sind durch die Debatte um das Tuch ins Zentrum der Aufmerksamkeit geraten. Sie sind die Hauptleidtragenden der Verbote. Viele müssen sich nach neuen Berufen umschauen. Andererseits wurde durch die öffentliche

Debatte ihre Position innerhalb der Community gestärkt. Sie sind es, die den Islam sichtbar nach außen präsentieren. In vielen Fällen verschaffen sie sich inzwischen auch Gehör und versuchen, die Rechte der Frauen nach dem Islam neu zu definieren, die Grenzen der Freiheit ein wenig zu verschieben. Die Nachteile, die das Verbot des Kopftuchs für die Gesellschaft insgesamt bringt, überwiegen jedoch. Es fühlen sich genau die jungen Musliminnen ausgegrenzt, die dazu beitragen könnten, den Riss, der durch die Gesellschaft läuft, ein wenig zu kitten – Frauen wie Selda, Hamide und Nadia.

Die Hoffnung, dass ein Kopftuchverbot zu einer Abnahme der Zahl der Kopftuchträgerinnen führen könnte, ist nicht begründet. Der globale Trend zu mehr Frömmigkeit steht dem entgegen, und die Frage der Identität verdrängt mehr und mehr die Frage nach dem religiösen Gebot. Das Kopftuch ist nicht das Symbol einer Parallelgesellschaft, aber es könnte zu einem werden. Denn die Diskussion um Integration, Rechte der Frauen und Islam ist wie ein Ping-Pong-Spiel. Die Argumente werden immer hin- und her geschlagen, und der Ton wird immer ein wenig schärfer. Selbst Imame, die vor einigen Jahren noch sagten, Frauen könnten selbst entscheiden, ob sie das Kopftuch tragen wollen oder nicht, schwenken ein. Sie sagen jetzt ganz klar, das Kopftuch sei Pflicht, wie Jytte Klausen in einer Studie zu muslimischen Eliten in Europa ermittelte.[51] Unter feindlichen Attacken rücken die Angegriffenen enger zusammen.

Moschee ade? – Neue Angebotsvielfalt im Netz

Kann die Cyber-*Umma* den Imam ersetzen? Nein. Die Antwort aller Befragten war eindeutig. Die Moschee ist kein Auslaufmodell. Das belegt auch eine Studie des Zentrums für Türkeistudien: Die Teilnahme am Freitagsgebet hat sogar zugenommen. Auch junge Muslime besuchen die Moscheen. Korankurse haben mehr Zulauf denn je. Gut 35 Prozent der vom Zentrum befragten türkischstämmigen Jugendlichen zwischen 18 und 35 Jahren gaben an, einmal wöchentlich eine Moschee zu besuchen.[52]

Allerdings sind viele kritischer geworden: Sie übernehmen nicht mehr unhinterfragt religiöse Inhalte und Traditionen von der älteren Generation. Es ist schick, »Wissen zu erlangen«, wie es im Szenejargon heißt. Dieses Wissen brauchen sie auch, um ihren Alltag zu meistern. Während Muslime, die in islamischen Ländern leben, in der Regel einfach dem Beispiel ihrer ebenfalls muslimischen Mitbürger folgen, muss der Muslim in Europa häufig selbst entscheiden, was islamisch korrekt ist und was nicht. Dies ist ein Grund, weshalb sich das Nachschlagewerk von Scheich Yusuf al Qaradawi »Erlaubtes und Verbotenes im Islam« in der Diaspora sehr viel besser verkauft als in der islamischen Welt selbst. Halima aus Aachen sieht aber in diesem Nachdenken über das richtige Verhalten auch eine Chance: »Dadurch, dass wir es hier in Deutschland mit Muslimen aus vielen verschiedenen Ländern zu tun haben, die unterschiedliche Traditionen mit dem Islam vermischen, wird viel deutlicher, was eigentlich der Islam ist.«

Alle für dieses Buch befragten muslimischen Jugendlichen sehen den Islam als obersten Leitfaden ihres Lebens. Sie können es daher nicht mit ihrem Gewissen vereinbaren, gegen die Gebote der Religion zu verstoßen. Wenn ein Gläubiger Gebote verletzt, aber dies nicht absichtlich tut, sondern weil er sie beispielsweise gar nicht kennt, dann zählt dies zwar nicht als richtige Sünde – wer bereut, dem wird vergeben. Auf diese ignorante Position – was ich nicht weiß, macht mich nicht heiß – mag sich allerdings keiner der Jugendlichen so recht verlassen. Schließlich sei das erste Wort der Offenbarung: »Iqra!« (Lies!). »Es ist ein hohes Gebot im Islam, sich fortzubilden«, sagt Tasniem aus Darmstadt. So stehen sie häufig vor Entscheidungen, in denen es abzuwägen gilt. Beispielsweise sieht Saber Ben Neticha sich mit der Frage konfrontiert, ob er lieber noch ein paar Jahre seinem Job als Fußballspieler nachgehen soll, der ihm Spaß macht und seiner Familie ein gutes Leben garantiert, oder ob er sich lieber dem Studium des Islam an der Hochschule von Château-Chinon hingeben soll. Auch für nichtreligiöse junge Menschen ist es schwer, Entscheidungen zu treffen und Weichenstellungen in ihrem Leben vorzunehmen. Die zusätzliche Einbeziehung des Faktors Islam macht es in mancher Hinsicht komplizierter. Andererseits schafft dies jedoch auch Klarheit: Die jungen Muslime wissen, was die Kriterien ihrer Entscheidungen sind – die Gebote des Islam! Doch was sagt der Islam? Welcher Islam gilt überhaupt?

Wenn sie selbst nicht wissen, was die Antwort des Islam auf ihre Frage ist, dann – so die meisten Befragten – würden sie erst einmal ihren Vater fragen, falls dieser die Religion praktiziert. In manchen Fällen, wenn ihr Vater sich mit dem Thema nicht auskenne, weil es sich um eine Frage handele, die etwas mit dem Leben als Jugendlicher in Deutschland zu tun habe, wende man sich an Freunde, einen älteren Bruder oder vielleicht die Jugendgruppe in der Moschee. Bei schweren Entscheidungen wird auch der Imam zu Rate gezogen. Saber beschreibt, wie er einmal nicht nur den Imam seiner Gemeinde befragt, sondern auch noch eine andere Moschee aufgesucht hat, weil der Imam dort einen besonders guten Ruf habe. Die mündlichen Ratschläge würden alle Befragten mit den Quellen des Islam vergleichen und selber in Koran und *Hadith*-Sammlung nachschlagen. Viele informieren sich auch über das Fernsehen, schauen die Sendungen von Scheich Qaradawi auf Al Dschasira, wenn sie genug Arabisch verstehen, oder von Moez Massoud auf Iqra-TV, der seine Sendung »Treppe zum Paradies« ja auf Englisch moderiert. »Das schauen wir uns immer gerne an. Oft kommen da Fragen, die das Leben in Europa betreffen, und da hören wir dann zu. Es könnte ja sein, dass wir mal in eine ähnliche Situation kommen, und dann wissen wir die Antwort schon«, erzählt Saber.

Auch das Internet dient natürlich als Informationsquelle. Die Seiten von Scheich Qaradawi sind beliebt, und ansonsten klicken sich viele gern durch die deutschsprachigen Sites Islam.de und Sakina.de oder wenden sich mit Fragen an die Online-Beratung der IGMG. Da wissen sie, wer sich hinter der html-Adresse verbirgt. Anderen Islam-Websites gegenüber sind viele extrem misstrauisch: »Ich würde bei Fragen nicht als erstes ins Internet gehen. Man weiß ja nie, ob es ein echter Koran ist oder ein gefälschter. Deswegen würde ich lieber zu einem Imam gehen, den ich kenne. Man kann auch einem Scheich ein E-Mail schreiben. Das würde ich nur machen, wenn ich den Scheich gut kenne, sonst ist das zu riskant«, meint Yusuf Yildiz, 20, aus Hamburg.

Angesichts einer Vielzahl von neuen Islam-Websites scheint Vorsicht berechtigt. So verbirgt sich hinter www.islam.de der Zentralrat der Muslime in Deutschland. Hinter www.al-islam.de allerdings steht eine Gruppe mit *salafistisch*-engstirniger Schlagseite. Zudem sorgen Fälschungen für zusätzliche Verwirrung. Dies gilt besonders für radikale Websites. Ein Beispiel aus Birmingham: Imran Khan, Sohn pakistanischer Einwanderer, hat an verschiedenen Elite-Universitäten studiert. Während des Bosnien-

Krieges 1992–95 ging er auf den Balkan, um die Muslime dort im Kampf zu unterstützen. Er hatte eine Kamera dabei und wurde *Dschihad*-Reporter. Seine »*Ansar* News Agency« ist seit damals auf Berichterstattung aus der Sicht muslimischer Glaubenskämpfer spezialisiert. Bilder von getöteten amerikanischen Soldaten und Meldungen von Anschlägen besonders aus Afghanistan waren regelmäßig auf seiner Website zu finden. Sie verschwand kürzlich aus dem Netz. Imran Khans Website war schon lange beliebtes Angriffsziel von Hackern. Sie legten nicht nur die Website lahm, sondern stellten auch gleich aussehende Kopien ins Netz, die sich nur in Details unterschieden. Die Hacker lancierten Meldungen, welche die Agentur in ihren Augen diskreditieren sollten, Lobesreden auf George Bush beispielsweise. Nur Eingeweihte wussten zu jeder Zeit, welche Meldung echt und welche gefälscht war. Parallel zu den realen Konflikten in der Region haben sich ab Ende der 1990er Jahre virtuelle Schlachtfelder entwickelt. Radikal-islamische Gruppen und pro-israelische Organisationen liefern sich einen Hackerkrieg.

Klar ist, dass radikale islamische Organisationen das Internet nutzen, um damit ihre Propaganda in die Köpfe junger Muslime in der ganzen Welt zu blasen. Um die Websites von Al Qaida, Abu Musab al Sarkawi und Co. zu finden, muss man regelmäßiger Besucher entsprechender Foren sein. Da die Adressen sich ständig ändern, geschlossen werden oder – ebenfalls aus Sicherheitsgründen – nur wenige Tage aktiv sind, findet kaum jemand zufällig das Video einer Terrorgruppe, es sei denn, er gibt sich mit einer Kopie zufrieden. Auf zahlreichen Websites finden sich Sammlungen der grausamsten Anschläge und die dreistesten Propagandafilme.

»Es gibt – das ist meine Beobachtung – schon einen Trend in die radikale Richtung«, berichtet Mohammed Sameer Murtaza. »Manche Jugendliche setzen sich ins Internetcafé und schauen sich Bilder an von Leuten, die geköpft werden und finden das toll. Dass da ein solcher Hass aufgebaut wurde, das finde ich bedrohlich. Wenn die diese Bilder sehen von Panzern, die in die Luft gesprengt werden, dann kriegen die so einen Kick. Dann fühlen sie sich stark.«

Henner Kirchner, Islamwissenschaftler an der Universität Gießen, der gerade an seiner Promotion zum Thema Islam und Internet arbeitet, hält es jedoch für unwahrscheinlich, dass über das Internet auch Kämpfer für den *Dschihad* rekrutiert werden. »Direkte Rekrutierung gibt es nicht oder nur sehr selten über diese Seiten. Die Anwerbung zum *Dschihad* läuft immer noch über den Imam des Vertrauens in der Moschee und nicht öffentlich über das Internet. Diese radikalen Seiten machen auch nicht aus jemandem, der zuvor unpolitisch war, einen Anhänger von Abu Musab al Sarkawi. Solche Seiten bilden nicht die Meinung, sondern verstärken sie«, ist er überzeugt. Schlimm genug. Das Beispiel einer jungen Berlinerin, die in einem Internet-Chat ankündigte, sie wolle als Selbstmordattentäterin in den Irak ziehen, zeigt die Nähe des Abgrunds.

Für besonders jugendgefährdend hält Henner Kirchner den sehr viel harmloser wirkenden Internetauftritt der *Hisb al Tahrir*. Hier gibt es keine Gewaltvideos zum Herunterladen und auch keine direkten Aufrufe zum *Dschihad*. Die Websites sind einfach zu finden, seit vielen Jahren an Ort und Stelle, und der Surfer braucht nicht einmal Fremdsprachenkenntnise. Das Angebot gibt es auch auf Deutsch. »Mit ihrer Hetze ist die *Hisb al Tahrir* eine Art Durchlauferhitzer und macht junge Menschen auf diese Art empfänglich für die Ideen noch radikalerer Gruppierungen. Selbst sind sie nicht gewalttätig, sie bereiten aber den Boden für militante Gruppen. So ergeben sich auch unter anderem Namen neue Allianzen. Beispielsweise mit Vereinigungen aus dem Spektrum der linken K-Gruppen gibt es jetzt gemeinsame Aktionen im Internet, gemeinsam agitieren sie gegen das Kopftuchverbot. So werden neue Kreise erreicht.«

Genauso wenig wie junge Menschen von heute auf morgen von friedlichen Muslimen zu fanatischen Attentätern würden, nur weil sie im Internet auf ein Video gestoßen sind, könne man nach Henner Kirchner die einmal radikalisierten Jugendlichen durch aufklärerische Websites einfach wieder zurückpolen. »Scheich Qaradawi kann man ja nun nicht wirklich einen Demokraten oder Liberalen nennen. Doch ich denke, seine Seiten, seine Ansichten könnten ein geeignetes Mittel sein, um die jungen Menschen, die im Internet sonst vielleicht bei der *Hisb al Tahrir* landen, zu erreichen und zu binden. Amr Khaled wiederum bindet vielleicht Jugendliche, die sonst Qaradawi bevorzugen würden.«

Die meisten Befragten nennen Scheich Qaradawi als einen wichtigen Orientierungspunkt. Wenn sie eine Frage haben, dann schauen sie, was er dazu sagt. Allerdings befolgten sie nicht alles. Nadia aus dem Odenwald beispielsweise sieht seine Haltung zu Selbstmordattentaten kritisch: »Da muss sich dann jeder selbst seine Meinung bilden, was er davon hält, und ich gehöre jetzt nicht zu den Leuten, die blind alles befolgen, was Qaradawi sagt. Mir gefällt, dass er die Quellen sucht und genau angibt, was der Prophet und der Koran dazu sagen.«

Inzwischen gibt es unzählige Prediger, Gelehrte, Imame und Orient-Experten, die ihre Ansichten über »den wahren Islam« verbreiten – für viele Jugendliche eine neue Unübersichtlichkeit. »Am Ende lasse ich mein Herz entscheiden«, sagt Saber. Es bleibt ihm auch kaum etwas anderes übrig.

Beim Imam des Vertrauens: Was passiert in den Hinterhöfen?

Eigentlich sind sich alle einig: Triste Koranschulen, in denen strenge Imame den Kindern eine engstirnige Sicht auf den Islam vermitteln, gehören abgeschafft. Es ist dringend erforderlich, dass islamischer Religionsunterricht als ordentliches Fach an deutschen Schulen unterrichtet wird. Koranunterricht in den Moscheen sollte von qualifizierten Lehrern abgehalten werden. Ein wenig Transparenz könnte Vertrauen schaffen: Was lernen die Kinder da eigentlich am Sonntagnachmittag im Hinterzimmer der Moschee oder des Jugendclubs? Der Begriff Koranschule wird mitunter als Synonym für Terroristenschmiede verwandt. Zu Recht oder zu Unrecht? Zwei Beispiele zeigen, wie widersprüchlich die Koranschulensituation ist.

* * *

Hamburg Sankt Georg an einem Samstagabend. Der Gebäudekomplex am Steindamm sieht düster aus. Eine Katze huscht zwischen den Mülltonnen hindurch. Männer mit Bärten und hochgeklappten Kragen gehen schnellen Schrittes durch den Schneeregen. Im Hinterhof weisen arabische Schriftzeichen in gleich mehrere Richtungen. In diesem Block ist ein gutes Dutzend Moscheen untergebracht. Eine schmale Treppe führt in den Gebetsraum der Albanischen Gemeinde. Einige Männer haben sich zum Abendgebet versammelt. Dahinter befindet sich der Unterrichtsraum mit großem Tisch und Tafel. Fenster gibt es keine. Langsam füllt sich der Raum mit Jungen. Sie sind zwischen 16 und 22 Jahren alt, und statt sich mit Freunden an diesem Samstagabend auf den Weg in die Disco oder ins Kino zu machen, kommen sie hierher, zum Koranunterricht.

Sie werfen ihre dicken Parkas über die Stühle entlang des großen Konferenztisches und begrüßen sich mit kräftigem Handschlag: »Wie geht's dir, Mann?« »*Al Hamdulillah!*« »Alles klar!« Viele der Jungen tragen Kappen auf dem Kopf, fein gehäkelte, die aussehen wie das Mitbringsel eines Mekka-Pilgers. Andere tragen Modelle, die an Rasta-Mützen erinnern, bunt und aus etwas dickerem Baumwollgarn. Auch genähte Käppchen, made in Indonesia, sind vertreten. Yunus, ein Gymnasiast mit Brille, geht noch einen Schritt weiter: Seine weiße Kappe hat modische Schlappohren an den Seiten, und er trägt über der Riesenjeans eine bestickte hellblaue *Dschalabiya*. Cooler kann man seine religiöse Lebenseinstellung kaum in Mode umsetzen: Marokkanische Folklore mischt sich mit Hamburger Streetwear und ein bisschen Künstlerszene.

Abu Ahmed Jakobi, der Lehrer, begrüßt die jungen Männer mit freundlichem Kopfnicken. Stück für Stück, Sure für Sure und *Aya* für *Aya* nimmt er mit den Jungen den Koran durch. Heute geht es um einige Passagen in der Baqara-Sure. Ein Junge liest vor: »Die nicht geglaubt haben – es ist ihnen gleich, ob du sie warnst – sie werden nicht glauben.« Und: »Versiegelt hat Allah ihre Herzen und ihre Ohren, und über ihren Augen liegt eine Hülle, und ihnen wird schwere Strafe zuteil werden.«

Abu Ahmed dankt ihm und wendet sich an seine Schüler: »An dieser Stelle wird der Begriff *Kafir* verwendet. Seht ihr? Im arabischen Original steht für die Formulierung ›die nicht geglaubt haben‹ *Kafir*«, sagt er, und die Jungen – die wenigsten von ihnen können fließend Arabisch – versuchen den arabischen Text ihres zweisprachigen Korans zu entziffern. »Ich möchte, dass wir uns heute den Begriff des *Kafir* genauer anschauen«, fährt Abu Ahmed fort. In der Regel werde *Kafir* wie hier mit Ungläubiger oder Nicht-Muslim übersetzt. Die Jugendlichen nicken. Ja, das haben sie schon gehört. In Chat-Foren und in der Clique wird der Begriff häufig verwandt. Manche benutzen ihn als Sammelbegriff für die Deutschen. Andere einfach als Schimpfwort. Es gibt *Hadithe* des Propheten, die regeln den Umgang mit den *Kafirun* (Mehrzahl von *Kafir*) im Kriegsfall. Sie sind es, die dem Islam den Ruf einer kriegerischen Religion eingebracht haben, denn schön ist es nicht, was da steht. In der Regel wird zwischen *Kafirun* und *Ahl al Kitab* – den Anhängern der Buchreligionen – unterschieden. Während die *Ahl al Kitab* als Gläubige an den gleichen Gott Respekt verdienen, sind die *Kafirun* Leute, die man bekämpfen soll. Abu Ahmed will eine noch genauere Differenzierung des Begriffs. *Kafirun* seien nicht die Ungläubigen, sondern jene, die ignorant sind und aktiv Andersdenkende unterdrücken. Diese solle man bekämpfen und nicht etwa alle Nicht-Muslime.

»Wenn wir aber an dieser Stelle *Kafir* mit Nicht-Muslim übersetzen«, gibt Abu Ahmed zu bedenken, »dann machen unsere Bemühungen um Dialog und Verständigung keinen Sinn mehr: Die *Kafirun* haben verschlossene Ohren und Augen, also hören sie uns nicht. Damit würde diese *Aya* auch im Widerspruch zu der Aufforderung zur *Dawa* (Werbung) stehen, und das kann nicht sein, denn der Koran ist logisch. Ich möchte mit euch deswegen schauen, was *Kafir* für eine Bedeutung haben kann. Schlagt einmal Sure 57, Vers 21 auf.« Es raschelt, die Jungen linsen hinüber zu ihren Sitznachbarn, um die Seitenzahl der genannten Sure zu spicken. In dieser Sure wird *Kafir* in der Bedeutung von »Bauer« oder »Landwirt« benutzt. Der Bauer verdeckt die Saat. An anderer Stelle nimmt der Begriff die Bedeutung von »entlegen, verborgen« an. »Man kann also nicht sagen, dass es eine eindeutige und immer anwendbare Übersetzung von *Kafir* gibt«, fasst Abu Ahmed zusammen, als sie weitere drei Bedeutungen des Begriffes nachgeschaut haben. »Deutlich ist, dass *Kafir* auf keinen Fall eine pauschale Bezeichnung für Andersgläubige sein kann. Ich denke, wir haben festgestellt: Der Begriff setzt eine aktive Handlung des Menschen voraus. Er muss die Wahrheit kennen und sich bewusst dafür entscheiden, sie zu leugnen, dann ist er ein *Kafir*.« Manche der Jungen schauen ihn zweifelnd an. »Manche Journalisten – man soll ja nie alle in einen Topf stecken – sind als *Kafir* zu bezeichnen: Sie wissen, wie es wirklich ist, verdrehen aber die Tatsachen so, dass ein negatives Bild entsteht«, erklärt er und grinst dabei, halb entschuldigend und halb provozierend, seinen Gast an. Dann setzt er sich auf seinen Stuhl. Jetzt sollen die Jungen Fragen stellen und diskutieren, was sie von seinem Ansatz halten.

»Ich finde, das geht so nicht«, sagt Hani, »diese Spitzfindigkeit, mit der Sie an der Bedeutung der Begriffe herumdrehen. Im

Islam bedeutet *Kafir* Ungläubiger, daran ist nichts zu deuten. Ich finde ja nicht, dass wir alle *Kafirun* gleich umbringen müssen, aber man kann doch nicht einfach die Begriffe verändern.« Abu Ahmed will etwas entgegnen, aber Kamal, der neben ihm sitzt und die Rednerliste führt, hält ihn zurück: »Abu Ahmed, du bist nicht dran«, sagt er und erteilt Fawsi das Wort.

»Es hat ja auch keiner davon geredet, dass wir die *Kafirun* umbringen wollen, und was ist denn überhaupt der Islam, von dem du sprichst?«, entgegnet dieser Hani. »Eigentlich wollte ich aber etwas anderes sagen: Wenn wir davon ausgehen, dass mit *Kafirun* alle Nicht-Muslime bezeichnet werden, dann würde das ja bedeuten, dass alle Afrikaner, die in entlegenen Gebieten leben, wo sie noch nie etwas von Mohammed oder einem anderen Propheten gehört haben, *Kafirun* sind und am Jüngsten Tag in die Hölle kommen. Das kann der Prophet – Friede sei mit ihm – nicht so gemeint haben.«

Der nächste Redner wirkt schüchtern. Er hat sich weit in seine Daunenjacke zurückgezogen und trägt den Schirm seiner Armeemütze tief über dem Gesicht. »Abu Ahmed, ich habe Hochachtung vor Ihrem Wissen und sicherlich haben Sie die Religion gut studiert, aber ich muss etwas sagen: Wir Jugendlichen kommen hierher, weil wir eine Orientierung wollen. Das, was Sie uns erzählen, verunsichert uns. Der Islam ist eine einfache Religion und die Definitionen, die Sie geben, diese Wortspielereien sind kompliziert und passen nicht zu unserem Islam«, erklärt er.

»Ich möchte, dass ihr nachdenkt«, erwidert Abu Ahmed. »Der Islam ist eine Religion, die das Herz anspricht und den Verstand. Nachdenken ist erlaubt und das Nachbeten von Ansichten ist meiner Meinung nach nicht sehr islamisch.«

Seine Augen funkeln. Abu Ahmed ist in seinem Element. Er ist jetzt aufgestanden. Mit elastischen Schritten geht er zur Tafel an der hinteren Wand des Raumes und teilt sie mit einem schnellen Strich in zwei Hälften. Über die eine schreibt er Muslime und über die andere *Kafirun*. »So kann man auch die Welt einteilen. Viele Muslime tun das auch. Das ist ein sehr einfaches, bequemes Weltbild«, sagt er. »Wenn wir die Welt so einteilen, dann können wir uns wieder hinlegen, denn dann brauchen wir uns nicht darum zu bemühen, den Nicht-Muslimen von unserer Religion zu erzählen«, ruft Fawzi dazwischen. »Genau, und das ist der Punkt«, fährt Abu Ahmed fort. »Gott kann es nicht so gemeint haben, denn dann würde er sich widersprechen, und das tut Gott nicht. Außerdem ist diese Einteilung der Welt in unserer Zeit und hier in Deutschland nicht praktikabel: Wir können nicht alle unsere Nachbarn als *Kafirun* ansehen, mit denen wir keinen Kontakt brauchen und die sowieso in die Hölle kommen. Es ist wichtig, dass wir uns von dieser simplen Einteilung der Welt klar und deutlich distanzieren, denn diese ist es, die den Muslimen von Kritikern vorgehalten wird. Islamkritiker sagen: Schaut, die Muslime haben ein Schwarz-Weiß-Denken, mit denen kann man nicht zusammenleben.«

Er kenne auch Muslime, die er als *Kafir* bezeichnen würde. Als Beispiel erzählt er von Geschäftsleuten vom Golf, die er einmal an eine Hamburger Firma vermittelt habe. Sie hätten ihm zum Dank für seine Bemühungen ein Buch über das Leben des Propheten geschenkt und am Ende die deutsche Firma betrogen. »*Kafirun* sind diejenigen, die es besser wissen, aber mutwillig das Falsche tun. Mit ihrer Religion hat dies wenig zu tun«, fasst Abu Ahmed zusammen. Hani schüttelt widerwillig den Kopf und packt dann seine Sachen zusammen. Abu Ahmed wünscht allen eine schöne Woche und lädt sie für die nächste Stunde ein.

Bevor die Jugendlichen aus dem Raum strömen, hält Fawzi sie auf: »Wir wollen in der nächsten Woche eine Speisung für die Obdachlosen machen im Anschluss an die Unterrichtsstunde. Wir schmieren Brote und verteilen die dann an die Leute hier im Bahnhofsviertel. Dafür brauche ich einige, die noch was mitbringen. Wer kann Käse mitbringen?« Ein Junge meldet sich, und innerhalb weniger Minuten hat er seine Liste abgehakt. Hani hat sich nicht gemeldet. Hani gehöre zu einer Hisb-al-Tahrir-Gruppe, flüstert einer der Jungen im Herausgehen. Abu Ahmed wiegt den Kopf. »Es ist gut, dass die kommen. Vielleicht können unsere Diskussionen etwas bewirken und sie zum Nachdenken anregen«, sagt er.

25 Jahre lang habe er den Islam studiert, erzählt Abu Ahmed Jakobi. Zunächst in seiner Heimat Libyen und anschließend in einer freien Lerngruppe in Deutschland. Mit einigen anderen studierte er bei Imam Razvi in Hamburg Koran, islamisches Recht und Geschichte. Jetzt gibt er sein Wissen weiter, und er möchte damit etwas anstoßen. Die Jungen sollen den Islam verstehen und nicht nur nachbeten, sie sollen Fragen stellen und er will, dass der Islam eine Religion ist, die sich in Deutschland gut leben lässt.

Sicherlich: Dieser Koran-Unterricht des *Schura*-Jugendausschusses in Hamburg ist ein besonders positives Beispiel. Es zeigt: So geht es auch. Hinterhof-Moscheen bedeuten nicht zwangsläufig rückwärtsgewandte Indoktrination: Die neue Generation von Muslimen und besonders die, welche das Gymnasium besuchen oder an den Universitäten studieren, stellen auch andere Ansprüche an die Koranlehrer in den Moscheen. Sie wollen nach- und weiterdenken, und mit Abu Ahmed zu philosophieren macht Spaß.

Der Ansatz, die Suren des Koran und die *Hadithe* des Propheten zu interpretieren und die Regeln den Bedürfnissen des Lebens hier in Deutschland anzupassen, liegt derzeit voll im Trend. Selbstbewusst stellen sich die jungen Muslime auch einmal gegen die Meinung des einen oder anderen Gelehrten – was wüssten die schon vom Leben in Deutschland? Die Koranstunde in Hamburg zeigt auch, wie scharf die Konfliktlinien mitten durch die neue Generation von muslimischen Jugendlichen laufen: In Abu Ahmeds Unterricht war es Hani. Im Chat der Lifemakers hieß der Quertreiber Haroun. Heftig attackierte dieser die Aktivitäten der Lifemakers, ihre Besuche in Altersheimen und ihre Speisungen für Obdachlose: Man solle nichts für die Gesellschaft der *Kafirun* tun. Gegen Leute wie Haroun wurden die Zugangsbedingungen zum Chat verschärft. Gegen Ideen wie die von Hani hilft nur die offene Diskussion unter muslimischen Jugendlichen.

* * *

»Wenn dein Herz auch für die muslimische Jugend schlägt, so bitten wir dich, unterstütze uns durch einen Dauerauftrag deiner Bank. Wir wollen unsere Jugend nicht der *Kafir*-Gesellschaft überlassen«, schreibt Bruder Halid auf der Website seines Jugendclubs.[53] Fast wie ein Knusperhäuschen, so gemütlich sieht der *Medrese* (Koranschule) genannte Jugendclub in Nürnberg aus. Einladend strahlt das warme Licht aus den Fenstern. Von drinnen sind fröhliche Stimmen zu hören. Bruder Halid macht Tee, stellt Kisten mit Clementinen und Schoko-Lebkuchen auf den niedrigen Tisch. »Greift zu, Jungs. Keine falsche Bescheidenheit«, sagt er. Die zehn Jungen, die auf Kissen rund um den Tisch sitzen, langen zu und freuen sich über die Aufmerksamkeit.

Bruder Halid ist Ende 30 und seit 15 Jahren Muslim. Er trägt den Bart kurz, aber ungestutzt, dazu Käppi, Nickelbrille und Adidas-Freizeitanzug. »Hallo Türkan«, sagt er und packt einen

Neuankömmling freundschaftlich in den Nacken, »schön, dass du kommst!« Bruder Halid kümmert sich um »seine« Jugendlichen. Er fährt mit dem Fahrrad durch Nürnberg, dorthin, wo die Jungs herumhängen, rauchen, trinken, Drogen nehmen und »auf dumme Gedanken kommen«. Er spricht sie an, lädt sie ein in den Club. Er bietet ihnen einen warmen Ort, wo sie Spaß haben können. Wenn er von einem türkischen Geschäftsbesitzer eine Spende bekommen hat, dann gibt's auch was zu essen. Nebenbei serviert Bruder Halid Islam – in handlichen Portionen, jedoch nicht immer leicht verdaulich. »Die Jungen wissen, dass sie Muslime sind, und sie haben auch einen Bedarf nach Religion«, meint Bruder Halid. »Allerdings haben die meisten längst die Lust verloren, in die Moschee zu gehen, weil sie sich dort immer benehmen müssen.«

Es ist Freitagabend, und bei Bruder Halid kann man Spaß haben. Die Jüngeren verdrücken sich in den Nebenraum, die Älteren bleiben zurück und trinken noch eine Runde süßen Tee aus Goldrandgläsern. »Ich war ein Nichts bevor ich zum Islam kam«, sagt einer von ihnen. Er ist Anfang zwanzig, trägt Jeansjacke und die Haare kurz geschoren. Er habe einen Haufen Quatsch gemacht, »Drogen und Gewalt und so«, doch dann habe er quasi durch Zufall den Islam entdeckt. Das habe ihn wieder auf die Spur gesetzt. Er hofft jetzt, bald auch einen Job zu finden. »Das Gute ist, dass ich meine freie Zeit jetzt sinnvoll nutze, ich bete und ich bilde mich fort«, sagt er.

Neben ihm sitzt ein hagerer 23-Jähriger. Sein dunkler Bart sprießt und er trägt Wollmantel und Pluderhose im *Sufi*-Style. »Unser größter Fehler ist, dass wir über Jahrhunderte die Wissenschaften vernachlässigt haben. Da müssen wir wieder anknüpfen«, erklärt er. Seit vier Jahren ist er Muslim. Viele Menschen seien wegen des 11. September 2001 zum Islam konvertiert. »100 000 sollen es allein in den USA gewesen sein«, wirft der mit der Jeansjacke ein. »Die haben die Anschläge gesehen und haben gehört, was danach an Lügen über den Islam verbreitet wurde von den Medien. Das hat die dann zum Islam gebracht«, meint er. Bei ihm sei das anders gewesen. Ihn hätten besonders diese große Gemeinschaft und die Herzlichkeit und Brüderlichkeit des Islam fasziniert.

»Terror hat mit Islam nichts zu tun«, mischt sich jetzt Bruder Halid in das Gespräch ein. Er stellt eine frische Kanne Tee auf den Tisch und kniet sich dann hin, um den Jungen die Gläser zu füllen. »Die Anschläge in Amerika, das waren keine Muslime. Das können auch gar keine gewesen sein, denn Muslime tun so was nicht«, ist er sich sicher. Andererseits, wenn er sich so anschaue, welche Verbrechen an Muslimen in der Welt begangen würden, dann könne er die Wut der Menschen gut verstehen. »Hier traut sich doch kein Journalist, etwas gegen die USA oder Bush zu sagen und das, was wir an Bildern aus dem Irak, aus dem Gefängnis Abu Ghraib gesehen haben, das ist nur ein Bruchteil der Wahrheit«, sagt Bruder Halid. Die Muslime im Irak würden auf das Brutalste misshandelt und er als Muslim fühle stark mit seinen Brüdern. »Ich kann schon verstehen, wenn die Leute da austicken und auch zu Gewalt greifen«, bekennt Bruder Halid. Er selbst sei ein friedfertiger Mensch und er verurteile den Terror. »Aber ich kann nicht dafür garantieren, was ich in zehn Jahren mache, wenn das hier so weitergeht.«

Bruder Halid schaut auf die Uhr: Zeit fürs Gebet. »Kommt, Jungs, Abendgebet!« Aus dem Nebenraum dringen Computergeräusche herüber: Jungenfinger auf der Tastatur, verzerrte Stimmen, Lachen. Die Jungen kommen auch zu Bruder Halid, weil sie hier chatten können und weil er ihnen beim Stylen ihrer Websites hilft. So ergeben sich bizarre Verlinkungen. Auf Bruder Halids Site Ansary.de wirbt er für Spenden für seine Jugendarbeit – »wir müssen die Jugend aus den Klauen des Schaitans befreien« – warnt vor Integration in die Gesellschaft der *Kafirun* (hier: Nicht-Muslime) und verbreitet seine Ansichten über die Heuchelei der deutschen Politik. Er präsentiert eine Zusammenstellung der grausamsten Bilder aus dem Irak, aus Abu Ghraib, Palästina und Indien: Bilder von US-Soldaten, die Gefangene vergewaltigen, Bilder von verkohlten Leichen und Bilder von toten Babys. Surfer finden bei ihm eine Zusammenstellung aller Zweifel an der offiziellen Beschreibung des Tathergangs der Anschläge des 11. September 2001 ebenso wie Abhandlungen, warum Muslime in Deutschland nicht in Parteien eintreten sollten. Das grenze an *Kufr* (zum-Ungläubigen-Werden), so der Websitetext. Über Links landet man auf den Seiten der Jugendlichen. Die werben in erster Linie für sich selbst: Coole Jungs mit gegeelten Mode-Irokesenkämmen hören harte Musik und sind auf der Suche nach hübschen Mädchen.

»Klar bin ich Muslim«, sagt einer der Jungen und steht mit steifen cowboyartigen Bewegungen auf. Nur ungern trennt er sich von dem Computer. Er klappt die fellbesetzte Kapuze seines Anoraks hoch und trottet mit den anderen hinaus. Bruder Halid trägt einen Wollumhang über dem Freizeitanzug und geht vor den Jungen her in Richtung Moschee. Der Jugendclub liegt auf dem Gelände einer Milli-Görüs-Moschee. Die IGMG hat Bruder Halid die Räume überlassen. »Wir gehen zum Beten in die Moschee, ansonsten haben wir aber nichts mit denen zu tun«, sagt er. Die IGMG bestätigt dies. Der Bayerische Staatsschutz sieht es anders. Sie beobachten das Jugendzentrum und rechnen es der IGMG zu. Nach dem Gebet ist Zeit für die *Sohbet*. So bezeichnet Bruder Halid seine Unterrichtsstunde über den Islam. Er baut einen kleinen Hocker auf, platziert seinen Laptop darauf und setzt sich ein Head-Set auf den Kopf. Über Pal-Talk können auch Gäste seinen Ausführungen lauschen und – wenn sie mögen – sogar Fragen an den Redner richten. Bruder Halid erzählt Geschichten aus dem Leben des Propheten. Inzwischen ist der Raum voll: Vierzig Jungs zwischen 13 und 17 sitzen dicht gedrängt auf den Sitzkissen.

Gemütlich ist es in Bruder Halids *Medrese*-Knusperhäuschen. Er bietet etwas, was offensichtlich bei den Jungen ankommt: Einen Ort, wo sie hinkommen können, einen kostenlosen Zugang zum Internet und ein bisschen Islam. Dies hält sicherlich so manchen Jungen davon ab, »Quatsch« zu machen. Wer über Bruder Halid zum Islam kommt oder über ihn die Religion seiner Väter wiederentdeckt, der bekommt ein bestimmtes Raster mit auf seinen neuen Weg: Gut und Böse sind klar definiert. Gut sind die Muslime und böse die anderen. Terror ist böse und deswegen unislamisch, aber da die anderen so böse sind, kann es sein, dass Muslime sich dagegen wehren. So weit, dass er den Terror legitimiert, geht Bruder Halid nicht. Er schrappt mit seiner Argumentation immer hart an der Grenze dessen entlang, was man gerade noch sagen kann. Manchmal ist es auch jenseits. »Alle schauen dem Elend zu, doch keiner hilft. Dies erinnert an die Nazi-Zeit. Die Zionisten stellen sich als leidvolles Volk hin, doch an Gräueltaten haben sie die Nazis mittlerweile bei weitem übertroffen. Sind die Verbrechen der Nazi-Zeit ein Freibrief für den heutigen Staat Israel?«[54] Vorsichtshalber versieht er seine Website mit Warnhinweisen: »Merksatz: Wir rufen nicht zum Hass gegen die Juden auf. Nicht jeder Jude ist ein Moslemhasser.« Nein, die Kritik an Israel sei kein Antisemitismus, und er befürworte ein friedliches Zusammenleben aller Menschen.

So wie das Beispiel aus Hamburg zeigt, dass Koranunterricht im Hinterhof tatsächlich die Jugendlichen zum Nach- und Weiterdenken anregen kann, zeigt Bruder Halids Ansary-Jugendclub, dass es sinnvoll ist, nachzuschauen, was in den Moscheen und *Medresen* unterrichtet wird. Allerdings kann dies nicht vorrangig Sache des Verfassungsschutzes sein. Hier sind in erster Linie die islamischen Organisationen selbst gefragt, wenn sie den Weg der Integration aktiv beschreiten wollen.

Mein Bruder, der Selbstmordattentäter – Junge Muslime und der Terror

»Was fällt dir als Erstes ein, wenn du das Wort Islam hörst?« Diese Frage stellte Mimoun aus Köln seinen Mitschülern. Auch andere Jugendliche erzählten, dass sie – als die Wogen des Karikaturenstreits in Deutschland besonders hoch schlugen – solche kleinen Umfragen in ihrem Umfeld gemacht hätten. »Das Ergebnis war erschreckend«, sagt Mimoun. Die Leute hätten bei Islam an Terror und Gewalt gedacht. Andere bekamen Zwangsehe, Ehrenmord und Unterdrückung als Stichworte genannt.[55]

Der Terror und die Gewalt im Namen des Islam bringen die jungen Muslime in Deutschland in eine schwierige Position. Sie haben mit den Attentätern von London und den Entführern im Irak genauso wenig zu tun, wie jeder andere Bewohner Deutschlands. Dennoch werden sie von ihren Mitbürgern mit ihren Glaubensbrüdern in Verbindung gebracht. Der Islam habe nichts mit Terror zu tun, erklären die jungen Muslime. So einfach ist es aber auch nicht, denn die Attentäter berufen sich auf ihre Religion. Nicht nur Islam-Kritiker, auch Muslime finden im Koran Verse, die sich als Aufforderung zum Kampf verstehen lassen. So reagieren viele trotzig auf die Frage, was getan werden könne, um zu verhindern, dass sich auch in Deutschland junge Muslime im Hass auf die Gesellschaft in Selbstmordattentäter verwandeln. Fast alle begannen ihre Ausführungen damit, dass auch in anderen Religionen Gewalt angewandt werde. Manche deuteten an, nicht zu glauben, dass die Attentate von Muslimen begangen wurden. Sie meinten, sie seien gewiss von Geheimdiensten mitgeplant worden.

Alle waren sich einig, dass ihnen der Terrorismus persönlich schade. Es sei lästig, sich immer rechtfertigen und distanzieren zu müssen. Daran seien aber die Medien mit Schuld. Sie würden nicht genügend differenzieren zwischen Terror und Islam. Andere sagten, sie hielten viele der Berichte über radikale fanatische Gruppen für schlicht erfunden. Sie hätten noch niemanden persönlich getroffen, dem sie ein Attentat zutrauen würden. Alle hatten Ideen und Vorschläge, was getan werden könne, um den Terror im Namen des Islam einzudämmen.

* * *

Das Islamische Zentrum in Aachen sieht aus wie eine Festung. Grauer Beton, kleine Fenster, den Eingang erreicht man über eine Brücke. Das Zentrum gilt als Hochburg des syrischen Arms der Muslimbruderschaft. Salman, Halima und Achmed sind in der Jugendarbeit aktiv. Halima ist 21. Sie studiert Betriebswirtschaftslehre und engagiert sich in einem Sportverein für muslimische Frauen. Ahmed ist 20 und gerade für das Studium der Volkswirtschaft nach Bonn gezogen, Salman ist 23 und Sohn eines der Gründungsmitglieder der Moschee. Er studiert Wirtschaftsingenieurswesen. Die drei haben sich bereit erklärt, ein Interview zu geben.

Woran liegt es, dass sich Leute wie die Attentäter von London im Namen des Islam in die Luft sprengen? Die waren in England aufgewachsen, sprachen Englisch, waren wohl auch ganz gut integriert. Wie kann man das erklären?

Salman: Fehlendes Wissen.
Halima: Indoktrination.
Ahmed: Frust, Unzufriedenheit. Ich weiß ja auch nicht, inwiefern die wirklich integriert waren. Ich kann mir nicht vorstellen, dass die tatsächlich Teil der Gesellschaft waren. Je mehr sich die Bevölkerung untereinander kennt, desto größer ist die Sicherheit. Wenn dann einer so frustüberladen und resigniert wäre, dann könnte man das aus der Welt schaffen und es würde nicht so was passieren.
Halima: Das ist ja auch eine Frage der Integration, ob man sich mit der eigenen Gesellschaft identifiziert. Wenn man sich integriert fühlt, dann identifiziert man sich ja nicht voll und ganz mit dem Leid in Palästina – und vor allem: man steigert sich dort nicht hinein. Und gerade das ist da wohl passiert. Da war wohl

die Identifikation vollständig auf die Konflikte im Nahen Osten gerichtet.

Ahmed: Man muss sich im Klaren sein, was man verändern kann. Und die Konflikte im Ausland kann ich nicht ändern. Da soll man seine Kräfte realistisch einschätzen und sich erst einmal auf sein Leben konzentrieren. Da gibt es ja auch den Vers, dass man, bevor man die Gesellschaft verändern will, doch lieber mal bei sich selbst anfangen soll. Wenn die Leute sich das zu Herzen nehmen würden, dann könnten diese Projekte nicht so größenwahnsinnige Ausmaße annehmen.

Salman: Wenn ich so was mitbekomme, wie die Anschläge in London, dann mache ich mir sicherlich mehr Gedanken darüber als meine deutschen Freunde. Die denken vielleicht, na, das sind die muslimischen Terroristen, bei denen ist das in Ordnung so. Bei mir ist es so, wenn es jetzt wirklich ein Muslim gewesen sein soll, dann macht mich das natürlich schon nachdenklich. Ich frage mich, was man dagegen tun kann. Man sollte die Jugendlichen zusammenbringen und ihnen einen Ansprechpartner geben, von dem man weiß, dass der ihnen keinen Blödsinn erzählen wird. Sie müssen etwas mitbekommen, was sie in ihrem Glauben stärkt. Man muss halt schneller und besser und effektiver sein als die Radikalen. Aber man muss ja auch sehen, wie die Verhältnisse sind. Wenn da ein Imam ist, dessen Predigt man vielleicht noch mal überarbeiten sollte, dann sind da auf der anderen Seite die 99 Komma irgendwas Prozent der Imame, die in Ordnung sind.

Und was könnte man gegen den Terror tun?

Ahmed: Das positive Feeling in der Gesellschaft muss gefördert werden. Wenn die Ursachen für die Unzufriedenheit und das Gefühl der Ausgrenzung bekämpft werden, dann bekämpft man auch den Terror. Man kann ja jetzt auch nicht die ganze Gesellschaft mit einem Scanner durchsuchen: Aha, da ist einer, der hat das Potential zum Terroristen, den bekämpfen wir jetzt. Dann doch lieber die Ursachen bekämpfen als hinterher die Folgen versuchen aufzuhalten.

Halima: Gerade Jugendliche brauchen doch jemanden, der sagt: Ich finde dich gut. Wenn aber die Gesellschaft wiederholt sagt: Du bist so und so, und zugleich die Familie viel zu viel Druck ausübt, dann wird der Jugendliche leicht zu einem gescheuchten

Tier, das einen Ausweg sucht. Der kürzeste Ausweg ist dann ein Hassprediger, der kommt und genau auf diese Leute lauert.

Ahmed: Die Frage, inwieweit der Terrorismus mit dem Islam vereinbar ist, stellt sich ja gar nicht, weil es absolut nicht vereinbar ist. Insofern hilft es wahrscheinlich auch nur bedingt, wenn Leute wie Amr Khaled und andere den Terror verurteilen. Denn die Leute, die so etwas machen, werden kaum vorher Amr Khaled gut gefunden haben. Der erreicht die gar nicht.

Salman: Ich glaube schon, dass Amr Khaled etwas bewirken kann. Er gibt den Jugendlichen etwas, womit sie sich identifizieren können und zeigt ihnen einen Weg. Und wenn es nur ein oder zwei Jugendliche sind, die er so aufhält, das ist doch schon etwas. Irgendeinen Einfluss hat es sicherlich, wenn so viele Menschen mit etwas Gutem erreicht werden. Und in diesen Zeiten ist jede Hilfe willkommen.

Ahmed: Wenn die ganze Zeit nur negativ über den Islam und Ausländer berichtet wird, dann führt das auf jeden Fall zu Frust, und genau das führt zu diesen unüberlegten Taten. Wenn man weniger sensationsgeil auf den Islam losstürmen und zeigen würde, dass der Islam auch gute Seiten hat, dann hätte man auf jeden Fall Chancen, so etwas zu verhindern. Man kann ja nicht jeden Bürger dazu zwingen, sich über den Islam zu informieren, aber die Medien verbreiten dieses unterschwellig negative Bild des Islam, und wenn das etwas fairer wäre, dann wäre das Risiko solcher Aktionen um einiges geringer.

Halima: Man müsste persönliche Kontakte wie eine Welle in die ganze Gesellschaft verbreiten. Wenn jemand einen Muslim persönlich kennt, dann glaubt er nicht an Vorurteile, und er kann fragen. Zudem brauchen wir in allen Bereichen Aufklärung. Es ist natürlich auch ein Problem des Islam, dass es so viele verschiedene Auslegungen gibt. Diese Vielfalt verwirrt. Da steht dann der Christ in der Mitte, und der eine sagt von der einen Seite: Das ist der Islam, und der andere von der anderen Seite sagt: Nein, das ist der Islam. Aber diese Vielfalt gehört nun mal zum Wesen des Islam.

Salman: Die Probleme in der Gesellschaft sind zumeist Verständigungsprobleme. Da verhält man sich in einer Situation auf bestimmte Art, aber das Gegenüber versteht das nicht und denkt was ganz anderes. Ich war zum Beispiel bei der Bundeswehr und aufgrund der Kleidervorschriften wollte ich natürlich nicht nackt mit den anderen duschen. Da wurde dann bei manchen gemunkelt, ich sei homosexuell, weil ich immer allein geduscht habe. Das war natürlich lustig. Ich habe es ihnen dann erklärt und danach war es okay.

Als Muslim bei der Bundeswehr, da könnte es Ihnen ja auch passieren, dass Sie gegen Muslime kämpfen müssen. Können Sie das mit Ihrem Glauben vereinbaren?

Ahmed: Deutschland bietet uns Schutz, und da sollten wir uns auch daran beteiligen, das Land zu schützen. Ich war auch bei der Bundeswehr. Es ist auch so: Wenn man offen mit den Leuten redet, dann reagieren die Leute auch anders.

Salman: Es ist eine heftige Konfliktsituation, wenn ich als Soldat mein Land verteidigen und zugleich gegen Angehörige meiner eigenen Religion kämpfen soll. Aber der Islam ist ja eine friedfertige Religion. Deswegen ist es nicht gang und gäbe, dass vom Islam Schlechtes ausgeht. Wenn jetzt jemand im Namen des Islam etwas Schlechtes tut, dann schadet er damit ja nicht nur meinem Land, sondern auch meiner Religion, und da wäre es dann vielleicht doch mit meiner Religion vereinbar, gegen diese Leute zu kämpfen. Krieg gegen den Terror ist also kein Problem.

Und wie ist es mit Zwangsehe und Ehrenmord – ist so etwas beispielsweise in Ihren Jugendgruppen ein Thema?

Halima: Ich habe über Ehrenmorde und Zwangsehe auch nur in der Zeitung gelesen und in den Büchern, die darüber herausgekommen sind. Die Religion spielt dabei keine Rolle. Das sind ganz eindeutig Traditionen. Die Rolle der Moscheen ist dabei schwierig. Bei uns in der Moschee kommt so was sicherlich nicht vor. Es sind ja eher türkische Traditionen. Das sind dann vermutlich eher die DITIB-Moscheen[56]. Da ist es allerdings die Frage, wie man die Menschen erreicht, die auf die Idee kommen, ihre Schwester zu ermorden. Wie tief müssen die Menschen gesunken sein? Das sind sehr verkrustete traditionelle Strukturen. Wie kann man sie aus diesem Sumpf herausziehen? Natürlich, sie berufen sich auf den Islam, denn die Menschen wissen es nicht besser. Sie haben von ihren Eltern und Großeltern mitbekommen, das was sie tun sei im Namen der Religion. Da kann man natürlich ansetzen und aufklären, kann ihnen sagen: Schaut, die Religion ist gar nicht so. Die Frage bleibt: Werden die Menschen das akzeptieren, wenn sie doch immer gehört haben, es sei Teil der Religion? Ich denke, man muss die Menschen da peu à peu hinbewegen.

Der Kampf gegen Terror und Gewalt kann nicht nur von Militär und Polizei geführt werden. Um zu verhindern, dass junge Muslime dem Beispiel der Attentäter von London folgen und im Namen des Islam in Deutschland Attentate begehen, dazu brauchen wir eine weitergehende, eine gesellschaftliche Anti-Terror-Strategie. Der Schlüssel zur Sicherheit liegt in der Integration auch der neuen Frommen. So kann den engstirnigen Militanten die Gefolgschaft entzogen werden.

Fazit: Freund oder Feind –
Sind die Pop-Muslime gefährlich?

Yasemin, Ammar, Tasniem und Nadia, Abdurrahim, Salman und Halima – die jungen Muslime, die in diesem Buch zu Wort kommen, sind recht nette und eigentlich ganz normale Jugendliche. Eigentlich. Doch sie bringen alles durcheinander. Einfacher wäre es, wenn sie anders wären, klarer in die Raster passten. Wenn sie entweder danach streben würden, so zu sein wie die Westeuropäer, oder wenn sie stärker dem Klischee der abgekapselten Muslime entsprächen. Wenn sie Schulversager und Verlierer der Gesellschaft wären, dann gäbe es – vielleicht – Konzepte, wie man versuchen könnte, sie zu Mitbürgern nach herkömmlichen Vorstellungen zu machen. Dann stünden Förderprogramme zur Verfügung, Sozialarbeiter und Sonderschulen würden versuchen, auf sie einzuwirken und sie zu retten. Wenn sie verbohrte antiwestliche Fanatiker wären, dann hieße die Antwort vermutlich: Verfassungsschutz, Polizei und Abschiebung. Doch man kann den Pop-Muslimen nicht vorwerfen, sie würden unseren Lebensstil ablehnen. Sie übernehmen ihn, formen ihn um nach ihrem Geschmack. Hamide, die bei der Milli Görüs organisiert ist und im Fitnesscenter Bauch-Beine-Po unterrichtet, ist ein gutes Beispiel für den Remix der Lebenskonzepte. Hamide passt in keines der herkömmlichen Raster. Gerade deswegen stellt sie die deutsche Gesellschaft auf die Probe.

Yasemin, Ammar, Tasniem und Nadia, Abdurrahim, Salman und Halima sind hier. Sie haben nicht vor, Deutschland zu verlassen. Wo sollten sie auch hingehen? Und: Sie wollen nicht nur bleiben, sie wollen auch anders bleiben. Es hat sich unter Muslimen in Deutschland eine neue Jugendkultur entwickelt, in der es keinen Widerspruch darstellt, fromme Gläubige und gute Bundesbürger zu sein. Sie engagieren sich, wollen die Gesellschaft mitgestalten – unter islamischem Vorzeichen, versteht sich. Sie sind nicht bereit, sich an alle deutschen Sitten und Gebräuche anzupassen. Jugendliche, die bei der Schul-Party nicht mittrinken, die bei der Klassenfahrt nicht Flaschendrehen spielen wollen und am Samstagabend in die Moschee und nicht ins Kino gehen, lösen nicht nur bei ihren Mitschülern Unbehagen aus. Säkular eingestellte Menschen bekommen Gänsehaut, wenn sie Jugendliche treffen, die in den Ferien lieber ins islamische Zeltlager fahren, als in Ibiza am Strand zu liegen.

Die jungen Muslime stellen unseren Lebensstil, unsere Werte in Frage, indem sie diese nicht übernehmen. Wieso wollen sie unsere Freiheit nicht? Was ist falsch an ihr?

Besonders provozierend sind die Pop-Muslime, weil sie sich an die islamischen Regeln halten, und das nicht etwa, weil ihr autoritärer Vater sie dazu zwingt, sondern weil sie sich freiwillig und aus voller Überzeugung dazu entschieden haben. Sie kennen die Freiheiten, die andere Jugendliche genießen, und entscheiden sich dagegen, sie alle in Anspruch zu nehmen. Sie kennen auch die Regeln, denen Gleichaltrige in der islamischen Welt unterworfen sind, und wählen aus: Sie übernehmen das, was zu ihnen passt, lehnen anderes als unislamische Tradition ab. Sie gehen neue Wege, und sie wollen auch dem Islam zu neuem Ansehen verhelfen. Ganz grundlegend steht die Jugendbewegung für etwas, was viele Menschen in Europa für überwunden hielten: Gottergebenheit. Durch die Auseinandersetzung mit dem Islam bekommt die Religion erneut eine größere Rolle im öffentlichen Leben. Das Unwohlsein den Fremden gegenüber wird durch die Angst vor Gewalt im Namen des Glaubens verstärkt. Wie also sollte die deutsche Gesellschaft auf die Entstehung dieser neuen frommen Jugendbewegung reagieren? Auf diese Frage gibt es zwei verschiedene Antworten.

Einerseits kann man in der Frömmigkeit und dem ganzheitlichen islamischen Lebensstil der Jugendlichen sowie in ihrem starken Sendungsbewusstsein eine Bedrohung sehen. Diese Auffassung ist nicht unbegründet und ergibt sich, wenn man betrachtet, woher die Bewegung kommt. Die Jugendlichen knüpfen an die Bewegung der Muslimbruderschaft an oder fühlen sich dem Gründungsvater der Milli-Görüs-Bewegung, Necmettin Erbakan, verbunden. Für sie steht die *Scharia* über dem Grundgesetz. Sie verfolgen ein Projekt, das bei allem Trendbewusstsein und dem Bemühen um Integration auch auf die Veränderung der Gesellschaft abzielt. Sie gehen davon aus, dass sie das bessere Weltkonzept haben und es nur eine Frage der Zeit und der richtigen PR ist, bis auch der Rest der Welt dies einsieht. Die Expansion des Islam ist für viele das Ziel der Bewegung. Die Berichte über den Islam in Europa, die sich beispielsweise bei Islam-Online finden, der Website unter der Schirmherrschaft Scheich Qaradawis, sind eindeutig. Europa ist der Kontinent, dem das größte Zuwachspotential zugesprochen wird. Macht *Dawa* (Werbung) und bekommt Kinder, lautet die Botschaft an die Muslime in Europa.

Angesichts der Zahlenverhältnisse ist es natürlich absurd, wenn sich Bundesbürger davor fürchten, aus Deutschland könne ein islamischer Staat werden. Eine Bedrohung ist dieses Sendungsbewusstsein eher für die weniger frommen muslimischen Gleichaltrigen. Wie sehr fühlen sich die muslimischen Schulfreundinnen von Mimoun in Köln bedrängt, ebenfalls einen konservativeren Lebensstil anzunehmen und sich an die Vorgaben der Geschlechtertrennung, des Kopftuchs und der islamischen Etikette zu halten? Wie frei ist die Entscheidung des Einzelnen, einen anderen Weg zu wählen? Gerade wenn Religion mit Mode kombiniert wird, und es hip ist, gläubig zu sein, macht das den weniger Gläubigen das Leben schwer.

Zudem entwickelt sich dieser Trend ja nicht primär in Deutschland. Die Ideen und Leitlinien werden aus der islamischen Welt übernommen. Dort sind sie in einem ganz anderen gesellschaftlichen und politischen Kontext entstanden. So kommen Aussagen, Haltungen und Einschätzungen nach Deutschland, die mit unserem Wertesystem nicht vereinbar sind. Die Auffassungen von Scheich Qaradawi zum Thema Selbstmordattentate oder seine Ansichten über den Umgang mit Apostaten, vom Islam abtrünnig Gewordenen, sind nur zwei Beispiele. Antiisraelische und antisemitische Stellungnahmen, die in der arabischen und türkischen Presse nicht entschuldbar, aber doch – angesichts des Palästina-Konflikts – an der Tagesordnung sind, lassen in Deutschland zu Recht die Alarmlampen angehen. Im Prozess der Anpassung der panislamischen Ideen an den deutschen Diskurs holpert es zuweilen ziemlich heftig.

Auch gibt es Beobachter, die in Amr Khaled und Sami Yusuf nur die Türöffner sehen. Sie machen die Jugend religiös und damit empfänglich für die Propaganda radikalerer anti-westlicher Prediger, die dann Gewalt mit Islam vermischen. Der freundlich daherkommende Islamismus von Amr Khaled und die brutale Ideologie von Usama Bin Laden kämen demnach aus der gleichen Wurzel und seien insofern nur zwei Spielarten der gleichen zur Gewalt neigenden autoritären Ideologie. Die friedliche, auf Mission setzende Strömung sei wegen ihrer größeren Reichweite sogar noch gefährlicher als die offen terroristische Szene, so die Einschätzung aus den Reihen deutscher Sicherheitsbehörden. Gerade in Verfassungsschutzkreisen werden gern Parallelen zwischen dem islamischen Erwachen junger Muslime heute und der Bewegung der Nationalsozialisten in den 20er und 30er Jahren des 20. Jahrhunderts gezogen. Hierarchische Strukturen, ein emanzipationsfeindliches Frauenbild und strenge Verhaltensregeln werden als Anhaltspunkte für den Vergleich gesehen. Die nach außen signalisierte Dialogbereitschaft und die Aussagen zu Integration und Zusammenleben aus dem Munde der Prediger und Jugendgruppenleiter seien bloße Propaganda, um die westlichen Gesellschaften einzulullen. Die Botschaft, die sich dahinter verberge, sei ultrakonservativ und antiindividualistisch: Du bist nichts, die *Umma* ist alles!

Die Befürworter eines harten Kurses gegen die Anhänger auch der Gewalt ablehnenden Teile der islamischen Bewegung folgen dem Prinzip: Wehret den Anfängen! Seit einigen Jahren gibt es verstärkt Sanktionen gegen Gruppen, die vom Verfassungsschutz beobachtet und als extremistisch eingeschätzt werden. Das Bestreben, Abdurrahim aus Gießen die deutsche Staatsbürgerschaft wieder abzuerkennen, ist ein Beispiel. Die Rücknahme der Fördergelder für die Muslimische Jugend in Berlin ist ein weiteres. Auch die Ablehnung des Visumsantrages von Amr Khaled im Mai 2006 fügt sich hier ein.

Andererseits – und dies ist die Gegenposition zu der harten Linie der Sicherheitsexperten – kann man in dieser neuen islamischen Jugendbewegung auch eine Chance sehen. Im Vergleich zu der Bedrohung der Gesellschaft durch Terror und Gewalt erscheinen der Hang zu einem konservativen Islamverständnis vieler Pop-Muslime und ihr Sendungsbewusstsein wenig gefährlich. Sie können zudem als Teil der Gesellschaft dabei helfen, die Bedrohung des Terrorismus und der anderen Gewaltverbrechen, die von Muslimen unter Berufung auf den Islam begangen werden, zu bekämpfen. Junge, hier aufgewachsene Muslime versuchen, ihr Leben in die eigene Hand zu nehmen. Sie engagieren sich für ihre Mitmenschen, muslimische und nichtmuslimische, und sie wollen den Islam von seiner freundlichen Seite präsentieren. Sie agieren nicht in der vielbeschworenen Parallelgesellschaft, sondern in der deutschen Öffentlichkeit. Sie wollen dies, damit der Islam attraktiver wird, sich mehr Menschen der Religion anschließen. Sie wollen dies auch, weil sie sich selbst ein besseres Leben erhoffen. Sie bemühen sich, den Terror als kleine unislamische Randerscheinung zu relativieren. Zugleich versuchen sie, Gleichaltrige davon zu überzeugen, dass Gewalt der falsche Weg ist. Und das ist das Entscheidende: Nichtmuslimische Lehrerinnen, Sozialarbeiter oder auch Dialog-Spezialisten haben wenig Aussicht auf Erfolg, wenn sie auf Leute wie Hani treffen, der in Hamburg zur *Hisb al Tahrir* gehört. Hani würde im Zweifelsfall mit *Kafirun* (hier: Nicht-Muslime) gar nicht sprechen. Fawzi, Abu Ahmed oder Kamal haben schon eher eine Chance, ihn zu erreichen. Sie können ihn vielleicht überzeugen, dass der Islam nicht die Grundlage für Attentate sein kann. Ein Blick in die Foren im Internet zeigt: Es wird eine hitzige Debatte geführt. Es geht um die Zukunft des Islam, welches ist der richtige Weg? Diese Diskussion müssen die Muslime führen. Es ist jedoch im Interesse aller, ihnen den Rahmen für die Diskussion zur Verfügung zu stellen. Wie kann Abdurrahim glaubwürdig den deutschen Staat gegen radikale Glaubensbrüder in Schutz nehmen, wenn ihm zugleich der Verlust der Staatsbürgerschaft droht?

Und die Macho-Jungs in Berlin-Neukölln und Duisburg-Marxloh, die ihre Schwestern tyrannisieren? Mit denen finden Chaban und die anderen jungen Männer von der Muslimischen Jugend oder anderen sozial engagierten islamischen Gruppen vielleicht eher eine gemeinsame Sprache als dies städtische Sozialarbeiter könnten. Sie können diesen Jungs vielleicht vermitteln, dass sie eine andere Vorstellung von den Rechten der muslimischen Frau haben, und ihnen die einschlägigen Koranstellen zeigen.

Angesichts der Bedrohung der deutschen Gesellschaft durch Terror und Gewaltverbrechen im Namen des Islam sollten wir uns nach Verbündeten umschauen. Die Anhänger der neuen islamischen Jugendbewegung können hier ein geeigneter Ansprechpartner sein. Zugleich führt die stärkere Einbindung dieser Jugendlichen auch dazu, dass sie sich willkommen und akzeptiert fühlen. Sie bekommen Bestätigung auf ihrem Pro-Integrationskurs und können so andere mitziehen. Schlägt man ihnen hingegen die Tür vor der Nase zu, dann wird dadurch ein Zeichen gesetzt: Deutschland hat keinen Platz für junge fromme Muslime. Konfrontation statt Zusammenarbeit. Das kann nicht das Ziel sein.

Allerdings sind auch die Bauchschmerzen vieler säkular eingestellter Mitbürger nicht von der Hand zu weisen: Wenn wir versuchen, Terror und Gewalt mit religiöser Aufklärung zu begegnen und diese Aufgabe Organisationen mit einem starken Sendungs- und Missionsbedürfnis übertragen, dann wird dem Religiösen viel Raum gegeben. Widerspricht dies nicht unserem säkularen Selbstverständnis? Sicher. Besonders, da die Auseinandersetzung mit dem Islam nach den 11. September 2001 auf der Gegenseite ebenfalls zu einer Rückbesinnung auf die Religion geführt hat. Christliche Organisationen streben nach mehr Einfluss. Papst-Kids strömen zum Jugendtreffen der katholischen Kirche. Das plakativste Beispiel für die Wiederkehr des Glaubens in die Politik ist wohl die Rede des britischen Premiers Tony Blair im März 2006. Er sagte, dass die Entscheidung darüber, ob die von ihm beschlossene britische Beteiligung am Irak-Krieg richtig oder falsch sei, am Ende von Gott gefällt werde, und löste damit Proteste bei den Kriegsgegnern aus.

Die staatliche Förderung und die Zusammenarbeit mit religiös geprägten Organisationen – seien es muslimische, christliche oder andere Vereinigungen – stellen vor diesem Hintergrund eine weitere Herausforderung für das Konzept des säkularen Staates dar. Allerdings lässt sich diesem Trend zur Religion gerade im Hinblick auf die islamische Welt nicht dadurch begegnen, dass wir ihn ignorieren oder durch Ausgrenzung versuchen, die Re-Islamisierung einzudämmen. Ausgrenzung und Konfrontation führen sogar zu einer Verstärkung des religiösen Trends. Der säkulare Staat sollte auf seine Neutralität bedacht sein. Er selbst darf keine religiöse oder weltanschauliche Haltung einnehmen, sondern sollte vielmehr das Forum für das Nebeneinander verschiedener Lebenskonzepte sein. So dürfen natürlich nicht nur islamische Organisationen in ihren Bemühungen um die Integration der muslimischen Jugendlichen unterstützt werden. Auch andersorientierte Bildungseinrichtungen sind erforderlich, um den Jugendlichen die Wahl zu geben. Aber auf die Erfahrung, die Motivation und den Zugang der islamischen Gruppen sollte man nicht verzichten. So scheint diese zweite Betrachtungsweise, die Pop-Muslime als Chance und nicht als Bedrohung zu sehen, trotz der genannten Bedenken einer Ausgrenzungsstrategie vorzuziehen zu sein.

Allerdings setzt sie voraus – schließlich hat die zuerst genannte Sichtweise ihre Berechtigung – dass Medien, Politik, aber auch die Sicherheitsbehörden ein wachsames Auge auf die Äußerungen der Organisationen und die dort vertretenen Positionen haben. Gerade weil die neue Jugendbewegung ursprünglich aus der islamischen Welt kommt und die Ideen zum Teil erst an den deutschen Kontext angepasst werden müssen, gibt es hier Beobachtungs- und auch Kritikbedarf. Die Ideen werden von Muslimen in Deutschland aufgegriffen und weiterentwickelt. Dabei gibt es mehrere Probleme: Das, was in der arabischen Welt als Mainstream gilt, besonders in Bezug auf Gewalt und Antisemitismus, ist in Europa eindeutig jenseits der Grenze dessen, was akzeptabel ist. Das, was in der arabischen Welt als moderate Position gilt, ist in Europa extrem. Den Entstehungszusammenhang sollte man bei der Einschätzung beachten: Es ist beispielsweise wenig hilfreich, Scheich Qaradawi als Radikalen einzuordnen, auch wenn er das aus deutscher Sicht sein mag. Im Kontext der arabischen Welt ist er moderat. Problematisch wird es erst, wenn junge Gläubige seine Inhalte ungefiltert im europäischen Kontext propagieren. Sie orientieren sich an ihm, auch weil er Radikalismus und Attentate gegen Zivilisten im Westen und in der islamischen Welt ablehnt. Die deutschen islamischen Organisationen und die einzelnen Gläubigen, die sich an der internationalen Bewegung orientieren, müssen die Inhalte der Bewegung aus der islamischen Welt an den Diskurs in Deutschland anpassen. Es ist durchaus möglich und üblich – das haben mehrere Gesprächspartner be-

[Handschriftliche Randnotizen: "Gegenüberstellung zu gläubige Pop-Muslimen" / "Relativierung von Gewalt an arabischer Realität"]

schrieben – sich in Glaubens- und Lebensstilfragen auf Scheich Qaradawi zu berufen und zugleich seine Haltung zu Selbstmordattentaten gegen israelische Bürger abzulehnen. Diese Differenzierung sollte eingefordert werden. Von den muslimischen Aktivisten in Deutschland kann man auch verlangen, dass sie *Dawa* nicht im Sinne der Qaradawi-*Umma* betreiben, sondern im Rahmen des Grundgesetzes. Ebenso ist Distanz zu der antisemitischen Stimmungsmache beispielsweise der »Milli Gazette«, der Milli-Görüs-nahen Tageszeitung, unbedingt notwendig.

Ganz besonders das Verhältnis zum Judentum und zum Staat Israel ist Gradmesser dafür, wie weit dieser Anpassungsprozess geglückt ist. Angesichts des andauernden israelisch-palästinensischen Konflikts und der beschriebenen interessengeleiteten Fixierung der arabischen Medien und Politiker auf diesen Konflikt ist der Schritt, aus dem weit verbreiteten antisemitischen oder zumindest stark antiisraelischen Diskurs in der islamischen Welt auszuscheren, eine besonders schwierige, aber um so wichtigere Aufgabe. Da das Thema gerade für die Deutschen von besonderer Wichtigkeit ist, sollte es im Dialog mit der islamischen Welt nicht vorsichtig umschifft, sondern offen angesprochen werden.

Im Januar 2006 war Deutschland Gastland auf der Buchmesse in Kairo. Der Dialog der Kulturen stand im Mittelpunkt des Programms. Doch immer wieder drängelte sich das Thema Israel, Holocaust und der deutsche Umgang damit in die Veranstaltungen hinein. »Sagen Sie, Frau Professor Limbach, wie ist denn das in Deutschland mit der Freiheit der Wissenschaft? Über den Holocaust darf man bei Ihnen doch nicht alles sagen, oder?«, meldet sich ein Zuhörer in einer Veranstaltung zu Wort. Die Goethe-Chefin Jutta Limbach antwortet freundlich und direkt. Knapp erklärt sie die Gesetzeslage. Vier Monate später im Haus der Kulturen der Welt in Berlin. »Wieso ist es in Deutschland verboten, den Mythos des Holocausts in Frage zu stellen? Ja, man wird dafür sogar bestraft. Und wieso darf unser Prophet Mohammed einfach so beleidigt werden«, erbost sich ein junger Mann aus dem Publikum während einer Panel-Diskussion zum Karikaturenstreit. »Wieso darf man in Deutschland den Hitlergruß«, er streckt den rechten Arm in die Luft, während er weiter redet, »nicht zeigen, und unser Prophet darf in den Dreck gezogen werden?«

Auf dieser Ebene kann man nicht diskutieren. Der gezielte Mord an den Juden in Europa lässt sich nicht mit den verletzten Gefühlen der Muslime durch die dänischen Karikaturen gleichsetzen. Doch die Beispiele zeigen zugleich, dass es trotz Jahrzehnten der Dialogbemühungen zwischen Muslimen, Christen und Juden noch erheblichen Gesprächsbedarf gibt. Die Wortmeldungen zeigen auch, dass es zwar schön und gut ist, sich über kulturelle und religiöse Unterschiede und Gemeinsamkeiten auszutauschen – aus der Sicht vieler muslimischer und vor allem arabischer Dialogpartner bleibt ein Gespräch mit Deutschen unter Vermeidung des Themas Israel aber reinster Kuscheldialog. Ein Ende desselben hatten unlängst die Vertreter der christlichen Seite von ihren muslimischen Gesprächspartnern verlangt: Sie forderten die dringend notwendige Diskussion über das Verhältnis von Islam und Gewalt ein.

Es wäre an der Zeit, dem Dialog in dieser Richtung neue Impulse zu geben. Die deutsche Position ist klar nachvollziehbar und hat mit Doppelmoral, Verschwörung und ähnlichen dunklen Machenschaften, wie von arabischer Seite zum Teil unterstellt wird, nichts zu tun. Wieso können wir dann nicht darüber reden? Darüber, dass Deutschland eine besondere Verantwortung Israel gegenüber hat und Angriffe auf das Existenzrecht des Staates nicht akzeptiert werden? Darüber, dass aus arabischer Sicht die zionistische Bewegung ein koloniales Projekt ist, das – so sehen sie es – von den Europäern aus schlechtem Gewissen unterstützt wird? Darüber, dass es einen großen Unterschied zwischen dem Leugnen eines Massenmordes an einer ganzen Bevölkerungsgruppe und der Veröffentlichung mittelmäßiger Karikaturen gibt? Darüber, dass im Westen die Politik nicht von einer ominösen israelischen Lobby bestimmt wird? Und darüber, dass nicht alle Muslime Fanatiker sind? Einfach ist diese Aufgabe nicht, aber angesichts des antisemitischen Untertons in weiten Teilen der arabischen Presse und der beschriebenen Palästina-Obsession der arabischen Satellitensender darf man dieses Thema nicht den Propagandisten von Verschwörungstheorien überlassen.

Wie beschrieben haben mehrere islamische Jugendorganisationen in den vergangenen Jahren ihre Internetauftritte bereinigt und versuchen so, ein grundgesetzkonformes, freundliches und tolerantes Gesicht zu zeigen. Angesichts der teilweise sehr heftigen

Diskussionen unter den Jugendlichen über den richtigen Weg eines frommen Muslim ist dies ein notwendiges Vorgehen. Wenn Organisationen wie die Muslimische Jugend oder auch Milli Görüs Regeln aufstellen, die eine klare Distanz zu radikalen Positionen demonstrieren, dann kann man darin bloße Lippenbekenntnisse sehen. Doch andererseits: Welche andere Möglichkeit hat eine Organisation, sich zu distanzieren? Kritisches Beobachten der Aktivitäten und Äußerungen kann den Organisationen helfen, den richtigen Deutschland-kompatiblen Ton zu finden. Zu viel Misstrauen, das sich nicht auf Fakten, sondern auf ein diffuses Unbehagen gegenüber dem Islam stützt, bewirkt das Gegenteil. Die Jugendlichen sind frustriert: Was sollen wir denn noch machen? »Ich bin hier geboren, habe die deutsche Staatsbürgerschaft, habe hier Abitur gemacht und studiere jetzt. Ich bin Mitglied einer Partei und spende regelmäßig Blut – was soll ich denn noch tun, damit ich als Deutscher akzeptiert werde?« fragt Hamza Gülbas aus Hamburg.

Dialog mit islamischen Gruppen

Gemeinsam gegen den Terror

Noch sind die Pop-Muslime eine Minderheit unter den jungen Muslimen in Deutschland. Man kann sie als Elite oder Vorhut bezeichnen. Sie stehen für einen Trend. Sie sind auch insofern eine Avantgarde, als sie stärker als andere die deutsche Gesellschaft auf die Fragen stoßen, die dringend beantwortet werden müssen. Wer sind wir eigentlich und wie gehen wir mit der veränderten Zusammensetzung unserer Gesellschaft um?

Wenn wir von uns sprechen, wenn wir Grundwerte anführen, die den Westen ausmachen und an die sich Muslime anpassen sollen, wenn sie in Deutschland dauerhaft leben wollen, dann stellt sich zunächst die Frage: Wer sind wir überhaupt? Was sind unsere Werte? Welchen Konsens gibt es in der deutschen Gesellschaft? Natürlich kennen wir die zentralen Werte. Sie sind auf jeden Fall anders als die der Orientalen. Wir wollen die Gleichberechtigung von Mann und Frau, Demokratie, Menschenrechte. Das steht im Grundgesetz. Und weiter? Außenstehenden, Neu-Hinzugekommenen erscheint der gesellschaftliche Konsens diffus. Die Forderung, die Grundlagen der deutschen Gesellschaft klar zu definieren und die Bedingungen für eine Integration öffentlich zu machen, wird von vielen der Interviewten gestellt. Der Begriff der Leitkultur, der in regelmäßigen Abständen in der politischen Diskussion auftaucht, wird mit Skepsis betrachtet. Zumeist wird er von konservativen Politikern in die politische Arena geworfen, und es ist klar, dass sie die deutsche Leitkultur christlich-abendländisch definieren. Sie wollen die Uhren zurückdrehen, in die 50er Jahre vielleicht, als die Deutschen noch beinahe ausschließlich bleiche Haut hatten. Diese Art der Leitkultur dient der Identitätsstiftung in Abgrenzung von den anderen. Bis in die Nachkriegszeit hinein waren die Deutschen deutsch, weil die Franzosen französisch waren. Heute sind die Franzosen so wie wir, weil südlich des Mittelmeeres die Menschen anders sind. Diese Art der Leitkultur-Debatte kann nicht helfen, die in Deutschland ansässigen Muslime zu integrieren. Gesucht wird eine Definition einer gesellschaftlichen Identität, die von möglichst vielen in Deutschland beheimateten Menschen geteilt werden kann. Die Neuen und die zukünftigen deutschen Staatsbürger möchten wissen, was von ihnen verlangt wird. Sie wollen, dass der Begriff Integration definiert wird. Was müssen sie tun, um dazuzugehören? Reicht es, die Sprache zu können, das Grundgesetz zu akzeptieren und immer auf grün zu warten, bevor man über die Straße geht? Reicht es, wählen zu gehen, den Putzplan im Treppenhaus zu befolgen und gute nachbarschaftliche Beziehungen zu pflegen? Oder ist das alte Deutschland im Grunde nicht bereit, der Realität ins Auge zu blicken, und träumt noch immer von seiner bleichen 50er-Jahre-Idylle, die auch ihre Tücken hatte, weil schon einmal die Gesellschaft vor der Herausforderung stand, eine große Zahl Flüchtlinge aufzunehmen, die zwar bleichhäutig, aber doch anders waren? Heute, mehr als 40 Jahre nach dem Beginn der Anwerbung von Arbeitskräften aus der Türkei und Nordafrika, wird es höchste Zeit, darüber zu diskutieren, was eigentlich unter dem Begriff deutsch zu verstehen ist. Daraus ergibt sich dann die Definition von Integration. Der Gipfel im Kanzleramt im Juli und die Islamkonferenz im Innenministerium, geplant für September 2006, sind Schritte in diese Richtung. Wie viel kulturelle Unterschiedlichkeit kann eine Gesellschaft aushalten? Wie viel Individualismus verkraftet das Gemeinwesen?

Noch schwieriger ist die Definition der Werte. Wir brauchen Prinzipien, die einerseits das Zusammenleben regeln können, die also aussagekräftig und stark sind: Die Mitglieder der Gesellschaft müssen für sie eintreten, sie im Zweifel verteidigen wollen. Andererseits sollten die Werte so allgemeingültig sein, dass ein großer Teil der Bevölkerung sie teilen kann. In Zeiten des Konflikts zwischen dem Westen und der arabischen Welt, der ja zumindest in den Köpfen vieler Menschen existiert, ist die Definition dieser Werte umso wichtiger. Der Westen ist attraktiv. Freiheit, Rechtsstaatlichkeit, Demokratie, Toleranz und Transparenz: Das sind Werte, für die wir in der Welt – gerade auch in der islamischen Welt – bewundert werden. Der Grund, weshalb der Westen von den Propagandisten des Terrors gehasst wird, ist die Freiheit, die er den Menschen anbietet.

Die Ursache, warum ein großer Teil der Menschen in der arabischen Welt die USA und Europa kritisch sieht, sind jedoch nicht die Werte, es ist die Abweichung von diesen selbst gesetzten Idealen. Die USA werden nicht dafür gehasst, dass sie die Demokratie bei sich verwirklichen und diese der übrigen Welt empfehlen. Sie werden verachtet, weil sie zu lange arabische Diktatoren und deren Interessen geschützt haben. Das Problem des Krieges 2003 im Irak war für viele nicht, dass die US-geführten Streitkräfte Saddam Hussein aus seinem Palast vertreiben wollten, sondern dass dies mit einer Lüge begründet wurde, den angeblichen Massenvernichtungswaffen, die nie im Land gefunden wurden. Die Stimmung kippte endgültig, als die Bilder aus dem Foltergefängnis Abu Ghraib veröffentlicht wurden. Die Werte des Westens sind nur dann attraktiv und zugkräftig, wenn sie konsequent umgesetzt werden. Nur dann färben sie ab und andere orientieren sich an uns.

Im Westen empfinden viele die Re-Islamisierung in der arabischen Welt als Bedrohung. Sie sehen in einer Rückbesinnung auf christliche Werte eine geeignete Abwehrstrategie. Die überlegenere Strategie ist jedoch die Betonung unserer Tradition des Humanismus und der Freiheit. Wir führen keinen Kreuzzug gegen den Islam. Es gibt einen militärischen Einsatz gegen den Terrorismus, bei dem trotz allem die Grundsätze der Menschenrechte und der Demokratie gelten. An diesem Kampf können sich auch junge in Deutschland aufgewachsene Muslime beteiligen. Salman und Ahmed aus Aachen, beide im muslimbrudernahen Islamischen Zentrum aktiv, könnten sich das beispielsweise vorstellen.

Auch ist die Idee, einbürgerungswilligen Menschen in Deutschland einen Fragebogen vorzulegen, gar nicht so verkehrt, wie es bei Betrachtung der Diskussion darum erscheint. Anhand des Fragenkatalogs, der ja einsehbar ist, kann sich der Zugezogene informieren. Was ist den Deutschen wichtig? Vielleicht muss er bei der Suche nach manchen Antworten noch im Lexikon nachschlagen: 1848 in Frankfurt – was passierte da? Vielleicht denkt er darüber nach, warum die Deutschen von diesem ersten demokratischen Versuch ein solches Aufheben machen. Fragen zur Nazi-Vergangenheit, zum Völkermord an den Juden, all das kann zu einem besseren Verständnis führen. Auch Kurse, in denen Einbürgerungskandidaten die Eigenheiten ihrer zukünftigen Mitbürger erklärt bekommen, sind sinnvoll.

WM-Euphorie vereinigt Deutschland im Juni 2006 effektiver als jeder Integrationsgipfel.

Ins Negative schlagen solche Initiativen erst um, wenn sie nicht der Einbürgerung, sondern der Ausgrenzung dienen: Wenn offensichtlich mit zweierlei Maß gemessen wird. Ein solcher Fragebogen darf sich nicht generell an Muslime richten, so wie es zunächst in Baden-Württemberg geplant war. Fragt man: Welche Rechte haben 16-jährige Mädchen gegenüber ihren Vätern, wenn es um die Auswahl ihrer Ehe- und Geschlechtspartner geht? oder: Sind homosexuelle und heterosexuelle Paare rechtlich gleich gestellt? dann führt die Vorbereitung auf die Fragen dazu, dass sich die Neubürger damit auseinander setzen müssen, dass sie einer Gesellschaft beitreten, die möglicherweise anders tickt, als sie dies gewohnt sind. Sie lernen, dass es in Deutschland Strafen für schlagende Familienväter gibt und dass auch Kinder Rechte haben.

Was keinen guten Eindruck macht, sind Gewissensfragen wie aus dem Baden-Württembergischen Gesprächsleitfaden: »Stellen Sie sich vor, Ihr volljähriger Sohn kommt zu Ihnen und erklärt, er sei homosexuell und möchte gerne mit einem anderen Mann zusammenleben. Wie reagieren Sie?« Die Frage bekommt vor allem dadurch ein »Geschmäckle«, dass der Fragebogen von einer Partei propagiert wird, in der die Gleichstellung von Homosexuellen keineswegs von allen begrüßt wird. Während des hessischen

Wahlkampfes zur letzten Landtagswahl stellte die CDU Plakate auf, auf denen sie sich als Schützerin der herkömmlichen Familie präsentierte. Mehrere dieser Plakate wurden – sicherlich nicht aus Versehen – direkt vor den Eingang des Islamischen Zentrums in Frankfurt gestellt. Erhoffte man sich dort wohl Wählerstimmen von denen, die von der Homo-Ehe ebenso wenig halten wie so mancher CDU-Stammwähler? Kein Wunder, wenn kaum einer glaubt, dass mit diesem Fragebogen die Integration gefördert werden kann.

Natürlich hat die Diskussion um die deutsche Leitkultur längst begonnen; in den evangelischen und katholischen und seit neuestem auch in der muslimischen Akademie wird über die Wertefrage diskutiert. Politische Stiftungen und Zeitschriftenredaktionen beschäftigen sich ebenso mit der Identitätsfrage wie Seminare an den Universitäten, rechtsradikale Burschenschaften und linke Intellektuellenkreise. Die Suche nach der Antwort wird noch einige Zeit in Anspruch nehmen. Das liegt in der Natur der schwierigen Aufgabe. Der Prozess wird allerdings verzögert, eine tragfähige Antwort wird verhindert, wenn die Diskussion von aufgebauschten Gefahrenszenarien, Säbelrasseln im Kampf der Kulturen und Ausgrenzung mit fadenscheinigen Hinweisen auf die Terrorbekämpfung begleitet wird.

Für eine Deeskalation im Kampf der Kulturen

Ähnlich wie der »Kampf der Kulturen« ist auch das Konzept des gefährlichen Islam eine sich selbst erfüllende Prophezeiung. Je mehr vor dem Islam gewarnt wird, je mehr verallgemeinert wird und unpräzise Verbindungen gezogen werden, desto stärker fühlen sich Muslime ausgegrenzt und sogar angegriffen. Dieser Frust wird in Kombination mit anderen Zutaten ein idealer Nährboden, auf dem Fanatismus und Radikalismus gedeihen. Statt diesen Humus weiter mit Dünger zu begießen, sollten sich deshalb alle ihrer Verantwortung bewusst sein: Politiker, Journalisten, Bürger. Nur mit Gelassenheit und genauem Hinschauen und Zuhören lässt sich die Eskalationsspirale aus Gewalt und Gegengewalt, aus Hass und Angst anhalten oder zumindest verlangsamen. Der Karikaturenkonflikt sollte uns eine Lehre sein. Radikale beider Seiten haben den Konflikt geschürt und kräftig angeheizt: Die

Journalisten aus Åhus wollten beweisen, dass die Muslime mit Pressefreiheit und Beleidigung ihrer Religion nicht gut umgehen können. Das ist ihnen gelungen. Sie bekamen die Bilder wütender Demonstranten und Molotow-Cocktails werfender Fanatiker. Die andere Seite nutzte die Gelegenheit, Anhänger zu mobilisieren und gegen den Westen zu hetzen, Frust umzuleiten und nebenbei noch ein gutes Geschäft zu machen.

Die Rolle der Medien

Auch in Zukunft müssen wir zusammenleben. Selbst wenn es die Pressefreiheit hergibt, ist es kein guter Stil, Mitbürger mutwillig zu beleidigen und sie dann auch noch darauf hinzuweisen, dass sie diese Verletzung im Namen der Demokratie aushalten müssen. Noch schlimmer ist es, darauf mit Gewalt zu reagieren. Für Morddrohungen und Kopfprämien gegen Journalisten und Brandsätze auf europäische Einrichtungen gibt es keine Legitimation. Der Karikaturenkonflikt ist nur die Spitze des Eisbergs: Blättert man durch die politischen Illustrierten, lässt den Blick über die Büchertische großer Buchhandlungen schweifen und schaut die politischen Magazine der TV-Sender an, so springen Beispiele für diese Stimmungsmache im Namen der Quote, der Auflage oder der Verteidigung des Abendlandes förmlich ins Auge. Wieso werden Artikel über Terroristen mit Bildern der Hagia-Sofia-Moschee in Istanbul illustriert? Wieso stehen daneben Fotos von betenden Massen einer x-beliebigen Moschee? Wieso werden Frauen mit Kopftuch fast immer als Opfer oder als Gefahr dargestellt? Emotionen werden geweckt: Der Islam greift unsere Werte an! Verschwörung gegen die Demokratie! Hilfe, die Türken stehen vor Wien! Die Angst vor der Gewalt mischt sich mit der uralten Angst vor der Invasion.

Als Beispiel für die subtilere Form der Stimmungsmache lassen sich Zwischentöne in der aktuellen Demografie-Diskussion in Deutschland anführen. Frank Schirrmacher schlägt in seinem viel zitierten Buch »Das Methusalem-Komplott« den Bogen von der Überalterung der europäischen Gesellschaft zum Kampf der Kulturen. »Immer mehr Kinder aus bürgerlichen muslimischen Mittelstandsmilieus sammeln sich, geprägt von einer fundamentalistischen Ideologie und erbittert über die Ungerechtigkeit der Welt, zu einer Wiederaufführung des Revolutionsdramas von einst ge-

nau in dem Augenblick, da die westlichen Revolutionäre, die Acht-
undsechziger aus Berkeley, Berlin und Paris, im Begriff sind, in
Rente zu gehen«, schreibt er. Vor diesem Hintergrund bekommt
der Appell der Berliner Politik: Frauen, bekommt mehr Kinder,
um unsere Rente zu retten! eine zusätzliche Botschaft. Er besagt
zugleich: Deutsche Frauen, bekommt mehr Kinder, sonst werden
wir von den Muslimen überrannt! Die Angst vor Überfremdung
wird geschürt. Einerseits wird in der öffentlichen Debatte be-
klagt, dass zu wenige Kinder geboren werden. Zugleich werden
die Zustände an den Schulen als unerträglich beschrieben: Dort
gibt es nicht zu wenige Kinder, sondern zu viele, und diese haben
die falsche Herkunft und Muttersprache. In Kombination mit
dem geplanten einkommensabhängigen Elterngeld wird die Argumentation noch deutlicher: Gefördert werden soll, dass die
richtigen – berufstätigen, gut ausgebildeten, also zumeist deutsch-
stämmigen – Frauen Kinder bekommen.

Mit einiger Wahrscheinlichkeit kann auch Deutschland Ziel von
Anschlägen muslimischer Attentäter werden. Es ist Aufgabe der
Medien, darüber aufzuklären und die Menschen zu warnen. Allerdings sollte dabei – im Namen der Sicherheit – darauf geachtet
werden, nicht unzulässig zu verallgemeinern. Es gibt kein gene-
relles Risiko, das von Muslimen ausgeht. Uns bedroht nicht ein
Moschee-Neubau und nicht die Zahnarzthelferin mit Kopftuch.
Gefährlich sind fanatisierte Einzeltäter, die Usama Bin Ladens
brutale Ideen aufgreifen. Bedrohlich ist es auch, wenn diese Unterstützung von Glaubensbrüdern bekommen, die sich ausgegrenzt
und diskriminiert fühlen. Es gilt, diesen Solidarbund zwischen
Attentätern und mitfiebernden Jugendlichen zu durchbrechen.
Ein Schritt in diese Richtung wäre eine verantwortungsbewußte-
re, oder sagen wir einfach, gelassenere Berichterstattung in den
Medien. Es ist wichtig, zwischen Terroristen, verbohrten Kämpfern und antiwestlichen Hetzern einerseits und mehr oder weniger frommen Muslimen andererseits deutlich zu unterscheiden.
Wer Angst schürt, erhöht damit die Terrorgefahr. Für uns alle.

Anfang 2006 gelang den muslimischen Jugendlichen als kollekti-
ver Gruppe ein großer Sprung: Sie schafften es aus den Nachrichten ins Vorabendprogramm des Fernsehens. »Türkisch für An-
fänger« war eine ARD-Produktion, die das Zusammenleben auf

die Schippe nahm. Im Privatfernsehen lief eine Reality-Geschichte: Eine deutsche Studentin verkleidet sich für einen Monat als Muslima und lebt in einer muslimischen Familie. Andere Sender ziehen nach: Jugendliche tauschen die Familien und werden dabei mit der Kamera begleitet. Big Brother goes multikulti. Natürlich kommen diese Sendungen nicht ohne Klischees aus, aber im Grunde werden die Protagonisten sympathisch und als mit menschlichen Problemen behaftet dargestellt. Sonst kennen die TV-Zuschauer diesen Typ Mensch vornehmlich aus Berichten über wütende Demos oder randalierende Hauptschüler. Im Vorabendprogramm wirken sie schon viel vertrauter, und man kann über die Scherze der jungen Muslime herzlich lachen.

Für mehr Sicherheit

Deeskalation im Kampf der Kulturen bedeutet auch ein Umdenken, was die Praxis des Verfassungsschutzes angeht. Es ist unbestritten, dass gegen gewaltbereite Zellen und terroristische Einheiten kein noch so verlockendes Dialogangebot und auch keine beruflichen Umschulungsinitiativen helfen können. Wer die Bombe schon gebaut hat, oder sie auch nur vor seinem geistigen Auge bereits sieht, gegen den helfen nur Polizei und Sicherheitsbehörden. Organisationen wie *Hisb al Tahrir*, die Kalifatstaatsbewegung und die Ableger militanter Organisationen in der islamischen Welt bekämpfen unsere Ordnung. Sie verstoßen gegen geltende Gesetze. Ihr Verbot ist notwendig. Sie sollen in Deutschland keinen Aktionsspielraum haben. Die britische Regierung steuerte in dieser Frage lange einen anderen Kurs. Vertreter diverser radikaler und sogar militanter Organisationen fanden in London Asyl und lenkten von dort Aktionen in ihren Heimatländern. Die unausgesprochene Vereinbarung, dass die Aktivisten – manche von ihnen können als Terroristen angesehen werden – im Gegenzug für das Asyl ihre Gastgeber nicht angreifen, scheiterte. Der radikale Prediger Abu Hafiz al Masri soll seinen eigenen Sohn losgeschickt haben, die britische Botschaft im Jemen zu attackieren. Die Regierung von Tony Blair geht inzwischen hart gegen die Radikalen vor. Zahlreiche Anti-Terror-Gesetze, die zum Teil im eklatanten Widerspruch zur britischen Rechtsstaatstradition stehen, indem sie beispielsweise lange Sicherheitshaft ohne richterliche Anhörung erlauben, wurden verabschiedet.

Schwieriger ist die Einschätzung von Organisationen wie Milli Görüs oder den muslimbruderschaftsnahen Vereinigungen. Sie werden in den Berichten der Verfassungsschutzämter genannt und als islamistisch-extremistisch, aber nicht terroristisch-gewaltbereit eingestuft. Es ist gewiss notwendig und sinnvoll, ihre Aktivitäten kritisch zu verfolgen. Ohne den Druck der Beobachtung wäre der Öffnungsprozess der Milli Görüs vermutlich nicht so weit gediehen. Auch bei anderen Organisationen sind die Bemühungen um Distanz zu radikalen Strömungen und um mehr Transparenz auf die Nennung im Verfassungsschutzbericht zurückzuführen. Kritischer ist die Praxis der Sanktionen gegen diese Organisationen zu bewerten. Während es unbedingt notwendig ist, gegen Mitglieder der militanten Organisationen oder auch der hetzerischen *Hisb al Tahrir* vorzugehen, und während es auch angebracht ist, Prediger und Imame, die zum Hass gegen die deutsche Gesellschaft aufrufen, strafrechtlich zu verfolgen, sind die Maßnahmen gegen die – im Fachjargon als »legalistisch« bezeichneten – Organisationen umstritten. Die Aberkennung der Staatsbürgerschaft wie im Fall des Gießeners Abdurrahim erscheint übermäßig hart, da ihm ja persönlich nicht vorgeworfen werden kann, dass er sich staatsfeindliche Bestrebungen zu Schulden hat kommen lassen. Ähnlich gelagert ist der erwähnte Fall der Muslimischen Jugend in Berlin: Das Schulprojekt der Organisation wurde gestoppt, weil auf der Website ein hetzerischer Text aufgetaucht war und weil die Organisation vom Verfassungsschutz als muslimbrudernah eingestuft wurde. An dem Schulprojekt hatte niemand etwas auszusetzen, im Gegenteil. Wenn dann noch jemandem wie Amr Khaled das Visum verweigert wird, fragt man sich: Mit wem aus der islamischen Welt wollen wir überhaupt noch reden?

Wenn der Verfassungsschutz eine Organisation als extremistisch einstuft, dann müssen sich daraus – so sieht es die Praxis vor – Konsequenzen ergeben. Müssen? Wäre es nicht sinnvoller, feiner zu differenzieren? Sanktionen gegen die Radikalen und kritische Beobachtung der legalistischen Organisationen? Milli Görüs, die Islamische Gemeinschaft Deutschland und andere werden beobachtet, die Beobachtungsergebnisse – zumindest weitgehend – veröffentlicht. Ob Einzelpersonen aus der Mitgliedschaft oder dem Engagement für eine solche legalistische islamische Organisation Sanktionen entstehen, dafür sollte das konkrete Verhalten ausschlaggebend sein.

Bei einem weiteren Schritt zur Deeskalation im Kampf der Kulturen ist es wohl nur noch eine Frage der Zeit, bis er getan wird: Der Islam sollte als Religionsgemeinschaft anerkannt werden. Dadurch würden sich viele Probleme mehr oder weniger von allein lösen: Religionsunterricht an den Schulen, Ausbildung der dafür benötigten Lehrer, Entwicklung der Lehrpläne, Ausbildung von Imamen, Moscheenbau. Viele Hürden, an denen die Integration des Islam derzeit hakt, könnten überwunden werden. Auch hierfür wäre es hilfreich, den Umgang mit der Milli Görüs und einigen anderen legalistischen Organisationen zu überdenken. Oft scheitert die Kooperation der Politik mit islamischen Verbänden daran, dass sich Behördenvertreter nicht mit den pauschal als extremistisch eingestuften Gruppen an einen Tisch setzen können.

Viele Innenbehörden setzen sich längst darüber hinweg. Der ehemalige Bremer Regierungschef Henning Scherf stand in regelmäßigem Kontakt mit den lokalen Moscheevereinen, auch denen, die zur Milli Görüs gehören. Vom Berliner Innensenator Ehrhart Körting ist seit den Tagen des Karikaturenstreits bekannt, dass er zuweilen Löcher in den Socken hat. Er besuchte mehrere Moscheen und zog dort natürlich seine Schuhe aus. In dem von ihm initiierten Islamforum arbeiten Vertreter fast aller Moscheen mit. Auch einige vom Verfassungsschutz beobachtete Gruppen sitzen hier mit Polizei und Innensenat an einem Tisch und beraten sich in Sicherheitsfragen. Gerade zu diesem Thema ergibt ein breites Bündnis besonders viel Sinn. So wurde die IGMG auch zum Islamgipfel im Innenministerium für September 2006 eingeladen.

Deeskalation im Kampf der Kulturen bedeutet also auch, dass man die muslimischen Organisationen als Kooperationspartner einbindet. Seit September 2005 gibt es Gespräche zwischen Bundeskriminalamt und Bundesamt für Verfassungsschutz auf der einen und dem Zentralrat der Muslime (ZMD) sowie der Türkisch-Islamischen Union der Anstalt für Religion auf der anderen Seite. Beide Seiten können von dieser Zusammenarbeit profitieren. Die Behörden finden Mitstreiter im Kampf gegen den Terror. Sie können durch die Offenheit und das Vertrauen, dass sie den Verbänden entgegenbringen, eher darauf hoffen, dass – wenn ein Moscheebesucher etwas Verdächtiges beobachten sollte – Informationen weitergegeben werden. Es ist ein guter Schritt dahin, die Grenze zu verschieben. Es wäre dann nicht der deutsche Staat, der von den Muslimen erwartet, dass sie ihre Glaubensbrüder denunzieren, sondern es gäbe ein Bündnis von friedliebenden Bürgern und potentiellen Terroropfern, die gemeinsam gegen die Bedrohung angehen. Der Zentralrat der Muslime fühlt sich nach eigenen Angaben in seiner Rolle ernst genommen und begrüßt die Gespräche. Der Verband bietet Informationsveranstaltungen für seine Mitglieder an, und auch das Thema: Was mache ich, wenn der Imam in meiner Moschee Hass verbreitet? wird angegangen. Mounir Azzaoui, ZMD-Pressesprecher, beschreibt einen Prozess, den der Verband seit den Anschlägen des 11. September 2001 durchmache: Die islamischen Organisationen ergreifen ihre Verantwortung in der Bekämpfung des Terrors, mit dem sie nichts direkt zu tun haben und der sie selbst auch bedroht.

Für eine bessere Bildung

Die islamischen Verbände sollten auch Kooperationspartner in Fragen der Integration sein. Bildung hat dabei höchste Priorität. Ein Schulabschluss gilt als Schlüssel zur Integration. Die Pisa-Studie der OECD vom Mai 2006 bestätigt der Bundesrepublik erneut, dass die Kinder von Einwanderern besonders schlechte Schulleistungen erbringen. Erschreckend ist das Ergebnis auch insofern, als die Kinder, die einen Teil ihrer Schulzeit noch im Heimatland verbracht haben und dann in eine Schule in Deutschland wechseln, besser abschneiden, als die in Deutschland geborenen Kinder ausländischer Eltern – ein Armutszeugnis für das deutsche Schulsystem. Woran liegt es, dass die Kinder von Migranten so schlecht mitkommen? Fehlende Sprachkenntnisse nennen fast alle der Befragten als Hauptgrund. Aber wieso sprechen in Deutschland aufgewachsene Kinder so schlecht Deutsch?

Fazli aus Berlin sagt, dass viele junge Türkischstämmige Deutsch nur in der Schule sprechen, im Zweifelsfall sogar nur im Unterricht, da man auf dem Schulhof sauber getrennt nach Herkunft verkehre. Fazli kritisiert den zu hohen Ausländeranteil vieler Schulen in einzelnen Bezirken. Die Kinder sollten auf andere Schulen verteilt werden, um sie stärker mit der deutschen Kultur und Sprache in Kontakt zu bringen. Ansonsten sieht er in der Überforderung der ersten Einwanderergeneration die Hauptursache für das Versagen und die Perspektivlosigkeit der Kinder. Statt zu versuchen, möglichst viel Geld zu verdienen, damit es ihren Kindern einmal besser gehe, müssten die Eltern ihre Kinder stärker zum Lernen motivieren. Dass Bildung und nicht Geld der Schlüssel zu der ersehnten besseren Zukunft ist, wird den Eltern oft erst durch das Scheitern ihrer Kinder deutlich. Zu spät. Allerdings kämen viele der Eltern aus bildungsfernen Schichten, und Kinder aus Arbeiterhaushalten hätten es, so Fazli, auch sonst im deutschen Schulsystem nicht leicht. Viele Eltern verstünden zudem das deutsche System nicht, führt Fatih aus Hamburg als weiteren Grund an. Wer nicht weiß, worauf es ankommt, kann seine Kinder nicht gezielt fördern. Hamide aus Hanau hat in ihrer Schulzeit Vorbilder vermisst. Sie hätte gut eine Lehrerin gebrauchen können, die sie ermutigt und ihr eine Perspektive zeigt. Stattdessen habe sie oft den Eindruck gehabt, dass ihr als Kopftuchmädchen aus Klein-Istanbul nichts zugetraut würde.

Der Berliner Migrationsforscher Frank Gesemann stellt fest, dass es den Kindern spanischer Gastarbeiter, die kurz vor den türkischen Kollegen angeworben wurden, sehr viel leichter gefallen sei, sich im deutschen System zu behaupten. Er führt dies auf die Selbstorganisation der Eltern zurück. Spanische Elternvereine wurden gegründet, die sich um den Ausgleich möglicher Schuldefizite der Kinder kümmerten. Von türkischer Seite gibt es inzwischen Initiativen in ähnlicher Richtung, allerdings nicht in ausreichendem Ausmaß. Ein Grund hierfür ist, dass sich viele Elterngruppen zunächst um das Seelenheil ihrer Kinder kümmerten und die Kleinen zum Religionsunterricht in die Moschee schickten. Im Falle der spanischen Einwanderer ergab sich dieses Problem nicht. Sie konnten sich gleich um Mathematik und Rechtschreibung kümmern. Dass dies wichtig ist, hat sich bei den islamisch-türkischen Organisationen in den vergangenen Jahren allmählich durchgesetzt. Nicht nur türkische und arabische Vereine, besonders Moscheegemeinden bieten Nachhilfe an, zum Beispiel Milli Görüs, der Verein Islamischer Kulturzentren und ganz besonders die Bewegung, die sich an dem türkischen Reformer Fethullah Gülen orientiert. Sie haben den festen Willen, dass ihre Jugendlichen erfolgreich sein sollen.

Die Organisationen der Migranten allein können natürlich nicht die Mängel des deutschen Systems ausgleichen. Die Hauptverantwortung, den Kindern von Migranten bessere Chancen im Schulsystem zu verschaffen, liegt bei Schule, Behörden und Politik. Spezielle Konzepte müssen entwickelt werden. Dabei könnte es hilfreich sein, die bestehenden bildungsorientierten Organisationen einzubeziehen und mit ihnen zu kooperieren. Motivation und Kompetenz der Jugendlichen, die selbst aus Migrantenfamilien stammen und sich ihren Weg mühsam gesucht haben, können hilfreich sein. Wenn Studentinnen wie Selda aus Mainz den von ihr so genannten Importbräuten Deutsch beibringen, dann locken sie im Zweifelsfall junge Mütter an, die sich in lokale Volkshochschulen nicht hineintrauen. Die Frauen wollen auch für ihre Kinder Deutsch lernen. Doch die Umstände stehen oft dagegen. Besonders die Schwiegerfamilien blockieren dies vielerorts. Die Initiative, Deutschkurse für Neuankömmlinge zur Pflicht zu machen, wird von den meisten der Interviewten positiv gesehen. So haben beispielsweise die »Importbräute« ein Gesetz auf ihrer Seite, das ihre Schwiegermütter zwingt, sie zur Weiterbildung gehen zu lassen.

Deeskalation im Kampf der Kulturen bedeutet auch, dass im Lehrplan des Geschichtsunterrichts beispielsweise – wo sonst lernt man seine nationale Identität kennen? – die Vielfalt der Herkünfte berücksichtigt wird. Der Islam ist eine deutsche Religion oder ist zumindest auf dem besten Wege dahin. Da ist es zu knapp, wenn man den Schülern nur seine Gründung, die Kreuzzüge und dann den Israel-Palästina-Konflikt vermittelt. Schließlich lernen auch die muslimischen Kinder in der deutschen Schule ihre eigene Religion kennen. Wenn sie diese nur immer als »den Feind« präsentiert bekommt, der Gewalt gutheißt, Frauen unterdrückt und reformresistent ist, dann verlangt man zu viel von den Schülern. Wenn sie trotz dieses Unterrichts einen fortschrittlichen Islam praktizieren wollen, dann müssen sie sich erst einmal von ihrem Geschichtslehrer emanzipieren und seine Aussagen grundlegend in Frage stellen. Da wäre es doch besser, gleich die Reformansätze innerhalb des Islam im Unterricht zu behandeln und auch die positiven Seiten herauszustellen.

Das Problem mit dem Kopftuch

Deeskalation im Kampf der Kulturen bedeutet, dass Ursache und Wirkung auseinander gehalten werden. Derzeit hat sich die Diskussion um den Islam in Europa in einem Stück Stoff festgebissen. Der Westen sieht darin mehr als ein religiöses Symbol. Die

Muslime auch. Eine ganze Generation junger Frauen definiert sich über ihren Leidensweg mit dem Tuch. Gerade die Auseinandersetzung um das Kopftuch hat allerdings auch dazu geführt, dass die Frauen inzwischen eine recht wichtige Rolle innerhalb der Organisationen spielen. Sie sind durch ihre täglichen Konflikte in der Schule, am Arbeitsplatz und in der TV-Talkshow die Vorkämpferinnen der islamischen Identität und stellen schon so das islamische Rollenklischee auf den Kopf. Mit zäher Hartnäckigkeit kämpfen sie für das Recht auf ihr Kopftuch, für Gebetsräume an den Universitäten und dafür, dass ihre Töchter nicht am Schwimmunterricht teilnehmen müssen. Diese Energie wäre dringend nötig, um die Situation junger Muslime zu verbessern, ihre Chancen in den Schulen und Universitäten und später auf dem Arbeitsmarkt zu erhöhen.

Deeskalation im Kampf der Kulturen heißt hier konkret, dass die Gesellschaft sich darüber klar werden soll, was sie gefährdet und was sie ausmacht. Solange eine Lehrerin gut unterrichtet und ihre religiösen und politischen Überzeugungen nicht den Kindern aufdrängt, sollte sie mit ihren Haaren machen dürfen, was sie will. So hält es beispielsweise Rheinland-Pfalz. Dort gibt es bisher kein Kopftuchverbot für Lehrerinnen. Die Staatsbediensteten werden über ihre Neutralitätspflicht aufgeklärt, und wenn sie dagegen verstoßen, drohen Disziplinarmaßnahmen. Schon aus strategisch-pragmatischen Gründen sollte das Kopftuch nicht verboten werden. In Dänemark dürfen Angestellte nicht nur das Kopftuch tragen, manche Firmen stellen es ihren Mitarbeiterinnen sogar zur Verfügung – in den Farben der Firma, passend zur Uniform. Seitdem tragen in diesen Firmen weniger Frauen das Kopftuch. Wer will sich schon in den Farben von MacDonalds verschleiern?

Die Gegner einer solchen pragmatischen Haltung argumentieren gern prinzipiell: Wenn wir einmal nachgeben, dann werden sie immer mehr verlangen. Wenn Lehrerinnen Kopftuch tragen dürfen, dann müssen wir als nächstes die Mädchen vom Sportunterricht befreien und den Sexualkundeunterricht nach Geschlechtern getrennt stattfinden lassen. Was wird aus Darwins Theorien? Am Ende müssen wir akzeptieren, dass die Schüler *Insha'Allah* (So Gott will) hinter jeder mathematischen Lösung sagen, um auszudrücken, dass auch die Gesetze der Wissenschaften nur durch Gottes Willen gelten. Auch hier tut ein wenig Gelassenheit gut. Die Befreiung vom Sportunterricht setzt triftige Gründe voraus. Das Kopftuch braucht keiner zu sein, wenn man den Schülerinnen gestattet, es während des Sports zu tragen. Den Mädchen mit Kopftuch erscheinen die Argumente vieler Sportlehrer, sie könnten das Kopftuch aus Sicherheitsgründen in der Turnhalle nicht dulden, vorgeschoben. Schließlich gibt es inzwischen spezielle Sporttücher. Die Teilnahme am Sportunterricht, im Zweifel auch in gemischtgeschlechtlichen Gruppen, sollte für alle Schüler verpflichtend sein, die Befreiung nur der Ausnahmefall.

Im Bezug auf den Schwimmunterricht sollte diese Regel etwas flexibler angewendet werden: Wenn Kinder partout nicht daran teilnehmen wollen und religiöse Gründe dafür anbringen, sollte es möglich sein, dass sie solange in einer Parallelklasse am Sportunterricht teilnehmen. Dies sollte allerdings tatsächlich nur der letzte Ausweg sein. Im Zuge des neuen Trends zum Islam wurden beispielsweise in Ägypten auch islamisch korrekte Bademoden entwickelt. Vielleicht lassen sich auch hier Anregungen finden, das Problem ganz pragmatisch zu lösen. Im Bezug auf den Sexualkundeunterricht scheint es nicht notwendig, besonders auf die religiösen Gefühle der muslimischen Kinder einzugehen. Manche Lehrer sehen es ganz allgemein als sinnvoll an, sexuelle Aufklärung nach Geschlechtern getrennt zu unterrichten. Ansonsten sind die Funktionsweisen des menschlichen Körpers Teil der Allgemeinbildung – nicht nur in Deutschland. Gehörten nicht die Ärzte der islamischen Welt zu den Vorreitern der modernen Medizin?[57]

Klassenfahrten hingegen gehören nicht zum Unterricht, fördern jedoch den Klassenzusammenhalt und die Freundschaft unter den Schülern. Schön wäre es, wenn alle mitkommen. Natürlich ist es die Aufgabe der mitreisenden Lehrer, dafür zu sorgen, dass nicht zu viel gefeiert wird und dass nur die mitfeiern, die es wirklich möchten. Dies gilt natürlich ganz besonders, wenn muslimische Mädchen dabei sind: Sie müssen zu Hause glaubhaft versichern können, dass ihnen nichts passiert und sie nur so weit in das Geschehen hineingezogen werden, wie sie es selbst wünschen. Es wird sich jedoch nicht verhindern lassen, dass Jugendliche auf Klassenfahrten Alkohol trinken und sich küssen. Viele Schüler und auch Eltern sehen das Sammeln von Erfahrungen fern ab vom Einfluss des Elternhauses als wichtigen Bestandteil solcher Reisen. So erscheint der Vorschlag von Nadia aus dem

Odenwald eher kontraproduktiv: Sie will, dass möglichst viele Erziehungsberechtigte mit zu den Klassenreisen fahren, um für Anstand und Ordnung zu sorgen. Vielleicht muss man dann einfach sagen: Wenn nicht alle Kinder mit zu einer Klassenfahrt fahren, dann ist dies zwar schade, aber nicht ganz so schlimm.[58]

Als Samuel Huntington 1993 seinen Aufsatz über den Kampf der Kulturen veröffentlichte, in welchem er die Welt in mehrere in ihrem Wesen grundverschiedene und deswegen im Konflikt zueinander stehende Kulturen einteilte und den Kampf besonders zwischen dem Westen und dem Islam vorhersagte, schüttelten viele seiner Leser den Kopf: Was für ein übertriebenes, verrücktes Zukunftsszenario! Angesichts der kleinen bis mittelgroßen Konflikte mit der islamischen Welt gleich so eine Weltuntergangsstimmung zu verbreiten, erschien den meisten als maßlos übertriebene Stimmungsmache. Dem Westen war mit dem Zusammenbruch des real existierenden Sozialismus 1989/90 der Feind abhanden gekommen, jetzt sollte offensichtlich der Islam in diese Rolle schlüpfen. Im Mai 2006 sagten 46 Prozent der befragten Bundesbürger in der erwähnten Studie des Allensbach-Institutes, sie gingen davon aus, dass wir uns bereits mitten in genau diesem Kulturkampf befinden.

Das Erschreckende an diesen Zahlen ist, dass der Kulturkonflikt nur dadurch existiert, dass die Menschen an ihn glauben. Bei genauerer Betrachtung sind es weniger die kulturellen und religiösen Unterschiede, welche die Ursache für die Konflikte in und mit der islamischen Welt sind. Machtpolitik, Rohstoffverteilung und Wirtschaftsinteressen verbergen sich dahinter. So geht es doch im Palästinakonflikt im Grunde um Land, nur haben dies viele der Beteiligten inzwischen vergessen. In Afghanistan geht es um Macht. Im Irak spielten Öl und die Neuordnung der Region die Hauptrolle. Der Kampf gegen den Terror ist ein Verteidigungskrieg gegen eine bewaffnete Organisation, die über eine potente Ideologie verfügt. Die Kriegsherren beider Seiten verschleiern ihre Interessen gern hinter kulturell-religiösen Tarnnetzen. Im Kampf um den Erhalt des Abendlandes sind die Bürger eher zu Opfern bereit, als wenn sie von vornherein zur Sicherung der Energiequellen in die Schlacht geschickt werden. Sollte allerdings der Benzinpreis im Zuge des Irak-Konflikts weiter ansteigen, könnte sich dies ändern – aber dies ist ein anderes Thema. Der anderen

Seite geht es genauso: Usama Bin Laden will Macht und Einfluss. Er will als Retter des Islam gelten und seine Feinde, die saudische Königsfamilie, vom Thron vertreiben. Dafür braucht er Kämpfer, und sein grausames Erfolgsrezept besteht darin, dass er den jungen Männern vermittelt, sie kämen für ihre Taten ins Paradies. Es ist in seinem Interesse, dass der Konflikt weitergeht und dass der Hass der islamischen Welt auf den Westen und der des Westens auf den Islam die Vernunft wegspült. Im Kampf der Kulturen gibt es keine Sieger, nur viele Kriegsgewinner. Die normalen Bürger in Berlin, Kairo oder Singapur – soviel ist klar – gehören ganz bestimmt nicht zu dieser Gruppe. Deswegen ist es höchste Zeit, den Teufelskreis der Gewalt und Gegengewalt zu durchbrechen.

Deeskalation im Kampf der Kulturen ist – im Grunde – eine simple Sache: Es ist gut, viel über den Islam und die islamische Welt, über die Kriege, Konflikte und die Politik zu wissen. Noch wichtiger ist es, seinen Nachbarn, Schulfreunden, Zufallsbekanntschaften zuzuhören. Uns bleibt nichts anderes übrig als zusammenzuleben, deswegen sollten wir einander unterstützen und die Herausforderungen, die dieses Zusammenleben an uns stellt, auch annehmen. Einfach ist es nicht, zumal die alltägliche Nachbarschaft mit Muslimen auch von den Konflikten in der islamischen Welt und den Auswirkungen des Kampfes gegen den Terror belastet wird. Wir können es uns nicht leisten, in die Falle des Kulturkonflikts zu tappen. Aber stellen Sie sich einmal vor, es ist Kampf der Kulturen, und keiner glaubt daran.

Anhang

Anmerkungen

1 Zur Situation arabischer Jugendlicher in der Region vgl.: Hegasy, Sonja/Kaschl, Elke (Hg.): Changing Values among Youth. Examples from Germany, Egypt and other Arab Countries. Berlin 2006.

2 Der Jordanier Abu Musab al Sarkawi alias Ahmed Fadhil al Khalaliyah, Jahrgang 1966, bewegte sich als Jugendlicher in der Drogen- und Gewaltszene Ammans, bis seine Familie seine religiöse Umerziehung in die Wege leitete. 1989 ging Sarkawi nach Afghanistan und schloss sich dem *Dschihad* von Usama Bin Laden an. 1993 kehrte er nach Jordanien zurück. Er plante Anschläge gegen israelische Ziele und wurde verhaftet. In der Haft entwickelte er sich vom Kämpfer zum *Dschihad*-Anführer. 2000 gründete er ein Trainingslager in Afghanistan. Er wird für die Ermordung des US-Diplomaten Foley in Amman 2002 sowie für die Beteiligung an dem Anschlag auf das UN-Quartier in Bagdad 2003 verantwortlich gemacht. Er arbeitete zunächst mit der im kurdischen Teil des Iraks vertretenen *Ansar* al Islam zusammen, gründete dann seine eigene Organisation »*Al Tauhid wa al Dschihad*« (Einheit und Heiliger Krieg), dessen Zellen auch in Europa agierten. In Deutschland wurden im April 2002 sieben Personen einer Tauhid-Zelle festgenommen, um einem Anschlag zuvorzukommen. Im Mai 2004 veröffentlichte diese Organisation das Video einer Hinrichtung. Sarkawi persönlich soll dem US-Bürger Nicolas Berg vor laufender Kamera den Kopf auf brutalste Art abgetrennt haben. Mehr als 100 Entführungen und Ermordungen gingen seitdem auf sein Konto. 2004 unterstellte sich Sarkawi durch einen Briefwechsel formal der Führung Usama Bin Ladens. Dieser akzeptierte Sarkawi als Statthalter im Irak. Sarkawis Kampf richtete sich besonders auch gegen die Schiiten im Irak. Im Juni 2006 wird er bei einem gezielten Angriff der US-Truppen getötet. Tage nach seinem Tod meldet sich der bis dahin wenig bekannte Abu Hamsa al-Muhadschir als Nachfolger zu Wort.

3 Das komplette Interview gibt es auf http://www.was-haeltst-du-vom-westen.de (26.4.2006).

4 Der 64-Jährige steht auf Platz 114 der Forbes-Liste der reichsten Menschen der Welt und ist nebenbei auch Vorsitzender des Verbandes islamischer Banken. Er gehört nicht zur königlichen Familie und hat sich sein Vermögen zum großen Teil selbst erwirtschaftet.

5 Nach »Egypt Today«, Feb. 2003.

6 2006 veröffentlicht das Zentrum Stiftung Türkeistudien eine Studie und weist auf das noch nicht ausgeschöpfte Marktpotiential im Bereich islamisch-korrektes Finanzieren, Banken und Versicherungen hin.

7 Nach Wise, Lindsay: Amr Khaled. Broadcasting the *Nahda*. In: TBS Journal 13 (2004) (abrufbar unter www.tbsjournal.com). Von der gleichen Autorin sehr lesenswert: Words from the Heart. New Forms of Islamic Preaching in Egypt. (M. Phil. Thesis St Anthony's College) Oxford 2003.

8 Nach Wise, ebenda.

9 Omar Bakri Mohammed hat mehrfach öffentlich die Anschläge des 11. September 2001 begrüßt und zudem seine Anhänger zu Angriffen auf die britischen Truppen im Irak aufgerufen. Im März 2006 sagten mehrere Angeklagte in einem Londoner Terrorprozess aus, dass sie mit ihm in Kontakt gestanden hätten, dass die Predigten des Führers der »Muhadschirun« sie dazu inspiriert hätten, Anschläge auf Ziele innerhalb Großbritanniens zu planen. Der 46jährige gebürtige Syrer Omar Bakri verlor nach den Anschlägen auf die U-Bahn in London sein Aufenthaltsrecht in Großbritannien. Die Einreise wurde ihm verweigert. Er lebt seitdem im Libanon. Sein Fall wurde im August 2005 breit diskutiert, da er einer der ersten Islamisten war, auf die die nach den Terroranschlägen von London beschlossene härtere Gangart gegen Vertreter radikaler Organisationen Anwendung fand.

10 Al Awadi, Hesham: In Pursuit of Legitimacy. The Muslimbrothers and Mubarak 1982–2000. London 2004.

11 Geplant war ein Podiumsgespräch mit dem Islambeauftragten der Bundesregierung. Die Sicherheitsbehörden hätten Einspruch erhoben, daher sei das Visum nicht erteilt worden, so die Sprecherin des Auswärtigen Amtes. Innenministerium und Sicherheitsbehörden gaben auf Anfrage keine Begründung. Grundsätzlich werde zu Fragen der Visumserteilung, bei der eine Überprüfung auf Staatsschutzrelevanz in Betracht kommt, nicht Stellung genommen, so die Pressestelle des Innenministeriums. Manche der Amr-Khaled-Anhänger vermuten eine Verschwörung. Ägypten habe Druck auf die Bundesregierung ausgeübt. Dem populären Prediger solle nicht mit einer offiziellen Veranstaltung zu noch mehr Ansehen verholfen werden.

12 Nach al Awadi, Hesham: Von Kushk zu Amr Khaled. Auf : http://www.islamonline.net/arabic/daawa/2006/04/article07.shtml (arab., 26.4.2006).

13 Al Zayat, Muntassir: Eiman al Sawahiri, so wie ich ihn kannte. Kairo 2002 (arab.); al Sawahiri, Eiman: Ritter unter dem Banner des Propheten. In: Al Sharq al Awsat, Dez.–Jan. 2001/02 (arab.)

14 Im Frühjahr 2002 erschienen die vier Bände »Serie zur Berichtigung der Konzepte« (Usama Ibrahim Hafaz u.a., Kairo 2002). Die Führer der »Gamaa« haben da auf 400 Seiten ihre Abkehr von der Gewalt islamisch untermauert. Früher hatten sie ihren Kampf damit begründet, dass die Regierung Mubarak ungläubig sei. Deswegen sei es quasi die Pflicht eines gläubigen Muslim, sie zu bekämpfen. Diese Annahme sei falsch. Es stehe einem Muslim nicht zu, einen Glaubensbruder einfach

zum Ungläubigen zu erklären. Das sei nur unter ganz besonderen Voraussetzungen möglich. Das ist neu; schließlich gab es in Ägypten Zeiten, in denen aus genau diesem Grund Intellektuelle ermordet wurden. Weiter schreiben sie, Christen dürften grundsätzlich nicht ausgeplündert und ermordet werden, da sie als Anhänger einer monotheistischen Religion unter dem Schutz der Muslime stehen. Auch dies ist ein großer Schritt. Schließlich finanzierten die Militanten ihren Kampf durch Schutzgelderpressung und Überfälle auf christliche Goldhändler.

15 Zu den Biografien der Reformer: Murtaza, Mohammed Sameer: Die Salafia. Berlin 2006.

16 Den Vortrag gibt es in deutscher Übersetzung: Khaled, Amr: Integration im Islam. Über die Rolle der Muslime in Europa. Karlsruhe 2005.

17 Al Qaradawi, Yusuf: Erlaubtes und Verbotenes im Islam. München 2006.

18 Al Qaradawi, Yusuf: Apostasy. Major and Minor: http://www.islamonline.net/English/contemporary/2006/04/article01c.shtml (13. 4. 2006). Nach Aussagen des Producers von der Sendung »Die *Scharia* und das Leben« hat Scheich Yusuf al Qaradawi den Text nicht aktuell geschrieben.

19 Zu den Bezügen Amr Khaleds auf andere islamische Denker vgl. Henrike Thomsen: Betender in der Nacht, Ritter am Tag. FAZ, 14. 2. 2006.

20 Die sehr unterschiedlichen Positionen innerhalb der Organisation zeigen sich auch am Beispiel der Positionen zum Frauenwahlrecht: Während mit Gihan al Halafawi im Jahr 2000 die Muslimbrüder erstmals eine Frau als Kandidatin bei den Parlamentswahlen in Ägypten aufstellten, waren die Muslimbrüder in Kuwait erklärte Gegner des Wahlrechtes für Frauen. Vgl. Gerlach, Julia: Gihane al Halafawi. Eine Frau als Kandidatin der Muslimbrüder. In: Amirpur, K./Ammann, L. (Hg): Der Islam am Wendepunkt. Liberale und konservative Reformer einer Weltreligion. Freiburg 2006.

21 Ghazi, Randa: Palästina. Träume zwischen den Fronten. Ravensburg 2002.

22 Khaled, Amr: Integration im Islam. Über die Rolle der Muslime in Europa. Karlsruhe 2005.

23 Ausführliche Kritik an Tariq Ramadans Ansatz: Ghadban, Ralph: Tariq Ramadan und die Islamisierung Europas. Berlin 2006.

24 Der Vortrag fand am 16. 3. 06 statt; Ramadan referierte die Thesen seines Buches: Ramadan, Tariq: Western Muslims and the Future of Islam. New York u. a. 2004.

25 Die Chronologie orientiert sich an der Darstellung von Hannes Gamillscheg: Chronik eines erhofften Streits. In: Frankfurter Rundschau, 25. 2. 2006.

26 Zum Forschungsstand: Empirisch hat sich Wilhelm Heitmeyer in seiner Studie »Verlockender Fundamentalismus« mit jugendlichen Muslimen auseinander gesetzt: Heitmeyer, Wilhelm: Verlockender Fundamentalismus. Türkische Jugendliche in Deutschland. Frankfurt 1997. In der Shell-Studie »Jugend 2000« werden erstmalig auch ausländische Jugendliche befragt: Fischer, Artur u. a. (Hg.): Jugend 2000. 13. Shell-Jugend-

studie. Wiesbaden 2000. Necla Kelek beschäftigt sich in ihrer Dissertation mit der Rolle der Religion für türkischstämmige Jugendliche: Kelek, Necla: Islam im Alltag. Islamische Religiosität und ihre Bedeutung in der Lebenswelt von Schülern türkischer Herkunft. Münster 2002. Vgl. auch: Boos-Nünning, U./Karakasoglu, Y.: Viele Welten leben. Zur Lebenssituation von Mädchen und jungen Frauen mit Migrationshintergrund. Münster 2005.

27 Sammlung Buchari 5787.

28 Xavier Naidoo, der im Februar 2006 als bester deutscher Pop-Sänger mit der goldenen Kamera ausgezeichnet wurde, hat mit seinen gottesfürchtigen, sehr emotionalen Texten und seiner souligen Stimme einen neuen Trend in Deutschland vorangetrieben. Jugendliche auf der Suche nach Religion und Spiritualität sind seine Fans.

29 Schiffer, Sabine: Die Darstellung des Islams in der Presse: Sprache, Bilder, Suggestionen. Eine Auswahl von Techniken und Beispielen. Würzburg 2005.

30 Zaptcioglu, Dilek: Türken und Deutsche. Nachdenken über eine Freundschaft. Frankfurt 2005.

31 Muslimmarkt, ein Forum, das von zwei schiitischen Türken mit deutscher Staatsbürgerschaft betrieben wird, wurde im Oktober 2005 außerhalb der Szene bekannt, als ein Gebet veröffentlicht wurde, das als Morddrohung gegen den islam-kritischen Autor Hans-Peter Raddatz gelesen werden konnte. Die Seite bietet eine wilde Mischung aus antiisraelischer bzw. antisemitischer Hetze und Service: Heiratskandidaten, fromme Sprüche und Gebrauchsgegenstände. Besonders die Kleinanzeigen werden von Besuchern gern gelesen.

32 Die Mehrzahl von arab. *Schura* (Beratung) heißt arabisch korrekt *Schurat*, da es sich bei Schura Hamburg e.V. ebenso wie bei der Schura Niedersachsen jedoch um ausdrücklich deutsche Gremien handelt, wird hier die deutsche Pluralbildung angewandt.

33 Zu den verschiedenen Diskussionen vgl.: Islam einbürgern – auf dem Weg zur Anerkennung muslimischer Vertretungen in Deutschland. Dokumentation der Fachtagung der Beauftragten für Migration, Flüchtlinge und Integration, 25. 4. 2005. Berlin 2005.

34 Arzt und Wissenschaftler aus Buchara, 980–1037.

35 Arzt und Philosoph im islamischen Andalusien, 1126–1198.

36 Khaled, Amr: Die Liebe zum Paradies. Karlsruhe 2003; ders.: Integration im Islam. Über die Rolle der Muslime in Europa. Karlsruhe 2005.

37 Abu Hamad al Ghazali (1058–1111): Der persische Philosoph und Rechtsgelehrte gilt als einer der wichtigsten Denker der islamischen Geschichte. Sein Werk »Die Neubelebung der islamischen Rechtswissenschaft« gilt als eine der grundlegenden Schriften der islamischen Rechtswissenschaft. Er beschäftigte sich mit den Werken der griechischen Philosophen und verwarf den skeptizistischen Ansatz als unislamisch. 1091 wurde er Lehrer an der Universität von Damaskus, gab diese Tätigkeit jedoch bald wieder auf und pilgerte nach Mekka. Er führte ein Wandererleben zwischen Alexandria, Jerusalem und Damaskus und

kehrte schließlich nach Persien zurück. Dort begründete er eine eigene Schule für Rechtsgelehrte und ein Sufi-Kloster. Man rechnet ihn zur Schule al Shafi.

38 Taqi al Din Ibn Taymiya (1263–1328): Der Philosoph und Rechtsgelehrte plädierte für eine sehr schrift- und quellennahe Lesart des Koran und lehnte sogar den Konsens der Gelehrten als Rechtsquelle ab. Nur was durch Koran und *Sunna* belegt werden kann, hat seiner Meinung nach Gültigkeit. Er sah die höchste Aufgabe einer Regierung darin, das islamische Recht anzuwenden. Regierungschefs, die nur dem Namen nach Muslime seien, jedoch nicht die *Scharia* umsetzten, sollten als Ungläubige abgesetzt werden. Besonders die Ausführungen zu diesem Thema machen seine Schriften bis heute bei islamischen Aktivisten zu Bestsellern. Ibn Taymiya wird trotz Abweichungen zur hanbalitischen Schule gezählt.

39 Vgl. Verfassungsschutzbericht des Landes Baden-Württemberg 2004.

40 Gesemann, Frank: Junge Muslime und Bildung im europäischen Vergleich. Vortrag bei einer Fachtagung der Friedrich-Ebert-Stiftung, Berlin, am 4.5.2006.

41 Kurz zuvor hatte das ZDF-Magazin »Frontal 21« einen Bericht über Yacoub Tasci, den eigentlichen Imam der Moschee am Kottbusser Tor, gesendet und Redeausschnitte von ihm veröffentlicht, in denen er die Gemeinde zum Hass gegen die ungläubigen Deutschen aufgefordert haben und zudem Selbstmordattentäter in Irak und Palästina als »Märtyrer« verherrlicht haben soll. Der Berliner Innensenator Ehrhart Körting leitete daraufhin die Abschiebung des Imams in die Türkei ein. Diese wurde jedoch durch einen Gerichtsbeschluss vorerst gestoppt. Milli Görüs verwies auf falsche Übersetzungen und setzte gerichtlich durch, dass Yacoub Tasci nicht mehr »Hassprediger« genannt werden darf. Bis heute ist unklar, was der Imam in der Ansprache wirklich gesagt hat. Mehrere Übersetzungen des Textes liegen vor, die große Unterschiede aufweisen.

42 *Amir* Ibn Rabia, Ahmad.

43 Al Qaradawi, Yusuf: Erlaubtes und Verbotenes im Islam. München 2006, S. 131.

44 Stand 4.4.2006.

45 In: Die Zeit, 16.3.2006.

46 In: Der Spiegel, 3.6.2006.

47 Es gibt zahlreiche Fälle, in denen Milli-Görüs-Funktionären die Staatsbürgerschaft gar nicht erst erteilt wurde. Etwa vierzig solcher Akten liegen in der Rechtsabteilung der IGMG. Wie viele weitere solcher Fälle es gibt, ist – nach Aussagen von Mesud Gülbahar – nicht bekannt. Eine bundeseinheitliche Regelung, nach der die Mitglieder der IGMG von der Staatsbürgerschaft ausgeschlossen werden, gibt es nach Aussagen des Bundesinnenministeriums nicht. Vielmehr muss im Einzelfall geprüft werden, ob ein Einbürgerungsanspruch besteht. In den meisten Bundesländern wird allerdings die Zugehörigkeit zu Milli Görüs als Grund für eine Ablehnung gesehen. Hessen wendet eine Sonderrege-

lung an, wonach auch die bereits erteilte Staatsangehörigkeit wieder aberkannt werden kann. Sollten die Gerichte die Entscheidung des Regierungspräsidiums Giessen bestätigen, hätte dies für die Betroffenen drastische Folgen. Sie wären staatenlos und würden zudem ihr Aufenthaltsrecht in Deutschland wahrscheinlich verlieren.

48 Die »Ahmadiya«-Bewegung geht auf Mirza Ghulam Ahmad (1835–1908) zurück, der diese Bewegung 1889 in Lahore, damals Indien, gegründet hat. Die Ahmadiya, die sich wiederum in zwei Untergruppen gespalten hat, versteht sich als islamische Reformströmung. Sie sieht sich im Gegensatz zu den radikalen oder gar militanten islamischen Strömungen, da sie den bewaffneten *Dschihad* grundsätzlich ablehnt. Aus Sicht der Mehrheit der Muslime ist die Ahmadiya eine Sekte. Vielen gelten die Anhänger nicht als Muslime. Grund dafür ist unter anderem die Lehre des Gründers Mirza Ghulam Ahmad: Er verkündete, dass er selbst der vom Propheten Mohammed angekündigte *Mahdi* (Messias) sei und dass er zugleich die Wiederkunft von Jesus, Krishna und Buddha in einer Person verkörpere. Er stehe für die künftige Einheit der Religionen. Ob Ahmad demzufolge als Prophet oder als Erneuerer anzusehen ist, daran scheiden sich die Geister der verschiedenen Strömungen der Bewegung. Nach der Lehre der Ahmadiya starb Jesus nicht am Kreuz; er wurde gerettet und emigrierte darauf nach Indien, wo er nach einer langen Lehrtätigkeit eines natürlichen Todes starb. Sein Grab liegt in Kaschmir. Ein Teil der Ahmadiya-Bewegung hat einen starken missionarischen Anspruch und begann Anfang des 20. Jahrhunderts bereits mit dem Bau von Moscheen in Europa. In der Wilmersdorfer Moschee in Berlin traten ab den 20er Jahren zahlreiche Deutsche zum Islam über. Ein prominenter Vertreter der Bewegung ist Hadayatullah Hübsch, der 1968 zum psychedelischen Flügel der Kommune-1-Bewegung zählte, LSD und freie Liebe propagierte und heute Sprecher der Ahmadiya-Bewegung ist. Die Ahmadiya-Bewegung (beide Flügel zusammen) zählt rund 40 000 Anhänger.

49 Nach Gesemann, Frank: Junge Muslime und Bildung im europäischen Vergleich. Vortrag bei einer Fachtagung der Friedrich-Ebert-Stiftung, Berlin, am 4.5.2006.

50 Gerlach, Julia/Siegmund, Marna: Nicht mit ihnen und nicht ohne sie. Die Frauen in der Gesellschaft seit 1952. In: Ibrahim, F. (Hg): Staat und Zivilgesellschaft in Ägypten. Münster/Hamburg 1995.

51 Nach Klausen, Jytte: Europas Muslimische Eliten. Wer sie sind und was sie wollen. Frankfurt 2006.

52 Stiftung Zentrum für Türkeistudien (Hg.): Religiöse Praxis und Organisatorische Vertretung türkischstämmiger Muslime in Deutschland. Essen 2005. Namen aller Jungen geändert.

53 http://www.ansary.de/Bilder/HelfeDauerauftrag.html am (6.4.2006).

54 http://www.ansary.de/hilferuf.htm (6.4.2006).

55 Im Mai 2006 machte das Allensbach-Institut im Auftrag der Frankfurter Allgemeinen Zeitung eine ähnliche Umfrage mit einer repräsentativen Stichprobe. 91 Prozent sagten, sie dächten beim Stichwort Islam an

Frauenunterdrückung. Der Aussage, der Islam sei von Fanatismus geprägt, stimmen 83 Prozent zu. Nur acht Prozent sehen Friedfertigkeit als Eigenschaft des Islam. Vgl.: FAZ 17.5.2006.

56 D.h. Moscheen der Türkisch-Islamischen Union der Anstalt für Religion e.V.

57 Amin Maalouf beschreibt in seinem Buch »Der heilige Krieg der Barbaren« eindrücklich, wie entsetzt die Ärzte von Damaskus zur Zeit der Kreuzzüge waren, als sie die Heilungsmethoden der europäischen Ritter beobachteten: Maalouf, Amin: Der Heilige Krieg der Barbaren. Die Kreuzzüge aus Sicht der Araber. München 2001.

58 Über dieses Thema wurde im Frühjahr 2006 ausführlich im Forum der Seite Islam.de, die zum Zentralrat der Muslime gehört, diskutiert. Die Autoren des Zentralrats forderten die muslimischen Eltern auf, das Gespräch mit den Lehrern zu suchen, ein Vertrauensverhältnis aufzubauen und die Kinder zu den Fahrten möglichst mitfahren zu lassen.

Literaturverzeichnis

Islamisches Erwachen, Pop Islam, Islamische Renaissance

Abou al Fadl, Khaled: The great Theft. Wrestling Islam from the Extremists. San Francisco 2004.

Agai, Bekim: Fethullah Gülen. Die größte türkisch-islamische Bildungsbewegung. In: Amirpur, K./Ammann, L. (Hg): Der Islam am Wendepunkt. Liberale und konservative Reformer einer Weltreligion. Freiburg 2006.

Ammann, Ludwig: Cola und Koran. Das Wagnis einer islamischen Renaissance. Freiburg 2004.

al Awadi, Hesham: Von Kushk zu Amr Khaled. http://www.islamonline. net/arabic/daawa/2006/04/article07.shtml (arab., 26.4.2006).

Göle, Nilüfer/Ammann, Ludwig (Hg.): Islam in Sicht. Bielefeld 2004.

Haenni, Patrik: Islam de Marché. L'autre révolution conservatrice. Paris 2005.

Kandemir, Hülya: Himmelstochter. Mein Weg vom Popstar zu Allah. München 2005.

Khaled, Amr: Die Liebe zum Paradies. Karlsruhe 2003.

Khaled, Amr: Integration im Islam. Über die Rolle der Muslime in Europa. Karlsruhe 2005.

Ramadan, Tariq: Western Muslims and the Future of Islam. New York u.a. 2004.

Roy, Olivier: Globalised Islam. London 2004.

Wise, Lindsay: Amr Khaled. Broadcasting the *Nahda*. In: TBS Journal 13 (2004) (abrufbar unter www.tbsjournal.com).

Wise, Lindsay: Words from the Heart. New Forms of Islamic Preaching in Egypt. (M. Phil. Thesis St Anthony's College) Oxford 2003.

Muslimische Jugendliche

Boos-Nünning, U./Karakasoglu, Y.: Viele Welten leben. Zur Lebenssituation von Mädchen und jungen Frauen mit Migrationshintergrund. Münster 2005.

Fischer, Artur u. a. (Hg.): Jugend 2000. 13. Shell-Jugendstudie. Wiesbaden 2000.

Gesemann, Frank: Junge Muslime und Bildung im europäischen Vergleich. Vortrag bei einer Fachtagung der Friedrich-Ebert-Stiftung, Berlin, am 4.5.2006.

Ghazi, Randa: Palästina. Träume zwischen den Fronten. Ravensburg 2002.

Hegasy, Sonja/Kaschl, Elke (Hg): Changing Values among Youth. Examples from Germany, Egypt and other Arab Countries. Berlin 2006.

Heitmeyer, Wilhelm: Verlockender Fundamentalismus. Türkische Jugendliche in Deutschland. Frankfurt 1997.

Kelek, Necla: Islam im Alltag. Islamische Religiosität und ihre Bedeutung in der Lebenswelt von Schülern türkischer Herkunft. Münster 2002.

Medienprojekt Wuppertal (Hg.): Jung und Moslem in Deutschland. 183 Min. DVD 2005 (erhältlich unter www.medienprojekt-wuppertal.de).

Rougier, Bernard: Le Jihad au Quotidien. Paris 2004.

Islamische Bewegungen, Muslimbruderschaft, Islamismus in der arabischen Welt

Abu Zaid, Nasr Hamid: Ein Leben mit dem Islam. Erzählt von Navid Kermani. Freiburg 2001.

al Awadi, Hesham: In Pursuit of Legitimacy. The Muslimbrothers and Mubarak 1982–2000. London 2004.

Bälz, Kilian: Eheauflösung aufgrund von Apostasie durch Popularklage. Der Fall Abû Zayd. In: Praxis des Internationalen Privat- und Verfahrensrechts (IPRax) 16 (1996).

Bälz, Kilian: Die »Islamisierung« des Rechts in Ägypten und Libyen. Islamische Rechtsetzung im Nationalstaat. In: Rabels Zeitschrift für ausländisches und internationales Privatrecht (RabelsZ) 62 (1998).

Gerlach, Julia: Gihane al Halafawi. Eine Frau als Kandidatin der Muslimbrüder. In: Amirpur, K./Ammann, L. (Hg): Der Islam am Wendepunkt. Liberale und konservative Reformer einer Weltreligion. Freiburg 2006.

Gräf, Bettina: Yusuf al Qaradawi: Das Erlaubte und das Verbotene im Islam. In: Amirpur, K./Ammann, L.(Hg): Der Islam am Wendepunkt. Liberale und konservative Reformer einer Weltreligion. Freiburg 2006.

Ghadban, Ralph: Tariq Ramadan und die Islamisierung Europas. Berlin 2006.

Hafez, Usama Ibrahim u. a.: Serie zur Berichtigung der Konzepte (4 Bde.) Kairo 2002 (arab.).

Hamzawy, A.: Die Zeitschrift Al Manar al Jadid. Grundzüge eines theoretischen und programmatischen Wandels in islamistischen Denkströmungen. In: Orient 1 (2000), H.2.

Murtaza, Mohammed Sameer: Die Salafia. Berlin 2006.

Lübben, Ivesa: Die Muslimbrüder. Die erste bürgerliche Sozialbewegung in Ägypten. In: Haridi, A. (Hg): West-östlicher Seiltanz. Bonn 2005.

Lübben, I./Fawzi, I: A New Islamic Party Pluralism in Egypt?. Hizb al-Wasat, Hizb al-Shariɔa and Hizb al-Islah as Case Studies. In: Orient 1 (2000), H.2.

Ternisien, Xavier: Les Freres Musulmans. Paris 2005.

al Qaradawi, Yusuf: Apostasy. Major and Minor. http://www.islamonline. net/English/contemporary/2006/04/article01c.shtml (13.4.2006).

al Qaradawi, Yusuf: Erlaubtes und Verbotenes im Islam. München 2006.

al Sawahiri, Eiman: Ritter unter dem Banner des Propheten. In: Al Sharq al Awsat, Dez.–Jan. 2001/02 (arab.).

Schröm, Oliver: Al Qaida. Akteure, Strukturen, Attentate. Berlin 2003.

Steinberg, Guido: Der Nahe und der Ferne Feind. Die Netzwerke des islamischen Terrorismus. Frankfurt 2005.

Weaver, Mary Anne: A Portrait of Egypt. A journey through the world of militant Islam. New York 2000.

Yamani, Mai: Changed Identities. The challenge of a new generation in Saudi Arabia. London 2000.

al Zayat, Muntassir: Eiman al Sawahiri, so wie ich ihn kannte. Kairo 2002 (arab.).

Arabische, islamische Welt: Entwicklung und Geschichte

Buruma, Ian/Margalith, Avishai: Occidentalism. The West in the Eyes of its Enemies. New York 2004.

Diner, Dan: Versiegelte Zeit. Über den Stillstand in der islamischen Welt. Berlin 2005.

Gerlach, Julia/Siegmund, Marna: Nicht mit ihnen und nicht ohne sie. Die Frauen in der Gesellschaft seit 1952. In: Ibrahim, F. (Hg): Staat und Zivilgesellschaft in Ägypten. Münster/Hamburg 1995.

Glucksmann, André: Hass. Die Rückkehr einer elementaren Gewalt. München 2005.

Krämer, Gudrun: Geschichte des Islam. Frankfurt 2005.

Maalouf, Amin: Der Heilige Krieg der Barbaren. Die Kreuzzüge aus Sicht der Araber. München 2001.

Perthes, Volker: Orientalische Promenaden. Der Nahe und Mittlere Osten im Umbruch. München 2006.

United Nations Development Programme (Hg.): The Arab Human Development Report 2004. Building a Knowledge Society. New York u. a. 2004.

Antisemitismus in der arabischen Welt

Flores, Alexander: Arabischer Antisemitismus zwischen Dämonisierung und Analyse. In: Informationsprojekt Naher und Mittlerer Osten (INAMO) 10 (2004), H.37.

Garaudy, Roger: Les Mythes fondateurs de la politique israelienne. Paris 1996.

Beauftragte der Bundesregierung für Migration, Flüchtlinge und Integration (Hg.): Islam einbürgern. Auf dem Weg zur Anerkennung muslimischer Vertretungen in Deutschland. Berlin 2005 (Broschüre, erhältlich unter www.integrationsbeauftragte.de).

Bielefeldt, Heiner: Einbürgerungspolitik in Deutschland. Zur Diskussion über Leitkultur und Staatsbürgerschaftstests. Berlin 2006.

Bundesministerium des Inneren: Texte zu inneren Sicherheit. Islamismus. Berlin 2003.

Cesari, Jocelyne: When Islam and Democracy meet. Muslims in Europe and in the United States. New York 2004.

Fetzer, Joel S./Soper, J. Christopher: Muslims and the State in Britain, France, and Germany. Cambridge 2005.

Gottschlich, J./Zaptcioglu, D.: Das Kreuz mit den Werten. Über deutsche und türkische Leitkulturen. Hamburg 2005.

Klausen, Jytte: Europas Muslimische Eliten. Wer sie sind und was sie wollen. Frankfurt 2006.

Langenfeld, Christine/Lipp, Volker (Hg.): Islamische Religionsgemeinschaften und islamischer Religionsunterricht. Probleme und Perspektiven. Göttingen 2005.

Lemmen, Thomas: Muslime in Deutschland. Baden-Baden 2001.

Oestreich, Heide: Der Kopftuchstreit. Das Abendland und ein Quadratmeter Stoff. Frankfurt 2005.

Rath, J. u. a.: Western Europe and its Islam. Leiden 2001.

Rohe, Mathias: Der Islam. Alltagskonflikte und Lösungen. Freiburg 2001.

Spuler-Stegemann, Ursula: Muslime in Deutschland. Miteinander oder Nebeneinander? Freiburg 1998 (und spätere Auflagen).

Schiffauer, Werner: Die Gottesmänner. Türkische Islamisten in Deutschland. Frankfurt am Main 2000.

Schiffauer, Werner: Die Kaplan-Gemeinde und die islamische Gemeinschaft Milli Görüs. Zur Inneren Dynamik des Islam in Deutschland. In: Senatsverwaltung für Inneres, Berlin, Abteilung Verfassungsschutz (Hg.): Islamismus. Diskussion eines vielschichtigen Phänomens. Berlin 2005 (Broschüre aus der Reihe »im Fokus«, erhältlich unter www.berlin.de, »Politik und Verwaltung«).

Schmitt, Thomas: Moscheen in Deutschland. Konflikte um ihre Errichtung und Nutzung. Flensburg 2003.

Stiftung Zentrum für Türkeistudien (Hg.): Religiöse Praxis und Organisatorische Vertretung türkischstämmiger Muslime in Deutschland. Essen 2005.

Tamm, Berndt Georg: Terrorbasis Deutschland. Die islamistische Gefahr in unserer Mitte. München 2004.

Theveßen, Elmar: Terroralarm. Deutschland und die islamistische Bedrohung. Berlin 2005.

Thielmann, Jörn: The Shaping of Islamic Fields in Europe. A Case Study in South-West Germany. In: Nökel, Sigrid / Tezcan, Levent (Hg.): Islam and the New Europe. Continuities, Changes, Confrontations. Bielefeld 2005.

Ulfkotte, Udo: Der Krieg in unseren Städten. Wie radikale Islamisten Deutschland unterwandern. Frankfurt 2003.

Zaptcioglu, Dilek: Türken und Deutsche. Nachdenken über eine Freundschaft. Frankfurt 2005.

Medien und Islam

Gamillscheg, Hannes: Chronik eines erhofften Streits. In: Frankfurter Rundschau, 25. 2. 2006.

Hofheinz, Albrecht: Internet in the Arab world. Playground for political liberalisation. In: Internationale Politik und Gesellschaft (IPG) 12 (2005), H.3.

Kirchner, Henner: www.menalog.de.

Lohlker, Rüdiger: Cyberjihad. Internet als Feld der Agitation. In: Orient 3 (2002), H.4.

Al Mikhlafi, Abdu: Al Jazeera. Marburg 2005.

Miles, Hugh: Al-Dschasira. Hamburg 2005.

Schiffer, Sabine: Die Darstellung des Islams in der Presse: Sprache, Bilder, Suggestionen. Eine Auswahl von Techniken und Beispielen. Würzburg 2005.

Glossar

Alle Begriffe, die im Glossar erklärt sind, stehen im Buch kursiv.

Anmerkung zur Schreibweise arabischer Begriffe

Neben der wissenschaftlichen Transkription aus dem Arabischen, die zwar präzise, aber recht leseunfreundlich ist, haben sich in den letzten Jahren mehrere andere Arten der Umschrift entwickelt. Nicht zuletzt durch Internet-Chats und SMS-Kommunikation ist eine neue Schreibweise entstanden. »Ana ahibik 4 ever. C u ba3din« heißt: »Ich liebe dich für immer. Wir sehen uns später.« Diese Art, Arabisch zu schreiben, ermöglicht auch Jugendlichen, die in Europa leben und die Sprache ihrer Eltern nicht mehr in Wort und Schrift beherrschen, auf arabisch zu kommunizieren. Kurzschreibweisen wie »C u« für »See you« werden aus dem Englischen übernommen. Warum kompliziert, wenn es auch einfach geht?

Viele der Muslime, die in diesem Buch zu Wort kommen, sprechen im Alltag Deutsch. Die arabisch-islamischen Begriffe gehören ganz selbstverständlich zu ihrem Alltagsvokabular. So wurden viele der arabischen Begriffe eingedeutscht. Die Begriffe werden dementsprechend möglichst so transkribiert, wie sie ausgesprochen werden. Auf Längungszeichen und Apostroph wird weitgehend verzichtet. Dennoch wird darauf geachtet, dass Namen und Begriffe möglichst eindeutig auf ihren arabischen Ursprung zurückgeführt werden können. Im ersten Teil des Buches geht es um die Entstehung der Bewegung des Pop-Islam, die sich zunächst in Ägypten entwickelt hat. »Dsch« wird in Ägypten als »g« gesprochen. Dies wird hier im Bezug auf ägyptische Organisationen übernommen.

Ahl al Kitab: wörtlich: Leute der Schrift. Begriff, der im Koran verwandt wird, um die Glaubensgemeinschaften zu bezeichnen, die vor den Muslimen eine Offenbarung erhalten und sie in Buchform festgehalten haben: Juden und Christen, also. Muslimische Männer dürfen die Frauen der Ahl al Kitab heiraten und sie können als Dhimmis (Schutzbefohlene) in einem islamischen Staat leben.

Amir: Befehlshaber, Führer oder auch eine Art Vereinsvorsitzender

Ansar: Helfer. Bezeichnung für die Bewohner Medinas, die nach der Hidschra (Auswanderung) Mohammeds und der ersten Muslime aus Mekka den Neuankömmlingen in Medina halfen und sich dann auch zum Islam bekannten. *Ansar* ist heute ein beliebter Name für Zeitschriften, Organisationen und Jugend-Clubs. Auch in den Kreisen der Mudschaheddin während des Krieges gegen die Rote Armee in Afghanistan wurde der Begriff *Ansar* häufig verwandt. Dies ist wohl der Hintergrund dafür, dass man Organisationen, die sich so bezeichnen, eher im radikalen Spektrum vermutet. Die Verbindung liegt nahe, besteht aber längst nicht immer.

Apostat: In der Regel bezeichnet man mit Apostasie den förmlichen Akt des Übertritts von einer Religion zu einer anderen. Im Islam ist – so die Meinung der Mehrheit der Rechtsgelehrten – der Abfall vom Glauben mit Verrat und einer Kampfansage an die eigene Gemeinschaft der Gläubigen gleichzusetzen. Daher sei die Todesstrafe für Abtrünnige vorgesehen. Neben dem freiwilligen Übertritt eines Muslims zu einer anderen Religion, gibt es die Praxis des Takfir – des Einen-anderen-Muslim-zum-Ungläubigen-erklären. Die militanten islamischen Gruppen haben dies ab den späten sechziger Jahren vermehrt getan. Sie berufen sich dabei auf ein von den Vordenker des modernen *Dschihad*-Gedankens Sayid Qutb propagierten Takfir-Prinzips. Der ägyptische Intellektuelle Farag Foda wurde 1992 in Kairo ermordet, nachdem er zuvor von einer islamischen Gruppierung zum Ungläubigen erklärt worden war. Der Literatur- und Koranwissenschaftler Nasr Hamid Abu Zaid wurde 1995 ebenfalls zum Apostaten erklärt und per Gerichtsbeschluss von seiner Ehefrau geschieden. Nach islamischem Recht darf eine Muslimin nicht mit einem Ungläubigen verheiratet sein und so sah das Gericht in der Zwangs-Scheidung die logische Konsequenz aus den Abweichungen Abu Zaids von der etablierten Lehrmeinung. Er hatte mit einer literaturwissenschaftlichen Methode den Koran untersucht und damit ein Tabu gebrochen. Abu Zaid selbst hat sich immer zum Islam bekannt. Er ist also ein *Apostat* wider Willen. Die Scheidung wurde in einer späteren Instanz aus formalen Gründen zurückgenommen und Abu Zaid lebt heute mit seiner Frau in den Niederlanden.

Aya: Die einzelnen Suren (Kapitel) des Koran sind wiederum in Unterkapitel eingeteilt, die Ayas.

Dawa: wörtlich: Einladung. Gemeint ist die Werbung für den Islam unter Nicht-Muslimen bzw. für die als richtig angesehene Lesart des Islam unter Muslimen. Nach Aussagen von Muslimen geht es darum, die Menschen über die wahren Inhalte des Islam zu informieren, sie aufzuklären, wie es im Szenejargon heißt, und sie so zum Übertritt zu bewegen. *Dawa* wird als Pflicht eines jeden Muslim angesehen und besonders die der Muslimbruderschaft nahe stehenden Organisationen haben sich der *Dawa* verschrieben. Die Verbreitung des Islam gerade auch in Europa ist eines der vorrangigen Ziele der islamischen Bewegung. Einen Sonderfall bildet im Bezug auf die *Dawa* die Ahmadiya-Gemeinschaft. Teile dieser – von vielen anderen Muslimen als Sekte angesehenen – Bewegung sind sehr aktiv in der *Dawa*. Moscheenbau in Europa, Übersetzungen des Koran in europäische Sprachen brachten der Gemeinde schon zu Beginn des 20. Jahrhunderts viele Übertritte. Gefängnismission und Drogenhilfe zählen heute zu den Aktivitäten.

Da'iya: Prediger, einer der *Dawa* macht, andere zum Islam einlädt und Werbung für die Religion macht.

Dar al Tardschamma: wörtlich: Haus der Übersetzung. 2003 gegründete Gruppe von Jugendlichen, die sich im Internetforum von www.amrkhaled. net kennen gelernt haben. Ihr Ziel ist, Amr Khaleds Predigten und Sendungen in andere Sprachen zu übersetzen sowie die Texte anderer als nützlich empfundener Autoren und Gelehrter. Andersherum werden auch Texte aus westlichen oder asiatischen Sprachen ins Arabische übersetzt, wenn das Auswahlkomitee des Dar al Tagamma sie für interessant und nützlich hält.

Dschihad: wörtlich: sich bemühen, anstrengen, kämpfen für den Weg Gottes. Die meisten islamischen Gelehrten unterscheiden zwischen zwei Arten des *Dschihad*: Mit dem »größten *Dschihad*« bezeichnen sie das Ringen des Muslim mit sich selbst, sein innerer Kampf gegen das niedere Selbst und sein Bemühen um Vervollkommnung. Mit »kleinem *Dschihad*« wird der Kampf mit Waffengewalt zur Verteidigung und Verbreitung des Islam bezeichnet. Der *Dschihad* ist nicht nur eine Pflicht jedes einzelnen Muslims, sondern ein Glaubensgebot, dass der Gemeinschaft auferlegt ist. Wenn also die Gläubigen zum *Dschihad* aufgerufen werden, ist es ihre Pflicht, in den Kampf zu ziehen. Wenn es keinen islamischen Staat und damit keinen Kalifen, also rechtmäßigen Herrscher über die Muslime gibt, ist jedoch unklar, wer befugt ist, die Gläubigen zu dieser Pflicht aufzurufen. Protest-, Befreiungs- und Terrorbewegungen ab Mitte des 20. Jahrhunderts verwendeten *Dschihad*-Begriff zur Legitimierung ihres Kampfes. Ab Mitte der 90er Jahre wird der Begriff zunehmend in andere Bereiche übertragen. Al Kaida und Co. bezeichnen das Köpfen von ausländischen Öl-Arbeitern als *Dschihad*. Auch der Boykott israelischer Produkte wird zum ökonomischen *Dschihad* erklärt. Selbst Aktivisten der islamischen Zivilgesellschaft bedienen sich des Begriffes für ihre Zwecke. Mit Aufrufen zum zivilen *Dschihad* versuchen sie ihre Mitbürger zu mehr Engagement zu motivieren.

Dschihad-Gruppen: Ende der 1970er Jahren entstanden zunächst in Ägypten verschiedene Zellen, die sich als *Dschihad*-Bewegung bezeichneten. Sie verstanden sich – im Gegensatz zu den von Studenten gegründeten und auf Massenbasis ausgerichteten islamischen Gruppen – als elitäre Zirkel. Sie sahen sich als Vorhut im Kampf für einen islamischen Staat. Die lokalen Gruppen beispielsweise in Ägypten bekamen nach 1989 Verstärkung durch die rückkehrenden Kämpfer aus Afghanistan. Die Kämpfe wurde professioneller und die Anschläge besonders auf Touristen, Polizisten und Politiker brutaler. Ab Ende der neunziger Jahre zerfiel die Bewegung in Ägypten weitgehend: Einige Führer wandten sich ab, andere agitieren aus dem europäischen Exil und die wohl wichtigste Figur, Eiman al Sawahiri, schloss sich 1998 mit Usama Bin Laden zusammen. Der globale *Dschihad* war von nun an ihr Ziel.

Dschallabiya: traditionelles langes Gewand, das Männer und auch Frauen in arabischen Ländern tragen.

Gamaa al Islamiya (auch Dschama'a al Islamaiya): Islamische Gruppe (Einzahl!), die aus den Gamaat al Islamija (islamischen Gruppen, Mehrzahl) hervorgegangen ist; sie wird von der EU und den USA als Terrororganisation gelistet. Gerade die Studentenaktivisten der Massenuniversitäten Oberägyptens in Minia und Assuit entschieden sich Ende der 1970er Jahre für den bewaffneten Kampf. Während ihre Kommilitonen aus Alexandria und Kairo nach Beendigung ihres Studiums die Reihen der Muslimbruderschaft verstärkten und sich zum größeren Teil dem friedlichen Weg der gesellschaftlichen Islamisierung verschrieben, gingen die Studenten in den Untergrund. 1991 wurde ihr Anführer Ala Mohieddin getötet, darauf ermordete ein Kommando der *Gamaa al Islamiya* den Sprecher des ägyptischen Parlaments. In der Folge versank Ägypten in einem blutigen Krieg zwischen bewaffneten Islamisten und Regierungstruppen. Die Islamisten plünderten Geschäfte von Christen, attackierten Polizeistationen und griffen zunehmend Touristen an. Die Regierung reagierte hart. 1997 entschlossen sich die inhaftierten Führer der *Gamaa al Islamiya* dazu, der Regierung einen Waffenstillstand anzubieten. Im November 1997 verübte eine Splittergruppe das Massaker von Luxor, bei dem knapp 60 Ausländer ermordet wurden. 2002 veröffentlichten die inhaftierten Führer die theoretisch-religiöse Unterfütterung ihrer Abkehr von der Gewalt. Im April 2006 wurden 900 inhaftierte Gamaa Islamiya Aktivisten aus dem Gefängnis entlassen.

Gamaat al Islamiya: In den 1970er Jahren an den Universitäten Ägyptens entstandenen Studentenbewegung. Die Islamisierung der Gesellschaft war das Ziel. Wie genau diese aussehen und mit welchen Methoden sie erreicht werden sollte, darüber gingen die Meinungen zum Teil weit auseinander.

Unter Präsident Sadat wurden die Gruppen zunächst kräftig unterstützt und es gelang ihnen, großen Zulauf unter den Studenten zu bekommen. Die Regierung sah die Kopftuch- und Barttragenden Radikalen als kleineres Übel an. Der Einfluss der linken Gruppen sollte mit Hilfe der Religiösen eingedämmt werden. Diese Politik erwies sich als kurzsichtig und wurde geändert, schon bevor Präsident Sadat 1981 selbst von radikalisierten Kämpfern aus diesem Spektrum ermordet wurde. Viele der ehemaligen Aktivisten der Gamaat al Islamiya sind inzwischen im ägyptischen Establishment angekommen. Ärzte-Gewerkschaft, Anwaltsvereinigung und viele andere Berufsverbände werden von ehemaligen Aktivisten dieser Generation inzwischen dominiert. Andere schlossen sich den militanten Gruppen an.

Hadith: wörtlich: Erzählung, Bericht. Gemeint sind einzelne Berichte über die Taten des Propheten, was er gesagt, verboten, geduldet oder vermieden hat. Schon zu Lebzeiten begannen die Gefährten des Propheten von dessen Handlungen zu berichten. Bis heute wird er als Vorbild für eine gute Lebensführung angesehen.

Hidschab oder Hijab: Kopftuch

Hisb al Tahrir al Islami: Islamische Befreiungspartei; 1952 von Taqi al din al-Nabhani in Palästina gegründet. Al Nabhani gehörte zuvor zur Muslimbruderschaft. Seit 2003 wird die Organisation von dem Jordanier Abu Atta al Rashda geführt. In allen arabischen Ländern ist die Organisation verboten, da sie gegen die Herrscher, die sie als Abtrünnige und Heuchler bezeichnet, agitiert. In Deutschland ist die Hisb al Tahrir seit Anfang 2003 wegen anti-semitischer Hetze verboten. Sie zählt – laut Verfassungsschutzbericht – rund 200 Anhänger in Deutschland. Ziel ist die Errichtung eines Islamischen Staates mit einem Kalifen an der Spitze. Die Hisb al Tahrir will dieses Ziel mit friedlichen Mittel erreichen. Zunächst sollen sich die Mitglieder in konspirativen Zirkeln zusammentun. Wenn sie eine ausreichende Zahl erreicht und die ideologische Festigkeit der Zellenmitglieder gewonnen ist, sollen sie versuchen, Unterstützung in der Bevölkerung zu erlangen und dann die Macht im Staat übernehmen. Der Palästinakonflikt spielt eine entscheidende Rolle im Denken der Hisb al Tahrir. Der Westen und die westliche Lebensweise werden als kufr (ungläubig) abgelehnt, und es wird ein unüberbrückbarer Unterschied zwischen Orient und Okzident konstruiert. Offiziell hält sich die Partei von militanten Aktionen fern, Gewalt gegen den Westen sowie gegen Israel und Juden im Allgemeinen wird jedoch begrüßt und propagiert. Die Partei ist besonders in Zentralasien erfolgreich und hat Anhänger in allen arabischen Ländern. In Deutschland rekrutiert sie vor allem im studentischen Milieu. Jugendverantwortlichen und Sicherheitsexperten gilt sie als »Durchlauferhitzer«. Die Jugendlichen werden radikalisiert und empfänglich für die Botschaften militanter Organisationen gemacht, die den bewaffneten Kampf nicht nur gutheißen, sondern auch in die Tat umsetzen. Es soll in der Vergangenheit gemeinsame Veranstaltungen zwischen Hisb al Tahrir und namhaften Rechtsradikalen gegeben haben.

Iftar: wörtlich: Frühstück. Die Mahlzeit, mit der im Ramadan nach Sonnenuntergang das Fasten gebrochen wird.

Islamischer Staat: Hiermit ist nicht ein Land mit mehrheitlich muslimischer Bevölkerung gemeint, sondern die Idee eines Staates, der nach den Prinzipien der *Scharia* und nach dem Vorbild der Muslimischen Gemeinde von Medina zu Lebzeiten der Propheten und der ersten vier Kalifen regiert wird. Wie ein solcher Staat, dessen Errichtung Ziel vieler islamischer Bewegungen ist, konkret aussehen soll und ob er überhaupt im Diesseits verwirklicht werden kann oder bloße (politisch-religiöse) Utopie bleiben muss, darüber gehen die Meinungen auseinander.

Kafir (Mehrzahl *Kafir*un, Kufar, Adjektiv: kufr): wird im Allgemeinen mit Ungläubiger übersetzt, hat aber mehrere Bedeutungen (vergleiche hierzu das Kapitel: Beim Imam des Vertrauens).

Nahda: islamische Renaissance; Rückbesinnung auf die Quellen des Islam. Reformbewegung um die Wende zum 20. Jahrhunderts, getragen von Reformern wie Raschid Rida, Mohammed Abdou und Gamal el Din al Afghani.

Mahram: eine Person, die zur moralisch einwandfreien Begleitung geeignet ist. In der Regel soll – so will es das islamische Recht – eine Frau von ihrem Ehemann in der Öffentlichkeit begleitet werden. Ist sie nicht verheiratet oder ist er verhindert, kommt für diese Aufgabe eine Person in Frage, mit der sexuelle Beziehungen tabu sind: *Mahram* können Frauen oder enge männliche Verwandte sein. In manchen Ländern, wie beispielsweise Saudi Arabien, wird verlangt, dass Ausländerinnen unter 40 Jahren sich von einem männlichen *Mahram* begleiten lassen.

Palästinensischer islamischer Dschihad: Die Organisation wird von der EU und den USA als Terrororganisation geführt. Ursprünglich in Ägypten gegründet, trat sie 1983 mit einem Bombenanschlag auf den Sitz der CIA in Beirut erstmals größer in Erscheinung. Ziel der Organisation ist die Zerstörung Israels und die Errichtung eines islamischen Staates in Palästina. Heute werden die Aktivitäten aus der Zentrale in Damaskus gesteuert.

Sahwa: Erweckung, Aufwachen. Der Begriff wird seit Ende der 60er Jahre im Zusammenhang mit dem Erstarken der islamischen Bewegungen verwandt. Viele der für dieses Buch Interviewten sprachen von einem Moment in ihrem Leben, in dem sie den Islam für sich entdeckt, bzw. wiederentdeckt haben.

Salafismus: Die Anhänger dieser Lesart des Islam nehmen sich die rechtgeleiteten Gefährten des Propheten, die »al Salaf al sahih«, als Vorbild für ihre Lebens- und Glaubenspraxis. Die ersten drei Generationen von Muslimen hätten – so die verbreitete Meinung – den Glauben noch unverfälscht gelebt. Anschließend sei er durch zu viele Neuerungen verwässert worden.

Die Vordenker der islamischen Renaissance, Mohammed Abdou, Rashid Rida und Gamal al Din al Afghani, gelten als Begründer des modernen *Salafismus*. Sie sahen in der radikalen Rückbesinnung auf die Quellen der Religion den Weg aus der menschengemachten Krise der islamischen Welt. Ausgehend von diesem Grundgedanken schlugen die verschiedenen Flügel der Reformbewegung allerdings sehr unterschiedliche Wege ein. Während den einen die Neuinterpretation des Korans und der *Sunna* zur Anpassung des Islams an die Bedürfnisse der modernen Welt dienten, wollten die anderen eine texttreue Lesart der Quellen durchsetzen. Nur was sich im Koran findet oder durch die *Sunna* belegen lässt, soll Gültigkeit haben und wird wörtlich befolgt. Diese puritanischen Salafisten stehen den etablierten Gelehrten in der Regel misstrauisch gegenüber. Manche gehen so weit, dass sie die Rechtswissenschaft ganz ablehnen. Der *Salafismus* hat ab der Mitte des 20. Jahrhunderts intolerante und zum Teil auch militante Züge entwickelt. Teile der Bewegung begannen, Anhänger anderer Lesarten des Islam zu Ungläubigen oder Abtrünnigen zu erklären. Manche verbanden diese von Maududi und Sayid Qutb entwickelten Ideen mit dem Gedanken des bewaffneten Kampfes. Während alle islamistischen Terroristen Salafisten sind, sind jedoch längst nicht alle Salafisten Terroristen.

Scharia: wörtlich: der Weg zur Wasserstelle. Gemeint ist das islamische Recht, dessen Regeln die islamischen Juristen in Auslegung von Koran und *Sunna* entwickelt haben. Probleme, die dort nicht ausdrücklich behandelt werden, lösen sie durch Analogien. Wobei der Konsens der Gelehrten eine wichtige Rolle spielt. Wenn sich die Gelehrten einig sind, kann die Lösung nicht falsch sein, so ein überlieferter Ausspruch des Propheten. Ob und wem es gestattet ist, durch eine freie Interpretation von Koran und *Sunna* – durch sogenannten Idschtihad – anerkannte Lehrmeinungen und überlieferte Rechtsregeln in Frage zu stellen und durch neue, eigene zu ersetzen, ist umstritten. Eine Kodifizierung der *Scharia* im Sinne eines modernen, für alle Muslime verbindlichen Gesetzbuches gibt es nicht. Stattdessen existiert eine Vielzahl historischer und moderner Rechtsbücher, verfasst von Autoren unterschiedlicher Herkunft, deren divergierende Auffassungen in vielen Detailfragen in Konkurrenz zueinander stehen. Das macht die *Scharia* in der Praxis äußerst flexibel, denn es gibt kaum eine Meinung, zu der sich nicht auch eine Gegenmeinung findet. In Ägypten sehen es die Gelehrten seit neuestem beispielsweise als *Scharia*-konform an, dass Frauen das Recht haben, die Scheidung zu verlangen. Im Afghanistan der Taliban wurde den Frauen unter Berufung auf die *Scharia* dagegen das Verlassen des Hauses verboten.

Die Auseinandersetzung der islamischen Juristen mit dem »westlichen« Recht, die Teilnahme an globalen Diskursen über Demokratie und Menschenrechte, der wirtschaftliche Wandel in der islamischen Welt, aber auch neue Kommunikationsformen wie das Internet haben dazu beigetragen, dass der Streit um das Auslegungsmonopol der *Scharia* aktueller denn je ist.

Sohbet: Unterhaltung (über den Islam), Unterrichtsstunde in Koranschulen.

Sufismus: islamische Mystik. Sufis, die sich seit dem 12. Jahrhundert in Tariqas (Orden) zusammengeschlossen haben, streben danach, ihr eigenes Ego zu überwinden und Gott dadurch besonders nahe zu kommen. Askese ist eine Form, Meditation oder Trance können andere Formen sein. Auch beständiges Zitieren aus der heiligen Schrift oder Übungen der Selbstüberwindung dienen den Sufis zur Anbetung des Schöpfers. Musik – und in manchen Fällen auch Hasch – werden als Hilfsmittel zur Erhöhung des Geistes von manchen Tariqas eingesetzt.

Sunna: wörtlich: Brauch, gewohnte Handlungsweise. Gemeint sind die überlieferten Aussprüche, Taten und Verhaltensweisen des Propheten Mohammed. Die *Sunna* ist die zweitwichtigste Quelle des Islam nach dem Koran. Die *Sunna* beruht auf den *Hadith*en (Aussprüchen, Erzählung), die von den Gefährten des Propheten weitergegeben wurden und zunächst mündlich überliefert wurden. Buchari (gest. 870), Muslim (gest. 875), Malik Ibn Anas und Ahmad Ibn Hanbal schrieben die Überlieferungen nieder. Je nachdem wie viele Gefährten und deren Nachkommen über die gleiche Tat berichteten und wie glaubwürdig die einzelne waren, werden die *Hadith*e als stark, richtig oder schwach eingeschätzt. Klar kodifiziert ist die *Sunna* somit nicht.

Sure: Der Koran enthält 114 Suren. Sie sind der Länge nach angeordnet. Der Koran beginnt also nicht mit der zuerst überlieferten Sure, sondern mit der längsten.

Tor des Idschtihad: Die selbstständige Interpretation der Rechtsquellen wurde im orthodoxen Islam durch den Einfluss des Konsenses immer weiter zurückgedrängt, bis im Zuge der Konsolidierung der Rechtsschulen um das 10. Jahrhundert, das »*Tor des Idschtihad*« als geschlossen galt. Das Verbot des Idschtihad führte in der Folge zu einer Verkrustung hergebrachter Regeln und verstärkte die Stagnation der Gesellschaft in der islamischen Welt nach dem Fall Bagdads 1258. Mit der Reformbewegung im Islam Anfang des 20. Jahrhunderts wurde das *Tor des Idschtihad* wieder geöffnet. Allerdings sind die Bedingungen unter denen Idschtihad betrieben werden darf, umstritten. Die Al Azhar-Universität in Kairo, die die Wiederzulassung des Idschtihad in den 60er Jahren bestätigte, sieht nur solche Neuinterpretationen für zulässig an, die nicht der Mehrheit der hergebrachten Meinungen oder den Quellen des Islam widersprechen. Dies setzt der Interpretation enge Grenzen und räumt dem religiösen Establishment in der Al Azhar-Universität eine dominante Rolle ein: Die Gelehrten entscheiden, was islamkonform ist und was nicht. Sowohl liberale Reformer, die beispielsweise eine Neubetrachtung der Rolle der Frauen und des Verhältnisses von Islam und Demokratie als dringend erforderlich sehen, als auch salafistische Puristen, die die Botschaft des Islam durch die Rechtsschulen verwässert sehen, plädieren für die verstärkte Wiederaufnahme der Interpretation. Manche wollen den Gelehrten die Interpretation überlassen, andere fordern freie Interpretation für jeden Gläubigen.

Umma: Gemeinschaft der Muslime

Wahabiten, Wahabismus: Kein Wahabit würde sich selber als Wahabit bezeichnen. Der Begriff ist negativ belegt und wird benutzt, um die Anhänger einer sehr puritanischen, schriftnahen und modernisierungsfeindlichen Lesart des Islam zu bezeichnen. Die Anhänger dieser Lehre, die sich auf Mohammad Ibn Abdel Wahab (1703–1792) berufen und vor allem auf der arabischen Halbinsel beheimatet sind, bezeichnen sich selbst einfach als Muslime. Sie neigen allerdings dazu, ihre Lesart des Koran als die einzig gültige zu sehen und erklären Anhänger anderer Denkrichtungen gern zu Ungläubigen, deren Bekämpfung als *Dschihad* legitimiert wird. 1744 kam es zu einer Allianz zwischen den *Wahabiten* und dem Herrscherhaus der al Saud. Gemeinsam gingen sie daran, die arabische Halbinsel zu erobern. Dies verhalf der Glaubensrichtung zu großer Verbreitung. 1811 wurden die *Wahabiten*, die auch über die heiligen Stätten von Mekka und Medina herrschten, von der ägyptischen Armee besiegt. Langsam erholte sich das Haus al Saud und mit Hilfe berittener Beduinen, der Ichuan (Brüder), die im Geiste der *Wahabiten* unterrichtet wurden, gelang es, die Macht wiederzuerlangen. 1932 wurde das Land unter Führung der al Saud vereint. Wahabitische Gelehrte haben bis heute ihre privilegierte Stellung im Reich gehalten. Sie entscheiden mit, wenn es um Gesetzesänderungen geht und blockieren häufig Reformvorhaben in Richtung von mehr Frauenrechten oder einer Öffnung zum Westen. Durch die Entdeckung des Öls und dem einsetzenden Reichtum, der als Belohnung Gottes für die islamisch-korrekte Lebensweise interpretiert wurde, ist der *Wahabismus* zu einem weltweiten Phänomen geworden. Die al Saud investierten einen Teil der Petro-Dollar in die Verbreitung ihrer Glaubensrichtung. In Deutschland gilt die King Fahd Akademie in Bonn als Zentrale des *Wahabismus*. Von hier aus werden Broschüren und Videos mit der intoleranten, spaß- und lustfeindlichen Lehre vertrieben. Ein bekannter islamischer Kritiker des *Wahabismus*, Khaled Abul Fadl, beschreibt den *Wahabismus* als realpolitischen Arm des *Salafismus*. Die Kombination aus puritanischer Lehre, dem *Dschihad*-Gedanken und dem weltweiten Einfluss durch Petro-Dollar mache den *Wahabismus* zu einer Bedrohung für den Islam insgesamt.

Wasatiya (von Al Wasat): die Mitte. Der Begriff wurde von Scheich Jusuf al Karadawi geprägt. Er bezieht sich auf die »Gemeinschaft der Mitte«, die im Koran erwähnt wird. Der Begriff wird von islamischen Organisationen benutzt, um ihre Distanz zu radikalen und militanten islamischen Positionen einerseits und der blinden Nachahmung der westlichen Lebensweise andererseits auszudrücken. So verwendet die Islamische Gemeinschaft in Deutschland (IGD) ihn in ihrer Satzung. Im islamischen Recht bezeichnet *Wasatiya* den Weg zwischen strenger Befolgung der hergebrachten Lehrmeinungen und deren kompletter Ablehnung. Die Meinungen der verschiedenen Rechtsschulen sollen betrachtet und dann ein für möglichst viele tragbarer Mittelweg gewählt werden. Anhänger der *Wasatiya* werden in der Literatur häufig als moderate Islamisten bezeichnet.

Dank

Dieses Buch besteht zum großen Teil aus den Gedanken anderer Menschen. Viele kommen direkt zu Wort, noch mehr sind mit Ideen oder Anregungen vertreten. Allen, auch denen, die ich nicht namentlich genannt habe, ein herzliches Dankeschön für ihre Bereitschaft, mit mir zu reden, ihre Vorschläge und ihre Kritik. Ganz besonders möchte ich Khaled Farag und Tasniem Ibrahim für die Beratung und Mohammed Sameer Murtaza für das Vertrauen danken. Ammar dafür, dass er doch noch angerufen hat. Abdel Hadi Hoffmann für den anderen Blick und eine wirklich gute Tasse Kaffee. Lydia Nofal dafür, dass ich ihre Sammlung ausleihen durfte, und Khaled al Schorbagy für die Beratung beim Kopftuchkauf. Jamal Sjawie, Chaban Salih, Fatih Yildiz, Hildegard Mazyek, Halit Endemir und Mesud Gülbahar möchte ich für ihre Offenheit danken und dafür, dass sie mir geholfen haben, Interviewpartner zu finden. Gülsüm Günay danke ich, weil sie mich zum Nachdenken gebracht hat. Dalia al Khattab danke ich, dass sie eine nette Kollegin ist, und Ahmed Abdallah für die immer wieder spannenden Gespräche. Khaled Shammat danke ich für freundliche Hinweise per Mail, Dahlia Rahaimy für einen Einwurf an kritischer Stelle und Ivesa Lübben für Tipps, Beratung und *Koshary*. Sonja Hegasy danke ich besonders für die Idee mit dem Roten Meer, ohne die das Buch nichts hätte werden können. Herzlichen Dank an meinen Verleger Christoph Links, ohne dessen Ermutigungen und Ideen und die Diskussion am Nil dieses Buch nie so geworden wäre, wie es ist. Ein großes Dankeschön besonders an das Team des Ch. Links Verlages für die Unterstützung und vielen, vielen Dank auch an meine Agentin Christine Proske.

Vielen Dank an Kilian Bälz für den Dauerinput und an Rania Bälz für kreative Vorschläge. Meinem Vater, Sebastian Gerlach, danke ich für sein Adlerauge, Wiltrud und Ulrich Bälz und Christine Gerlach dafür, dass Rania ihre Gärten bewässern durfte, während ich geschrieben habe.

Abbildungsnachweis

Al Mussawar, Juni 2002: S. 53
Archiv Julia Gerlach: S. 18
dpa Picture-Alliance GmbH: S. 62
Julia Gerlach: S. 21, 23, 69, 101, 169, 175, 185
Thorsten Jansen, Berlin: S.75, 110, 143f.
Lifemakers, Köln: 132
KahaneDesign, Berlin: S. 117
Ingo Kuzia, Schönwalde: S. 222
Malin Schultz/Die Zeit: S. 28, 38f., 70
Claudia Wiens, Kairo: S. 30, 32
Dirk Zimmer, Frankfurt/M.: S. 157

Julia Gerlach

Jahrgang 1969; Studium der Politik- und Islamwissenschaften in Aix-en-Provence, Berlin und Alexandria; Journalistin für das *heute-Journal* des ZDF, *Die ZEIT*, *Berliner Zeitung* und andere; mehrere Jahre lebte sie in Kairo und arbeitete dort für das ZDF Studio; 2002 war sie Hospitantin beim Satellitensender Al Dschasira in Katar und hat 2003 aus der Krisenregion berichtet; seit 2004 arbeitet sie an einem Projekt über die arabische Jugend und ihre Sicht des Westens. Eine Ausstellung dazu war unter anderem im Internationalen Zentrum der Frankfurter Buchmesse 2005 zu sehen und wird nach weiteren Stationen in Deutschland und den USA im Herbst 2006 vom Goethe-Institut in den Golfstaaten präsentiert. Sie lebt und arbeitet in Frankfurt a. M.